김우중 비사

대우그룹 자살인가 타살인가

한국경제신문 특별취재팀 지음

한국경제신문

Copyright © 2005, 한국경제신문

이 책은 '한국경제신문 한경BP'가 발행한 것으로
본사의 허락없이 이 책의 일부 혹은
전체를 복사하거나 전재하는 행위를 금합니다.

■ 머리말

"이 소리들이 모두 환청일까?"

그가 돌아왔다.
김우중 전 대우그룹 회장.
6년 세월의 방랑자요 도망자다.
그가 머물던 베트남의 거주지를 언론들은 감히 '은신처'라고 불렀다.

맞다. 부하들이 모두 이마에 죄목을 새겼으니
그들을 지휘했던 자는 수괴라고 불러 마땅할 터.

야만 지대를 개척하며 문명세계를 포위해 갔던…,
오직 내달릴 뿐이었던…,

한 남자
이미 70노인이다.

왼손에 쥐어든 조그만 쪽지에는
"죄송합니다" "미안합니다"라는
실로 어울리지 않는
작은 단어들이 쓰여져 있다.
그는 과연 무엇이 미안하며 무엇이 죄송한 것일까.

20조 원의 분식과 또 다른 20조 원의 해외 도피와,
사기대출과 그것보다 더욱 복잡한 정치자금 의혹들이 엉켜든 지금
그는 무엇을 말하려는 것인가.

집요하게도 그를 괴롭히던 신진 사류들과
그를 물어뜯고 기어이 살점을 찍어냈던 해외의 포식자들과
세계 경영을 역포위해 왔던 IMF 위기와
그 모든 것에 대해 그는 이제 무엇을 말하고자 하는 것일까.

30만 명의 기마 전사들을 몰아 내달렸던….
동구라파와 중앙아시아, 그리고 인도와 중국에서,
깃대 끝에 높게 매달았던
'반달의 꿈'에 대해
'아틸라의 꿈'에 대해
그는 왜 더 이상 말하지 않는 것일까.

다만 하나의 전설로만 남고자 하는 것일까.

그 때….
97년에서 98년, 99년으로 넘어가던 그 때….
하나의 판단과 하나의 착오는 왜 하필 그 때 엉겨들었던가.
그의 등을 심연으로 떠밀었던 더러운 음모는
누가 기획하고
누가 각본을 쓰고
누가 실행에 옮겼을까.
여전히 그들은 음지에서 웅크리고 있는데…
여전히 그들은 입을 닫고 있는데….

다시 그와 대우와 세계경영의 이야기를 들어본다.
신문에는 싣지 못했던
자료와 증언, 그리고 육성들….
박진감 넘치는
그 때의 이야기로 들어가보자.

2005년 6월

정 규 재

■ 차례

■ 머리말 · 3

1 패망의 서곡

1. 운명의 7월 19일 · 15
곡예사 | D데이 사흘 전 | D데이 이틀 전 | D데이 하루 전 | D데이 | 7월 19일 대우 발표문
취재파일 김 회장은 남은 재산이 없나?

2. 대통령께 보낸 편지 · 29
대통령에게 읍소 | 대통령과의 조찬
취재파일 강봉균 전 경제수석이 바라본 김우중

3. '책상물림' 들과의 갈등 · 41
새로운 숫자 500 | 1998년 1월 | 잘못된 만남 | 장면 1 | 장면 2 | 장면 3 | 장면 4 | 반격 | 대립하는 논리
취재파일 무역흑자 누가 옳았나 | 역대 정권과 전경련 회장

4. 무너지는 모래성 · 61
요란한 비상벨 | 화불단행 | 삼성이 회수한다 | 군중심리 | 다급해진 김우중 | 일

일점검 | "이거 신문에 나면 안 돼요"
취재파일 '노무라 보고서'의 뒷얘기 | "신문기자 다 나갔는지 확인해봐" | 대우채 분쟁

5. 대우를 해체하라 · **82**
원천봉쇄된 승부수 | 워크아웃 | 걸림돌 | 시장을 사수하라 | 여덟번째 대책반장 | 50, 80, 95% | 까만 양복들 | 역시 마크 워커 | 해외빚 떼먹기
취재파일 이헌재 전 금감위원장의 이야기 | 대우협상과 외채협상

2 김우중의 마지막 카드

1. 빅딜의 함정 · **107**
삼성, 빅딜의 함정에 빠지다 | 이른 봄 | 삼성의 딜레마 | 1998년 12월 7일 | 청와대 서별관 | 승지원 담판 | 1999년 6월 11일, 금감위원장실 | 파국, 1999년 6월 30일
취재파일 김 회장의 그랜드 플랜…대우 빅딜 극비보고서 | 김우중의 슈퍼뱅크 구상

2. 삼성의 전략 · **121**
빅딜의 여진은 계속되고
취재파일 삼성이 분석한 대우자동차

3. 차라리 법정관리로 가자 · **129**
무너지는 김 회장 체제 | 리츠칼튼호텔의 회동 | 사표 | 무력한 사장들 | 사람들은 떠나가고 | 재 뿌리는 관료들 | 사망신고서 | 캠프 | 관료들의 맹공 | 배수진을 치다
취재파일 실패로 끝난 여론 잡기

3 부실공룡 대우

1. 불발로 끝난 양심선언 · **145**
   조계사 옆 커피숍 | 심증과 물증 | 증거를 찾아라 | 선배들 | 휴지가 되고 만 양심선언문
   취재파일 김정득 회계사 인터뷰

2. 분식회계, 그 허수의 세계 · **153**
   허수가 드러나다 | 부실의 징후들 | 대우자동차의 분식회계 | 대우와 대우통신
   취재파일 분식규모 잡기 3단계 작업

3. 비밀의 BFC · **161**
   세계경영의 키워드 | 첫 손님 | 블랙박스 | 마술피리 | 비밀의 BFC | 김 회장의 훈령 | BFC의 비전(秘傳) | 법정 | BFC에 대한 몇 가지 오해
   취재파일 BFC의 첫 손님, 이성희 금감원 국장

4. 대우분식을 공개하라 · **175**
   엇갈리는 평가 | 김우일 상무의 증언 | 언론중재위에서의 공방
   취재파일 김우일 상무의 인터뷰 배경

4 "아! GM"

1. 30년 애증 · 199
대우와 GM | 폴란드 입성 | 1995년 5월, 오스트리아 빈 | 몰락의 단초 | 불길한 징조들 | "만들어라, 그러면 팔릴 것이다"
취재파일 대우그룹과 대우자동차

2. "세계경영을 포기하시오" · 209
GM의 의도 | "이게 말이 돼?" | 도박 | 게임 | 문제는 부채 | 인수하든지 죽이든지

3. 협상 · 217
너무나 벅찬 상대 | "우발채무를 해결해주시오" | GM의 선봉, 페리튼 | 클린 에셋의 함정 | GM의 의심 | 변하지 않는 인수구도 | 인수조건 | 산업은행의 반격
취재파일 앨런 페리튼과 GM 이사회

5 인간 김우중

1. 사기꾼 대 모험가 · 243
폭군 | 상인 | 4무(無) | 전략가 | 팽창 본능 | 방랑자 | 정치인

2. 김우중 회장의 편지 · 255
대우 임직원에게 보내는 편지 | 대 국민 성명서 | 〈한국경제신문〉에 보내온 편지

3. 대우맨들 · **265**
   남겨진 사람들 | 골수 대우맨 백기승 씨 인터뷰

4. 대우계열사, 그 이후 · **273**
   대우중공업 | (주)대우 | 대우전자 | 대우전자부품 | 오리온전기 | 대우통신 | 경남기업 | 대우증권 | 쌍용자동차

■ 부록

사장단회의 풍경 1(1998. 7. 9) · **289**
사장단회의 풍경 2(1998. 9. 10) · **319**
사장단회의 풍경 3(1998. 10. 14) · **332**
사장단회의 풍경 4(1998. 12. 8) · **345**

1. 패망의 서곡

1. 운명의 7월 19일

2. 대통령께 보낸 편지

3. '책상물림'들과의 갈등

4. 무너지는 모래성

5. 대우를 해체하라

1 운명의 7월 19일

곡예사

'세계경영 대우'는 이제 역사가 되고 있다. 대우그룹이 해체된 것도 벌써 3년 전의 일이다. '유동성 확보방안'이라는 명목으로 사실상의 해체작업이 발표된 것은 1999년 7월 19일이었다. 한때 재계 2위까지 대우를 끌어올렸던 '세계경영'은 이날 허무한 종말을 맞았다.

세상은 대우를 잊었지만 원념(怨念)의 세월을 잊지 못하는 사람은 아직도 많다. 법정에서는 현재까지도 대우 뒤처리 송사가 진행 중이고, 대우 사람들은 지금도 지난 세월을 곱씹으며 회한의 가슴을 쓸어내린다.

과연 그 때 대우에 무슨 일이 일어났던가. 그리고 우리는 거기서 무엇을 배웠는가….

외환위기에 이어 또 하나의 거대한 충격파를 몰고왔던 그해 여름의 숨가쁘던 날들을 정리하려고 한다.

거슬러가면 당대 최고였던 한 곡예사에 관한 전설이 있다. 작은 막대 끝에 하얀 접시를 올려 절묘한 솜씨로 서서히 가속도를 붙인다. 그리고 접시 한 개가 돌기 시작하면 곧바로 또다른 접시를 돌리면서 관중들을 사로잡는다. 바로 그 사람. 막대기는 길게 열을 지었고 열이 길어질 때마다 전설의 곡예사는 더욱더 부지런히 이쪽저쪽으로 뛰어다녀야 했던….

지금 우리는 이 전설의 곡예사가 그의 빈 손에서 장미를 피게 했던 이야기를 쓰고자 한다. 전 대우그룹 회장이며 전경련(全經聯, 전국경제인연합회)의 대표였고 '세계는 좁고 할 일은 많았던' 사람.

베이징의 접시, 폴란드의 접시, 서울의 접시, 우즈베키스탄의 접시, 아프리카의 위태로운 접시들….

이 모든 것들을 돌리기 위해 비행기를 갈아타고 새우잠을 자며 세계를 누벼야만 했던 그의 고된 인생과 또 그가 세우고 무너뜨렸던 것들에 대해 쓰고자 하는 것이다. 극단에서 극단으로 평가가 엇갈리는 사람. '다만 실패했기 때문'이라는 호교론(護敎論)에서부터 '처음부터 진정한 기업인이 아니었다'는 가혹한 비판까지 찬반의 스펙트럼은 길게 펼쳐져 있다. '국민의 정부'가 추진했던 구조조정의 음모에 걸려들었다는 주장도 있지만 불가사의한 무리수들의 종착역이라는 극단적인 평가도 없지는 않다.

그러나 '예정된 실패'로 치부하기에는 지나간 그 모든 아련한 성공의 기억들이 우리를 놓아주지 않는다. 사실 맨주먹으로 일어나 세계를 도모하기를 꿈꾼 자에게 과연 누가 돌을 던질 수 있을 것인가. 이제 우리는 대우그룹이 몰락한 후 지난 3년의 시간들을 돌아보며 바로 그 설명을 시도해보고자 한다.

D데이 사흘 전

이야기는 지난 1999년 무더웠던 여름으로 거슬러간다. D데이 사흘 전인 1999년 7월 16일 오후. 일찍 찾아온 무더위 탓에 여의도 거리엔 행인조차 찾아보기 힘들었다. 햇빛을 받아 눈부시게 반짝이는 검은색 체어맨 한 대가 여의도 금융감독위원회 청사로 천천히 들어왔다. 뒷좌석에 깊숙이 몸을 파묻은 사람은 뜻밖에도 김우중 회장.

김 회장은 고개를 숙인 채 차에서 내려 현관 로비를 지나 오른쪽 복도에 있는 임원용 엘리베이터로 급히 걸어갔다. 금감위(금융감독위원회) 경비원들은 김 회장이 행여 외부인의 눈에 띌까 그의 주위에 둘러섰다. 11층 엘리베이터에서 금감위원장 집무실까지는 불과 10보 정도. 붉은 카펫 저편에서 이헌재 금감위원장이 굳은 표정으로 걸어나왔다. 이 위원장은 애써 미소를 띠려 했지만 웃을수록 얼굴은 묘하게 뒤틀렸다.

"이미 마음을 비웠어요. 경영권에 연연하지 않을 테니 조용하게 협조융자를 도와주세요. 아시다시피 3~4조 원만 지원해주면 충분히 살 수 있지 않겠습니까."

김 회장은 '조용하게'라는 말을 여러 번 되풀이했다. 자금지원이 있더라도 '조용하게' 하지 않으면 만사가 허사였다. 이미 시장은 대우의 운명을 의심하고 있었고 이제 무릎을 꿇고 쓰러지는 날만 비상한 관심으로 기다리고 있었다. 김 회장이 당국을 찾아갔다는 것만으로도 시장은 대우의 몰락을 기정사실로 여길 것이 뻔했다.

김 회장은 협조융자와 함께 만기가 하루 이틀로 몰렸던 초단기 기업어음(CP)을 만기 6개월짜리로 바꿔달라는 요구도 내놨다. 당시 이 자리에 배석했던 한 인사는 "김 회장이 명예롭게 물러날 기회를 달라는 말을 몇 번씩 강조했다"고 증언했다.

"회장님, 세상은 변했습니다. 시장이 납득할 만한 확실한 자구책을 내놓으셔야 합니다."

이 위원장은 몇 번씩 '시장이 납득할 만한' 이라는 말을 되풀이했다. 시간이 흘렀다. 이 위원장이 인터폰으로 담당국장을 찾았다. 서근우 금감위 제3심의관(현 금융연구원 연구위원)이 들어왔다. 서 심의관은 이 위원장에게 메모를 건네받고 나갔다.

서 심의관은 이헌재 라인 중 기업구조조정에 관한 한 2인자였다. 서 심의관은 이헌재 씨가 관료생활을 조기에 마감하고 재야에 머물면서 한국신용평가 사장을 할 때 그의 눈에 들었다. 그리고 이헌재 씨가 금감위원장으로 화려하게 컴백하자 그를 따라 금감위에 입성한 막료였다.

김 회장과 이 위원장은 항목마다 서로 확인하고 또 재확인을 해가며 각서를 썼다. 이날 회동에서 김 회장은 개인 재산으로 주식 1조 2,553억 원, 부동산 452억 원을 내놓기로 하고 이와 별도로 그룹의 주식 및 부동산 등 총 10조 1,345억 원 상당의 자산을 담보로 제공하기로 이 위원장과 합의했다.

이 위원장은 김 회장이 담보조로 내놓기로 한 재산목록을 이야기할 때마다 관련 서류를 들추었다. '재산목록이며 가액은 내가 당신보다 더 잘 알고 있다' 라는 무언의 압력이었다. 김우중과 이헌재의 만남은 이날 외에도 여러 차례 더 있었다. 그러나 이날의 단독 면담은 대우그룹 처리의 커다란 분수령이었다.

이 위원장은 치밀한 각본을 세워놓고 김 회장을 끌어들였지만, 김 회장으로서는 이번 고비만 넘기면 문제가 해소될 것으로 기대를 걸었다. 두 사람의 생각은 처음부터 많이 달랐다.

D데이 이틀 전

이튿날인 7월 17일은 제헌절이자 토요일이었다.

역시 모든 것을 녹여버릴 듯한 뜨거운 날씨. 대우 본사와 잇닿은 힐튼호텔은 퇴계로 1가 남대문쪽 급경사면에 위치하고 있다. 두툼한 서류봉투와 검정색 가방을 든 신사들이 속속 힐튼호텔 회전문을 밀고 들어섰다.

먼저 (주)대우 장병주 사장이 호텔 직원들의 인사를 받으며 빠른 걸음으로 엘리베이터를 향해 걸어갔다. 한참 뒤 서류뭉치를 가지고 들어선 사람들은 제일은행 이호근 상무, 금감원의 김상훈 부원장, 허만조 신용감독국장, 한백현 신용감독국 팀장 등이었다. 물론 한두 사람씩 실무자들을 대동하고 있었다. 대우 측에서는 실무책임자로 김용호 구조조정본부 상무가 미리 와 있었다. 이들은 각자 '보스'들의 지시를 받고 휴일도 잊은 채 힐튼호텔에 모여들었다. 사실 휴일을 쉬어본 지도 오래된 사람들이었다.

김우중 회장이 이헌재 위원장을 찾아갔던 하루 전날인 16일엔 뜻밖에도 종합주가지수가 40포인트나 폭등하여 1020.82 포인트로 치솟았다. 그러나 시장이 문을 닫은 시간인 오후 5시경부터 '대우그룹이 다음주 초 부도 난다'는 루머가 급속히 증권가에 퍼져나갔다. 사실 '대우가 막다른 골목에 몰렸다'는 소문은 그해 7월쯤에는 이미 기정사실화된 것처럼 항간에 떠돌았다.

당시 금감위 출입기자들에게도 대우그룹 자금난은 공공연한 비밀이었다. 그러나 기자들 사이에는 '대우가 어렵다'는 기사를 쓰면 정말로 '갈 수 있다'는 우려도 많았다. 용감한(?) 일부 언론은 16일 밤 '대우 부도 위기' 등의 헤드 타이틀로 1면 기사를 갈아끼웠다. 17일 토요일 아침, 서울 시내에 배포된 신문은 이렇게 만들어졌다.

청와대 재정경제부 금융감독위원회는 17일 새벽부터 초비상이 걸렸다. 제헌절인 이날 힐튼호텔에서 대우 관련 실무책임자들의 회의가 열린 것은 이런 이유 때문이었다. 이날 청와대에서는 강봉균 재경부 장관, 이헌재 금감위원장, 이기호 경제수석 등 경제팀 핵심 3인방의 구수회의가 이어졌다. 총대는 금감위가 메기로 결정했다.

다음은 힐튼호텔 회의에 참석했던 금감원 관계자의 증언이다.

"청와대에선 장관들이, 힐튼호텔에서는 실무책임자들이 모였어요. 물론 청와대와 힐튼호텔 사이에 부지런히 전화 연락들이 오갔습니다. 하루 전에 김 회장의 항복을 받기는 했지만 과연 이것으로 문제가 해결되느냐는 걱정이 머리를 떠나지 않았어요."

D데이 하루 전

일요일인 7월 18일. 바로 이틀 전엔 김우중 회장과 이헌재 금감위원장의 독대가 있었다. 이 독대를 통해 공은 당국으로 넘어왔다. 김 회장이 사재와 경영권까지 모두 내놨으니 이제 이헌재 위원장이 답을 내놓을 차례였다. 그러나 당국으로서는 이미 빼앗을 것을 다 빼앗아 두었기 때문에 속내 생각은 오히려 홀가분했다.

대우 측은 전날의 독대를 통해 회생의 마지막 기회를 잡았다고 생각했지만 당국은 달랐다. 이는 대우 해체 수순의 시작일 뿐이었다. 그것은 대우를 둘러싼 모든 관계자들이 가졌던, 그리고 지금도 논쟁 중인 첨예한 시각 차이를 반영하는 것이기도 했다. 정부가 과연 언제쯤 대우를 해체하기로 결정했는지에 대해서는 나중에 자세하게 풀어볼 생각이지만 일단 7월 18일과 운명의 19일로 되돌아가서 이야기를 계속하려고 한다.

18일 저녁 7시경, 이호근 제일은행 상무는 서류철을 들고 은행으로 들어오자 대우전담팀 직원들에게 전원 출근하도록 지시했다. 이 상무는 돌아오는 차 안에서 눈을 질끈 감았다. 그는 벌써 2년 전부터 대우그룹의 재무제표를 들여다보고 있던 중이었다. 현금흐름이며 영업이익률은 언제나 먹구름이 가득했다. 김 회장과는 몇 차례 독대도 했다. 다음은 이 상무의 증언.

"회장님께 이러시면 안 된다고 수도 없이 호소해왔어요. 주채권 은행으로서 지켜봤을 때 대우는 이미 헤어나기 힘든 함정에 빠져들고 있는 것이 분명했습니다."

서류철에는 놀랍게도 A4 규격의 종이 한 장만 달랑 들어 있었다. 한 장짜리 이 '실행계획(액션플랜)'에는 D데이인 19일의 시간대별 행동요령이 구체적으로 정리돼 있었다. 각 시간대별로 대우그룹과 금감원, 제일은행이 각자 해야 할 일, 그리고 기자회견 시간과 채권단회의 소집 계획, 주요 금융기관별 대우 회사채와 CP 보유내역 등을 소상히 적어놓았다. 빈 여백에는 빼곡히 연필 글씨들이 덧씌어져 있었다.

일요일에 느닷없이 호출을 받은 제일은행 직원들은 1년 전 몸고생이 심했던 기아사태를 떠올렸다. 고참 직원들은 "드디어 올 것이 왔다"며 한숨부터 내쉬었다. 대우가 당좌계좌를 트고 있던 제일은행 남산지점에 만기가 돌아오는 하루짜리 초단기 CP가 매일 수천억 원을 넘길 때부터 이미 감은 잡고 있었다. 제일은행 남산지점은 서울역 앞 대우센터 빌딩 안에 있는 대우그룹의 결제점포였다. 대우의 자금사정을 가장 잘 아는 지점이었다. 다른 은행의 점포는 그나마 당좌계좌마저 다 폐쇄되고 난

뒤였다.

제일은행은 1998년 초반부터 한보, 우성, 삼미, 기아와 같은 거래업체들의 연쇄부도에다 예금이탈, 은행 해외매각 협상 등으로 지칠 대로 지친 상태였다. 류시열 당시 제일은행장(현 은행연합회장)은 "이미 여러 차례 대기업 부도를 겪어 5대 그룹에 속하는 대우라고 새삼 더할 것도 없었다"고 회고했다. 그러나 제일은행 임직원들의 고생은 은행 소유권 자체가 미국의 투자 펀드인 뉴브리지캐피탈에 넘어간 그해 말까지 지속됐다. 나중에 대우가 워크아웃(기업개선작업)에 들어갔을 때는 대우그룹 팀 소속 직원 2명이 과로로 쓰러지기도 했다.

이렇게 '운명의 7월 19일'이 다가왔다. 제일은행의 대우담당 직원들은 남산 위로 희미하게 밝아오는 하늘을 보았다. 긴 밤은 지났지만 더욱 긴 하루가 기다리고 있었다. 굳이 19일을 D데이로 잡은 이유는 의외로 간단했다. 제헌절 연휴 이틀 동안은 어떤 어음도 부도를 내지 않고서 일단 굴러갈 수 있기 때문이었다. 1년 전 기아사태 역시 광복절 연휴 다음 날 처리됐다.

D데이

드디어 운명의 7월 19일 아침이 밝았다. D데이는 아침 8시, 대우에 대한 채권액이 많은 12개 메이저 금융기관장들의 회동으로 시작됐다.

장병주 (주)대우 사장, 정주호 구조조정본부장과 제일 · 한빛(현 우리) · 외환 · 산업 · 서울 등 5개 은행장, 회사채 보유액이 많은 7개 투신사 사장들이 이른 아침부터 힐튼호텔 3층 설악산룸으로 모여들었다. 조찬을 겸한 대책회의가 시작됐다. 이날 하루의 시간대별 행동요령을 점검하는 시간. 마치 작전회의를 짜는 듯했다.

이날 오전 10시 장병주 사장과 정주호 본부장은 대우빌딩에서 '대우그룹 구조조정 가속화 및 구체적 실천방안'이라는 제목으로 10조 원의 담보제공 사실과 정상화 계획을 발표했다. 이어 김우중 회장이 10시 30분 기자회견을 갖도록 돼 있었다. 그러나 김 회장은 나타나지 않았다. 대신 장 사장이 김 회장의 뜻을 대신 설명한다며 기자들의 질문에 답했다.

11시쯤 금감위는 '대우 발표에 즈음하여'라는 보도자료를 배포했다. 금감위는 친절하게도 20개 항목의 문답자료까지 첨부했다. 이어 김상훈 금감원 부원장이 기자회견을 자청했다. 김 부원장은 "채권단이 경영권 포기각서를 받는다. 구조조정이 성공하든 못하든 6개월 안에 김 회장이 물러나게 된다"고 못박았다. 이헌재 위원장이 여기에 쐐기를 박았다.

"대우가 시한폭탄이라면 이미 뇌관은 제거했다."

이날 기자회견 과정에서 눈길을 끈 것은 대우그룹의 발표문이 아래아한글 신명조체였다는 점. 이 글자체는 금감위와 금융감독원에서 주로 쓰는 것이었다. 발표 준비과정이 어땠는지 대강 짐작할 수 있는 대목이다.

오후 4시엔 은행연합회에서 70개 금융기관 대표들이 모인 대우 채권단회의가 열렸다. 놀랍게도 감히 일부 투신사들이 만기연장을 거부했다. 투신사들이 대우가 발행한 회사채와 CP를 21조 원 이상 보유해 전체 대우채권액의 76%를 차지한 반면 은행은 21%(6조 원)에 불과했다. 채권단의 의결정족수는 채권액의 75%였다. 투신사가 동의해주지 않으면 아무것도 이루어질 수 없는 구조였다. 주채권 은행인 제일은행은 속이 탔다. 회의는 지연됐고 청와대와 금감위에서 독촉전화가 쏟아졌다.

결국 밤 8시가 돼서야 채권액 기준으로 80% 이상의 동의를 받아내는

데 성공했다. 금감원과 제일은행 간부들이 투신사 대표들을 맨투맨으로 붙잡고 설득해댄 끝이었다. 이렇게 대우사태의 첫 날은 지나갔다. 그러나 대우에 지원키로 했던 4조 원은 1주일 뒤인 26일에야 실제로 돈이 나갔다.

이에 앞서 대우 패망을 예감하게 하는 한 가지 에피소드가 있다. 그해 7월 1일 청와대에서 김대중 대통령과 경제5단체장의 간담회가 열렸다. 경제단체장들이 돌아가면서 한 마디씩 하는데 전경련 대표인 김 회장 차례가 왔다. 평소 달변인 김 회장은 그날 한 마디도 하지 않았다. 이 자리에 참석한 한 경제단체장의 증언.

"김 회장이 묵묵히 앉아만 있어 분위기가 민망해졌습니다. 김 대통령이 급기야 '김 회장은 왜 아무런 말씀이 없으십니까?'라고 물어봤지만 김 회장은 들릴 듯 말 듯한 소리로 몇 마디 중얼거리다가 끝내 말문을 닫았어요."

7월 19일 대우 발표문

1999년 7월 19일 장병주 사장과 정주호 본부장이 발표한 '대우그룹 구조조정 가속화 및 구체적 실천방안'이란 제목의 '유동성 확보방안'에서 김 회장은 서면으로 "결자해지(結者解之)의 심정으로 계열기업의 구조조정을 조기에 완결하고 자동차 부문의 정상화에 전념하겠다"고 밝혔다.

발표문 요지는 김 회장과 계열사의 보유 주식, 부동산 10조 1,345억 원(대우측의 계산)을 채권단에 담보로 내놓고 김 회장은 자동차 부문의 전문경영인이 되겠다는 것. 향후 대우를 자동차와 (주)대우 중심의 전문그룹으로 재편하고 계열사들의 계열분리와 독립법인화하겠다는 내용도 담겨 있다.

대신 정부와 채권단은 새 재무구조개선약정을 맺고 신규자금 4조 원을 지원하며 대우의 초단기 CP의 만기를 6개월 연장해주기로 했다. 이날 대우와 김 회장이 내놓은 담보는 다음과 같다.

- 대우차 지분 93.4% 등 계열사 보유주식 10억 8,000만 주(7조 4,762억 원 상당)
- 계열사 보유부동산 188만 3,000평(1조 3,578억 원 상당)
- 교보생명 지분 11%(150만 주)를 비롯한 김 회장 보유주식 5,142만 2,000주(1조 2,553억 원 상당)
- 거제도 임야 등 김 회장 보유부동산 12만 9,000평(452억 원 상당)

DAEWOO

【취|재|파|일】

김 회장은 남은 재산이 없나?

대우 사람들은 '운명의 7월 19일'을 계기로 김우중 회장이 30여년 간 일군 재산을 다 잃고 사실상 빈털털이가 되었다고 회고한다. 김 회장의 측근들은 최근에 기자를 만나 "김 회장이 이헌재에게 속았던 것"이라며 이헌재 금감위원장을 맹비난하기도 했다.

그러나 최근 김 회장의 은닉재산이 발견됐다는 언론들의 폭로가 이어졌고 예금보험공사는 뜬금없이 2001년 11월 7일, 김 회장이 1,400억 원대의 재산을 빼돌렸다고 발표했다. 프랑스 니스의 호화별장, 경기도 안산의 부동산, 포천 아도니스 골프장 등등….

이에 대해 대우 사람들은 펄쩍 뛴다. 김 회장의 법률대리인인 석진강 변호사는 "니스 별장은 거래관계가 있던 외국인이 담보로 프랑스 현지법인에 맡겼다가 되찾아간 것이며 처음부터 김 회장 소유는 아니었다"고 설명했다. 백기승 전 대우그룹 홍보이사는 "안산 땅은 김 회장이 1960년대에 샀던 땅이다. 그곳엔 30평짜리 단독주택 두 채가 있을 뿐 호화별장 따위는 없다"며 은닉재산 얘기만 나오면 언성을 높인다.

특히 안산 땅은 교통사고로 사망한 김 회장의 맏아들 선재 씨의 묘소가 있는 곳이기도 하다. 김 회장이 맏아들을 떠나보낸 뒤 김용옥 전 고려대학교 교수와 해외여행을 마치고 돌아와 《대화》라는 책을 공동 집필한 곳도 이곳이다. 김 회장은 이곳을 '선재농장'이라고 불렀다.

　포천 아도니스 골프장도 새삼 김 회장의 은닉재산이라고 들춰낼 만한 것은 아니다. 부인 정희자 여사와 두 자녀의 소유로 돼 있고 금감원과 채권단이 1999년부터 어떻게든 매각해 채권회수대금으로 충당하려고 했던 것이다(아도니스 골프장이란 이름도 정 여사가 맏아들을 그리며 붙인 이름이라고 한다. 정 여사는 탤런트 이병헌이 선재 씨와 닮아 무척 아꼈다는 얘기도 있다).

　채권회수에는 누구보다 철저한 은행 사람들도 김 회장이 눈에 띌 만한 재산은 거의 다 내놓았다고 보고 있다. 다만 김 회장의 방배동 자택과 선재농장은 남겨뒀다. 대우 측 인사는 "너무 야박하게 재산을 몰수했다는 느낌이 안 들도록 이헌재 금감위원장이 직접 뺀 것"이라고 주장했다. 그러나 나중엔 이마저도 아도니스 골프장과 더불어 김 회장의 '은닉재산'이라는 여론재판을 받아야 했다.

　아도니스 골프장은 법적으로 강제 매각하기 어려운 것이었다. 선재농장은 수출보험공사에 가압류됐다가 2002년 5월 경매를 통해 55억 원에 팔렸다. 방배동 자택도 1차경매 무효소송 끝에 다시 경매에 넘겨질 예정이다.

　참으로 야속한 세월이었다. 기업을 잘못 경영한 죄는 크다고 하겠지만 한때 전세계에 걸쳐 수백개 사업장을 운영하던 경영자의 최후로는 너무도 가슴 아픈 일이었다.

　물론 대우의 위장계열사 문제는 아직 미해결로 남아 있다. 위장계열사의 규정이나 범위가 명확치 않은 데다 설사 위장계열이란 심증이 있다 해도 법적으로 입증하기는 더 어렵기 때문이다. 실제로 김 회장의 전 집사가 대표인 S익스프레스, 김 회장 형제가 경영하고 있는 D사 등이 위장계열사라는 의심을 받고 있다.

　일각에선 김 회장이 재기에 필요한 수준의 위장계열사를 거느리고 있다는 소문도 나돈다. 관계자들의 진술만으론 위장계열사를 명확히 가려내기는 어렵다. 이에 대한 확인은 공정거래위원회 등 국가기관의 몫이라고 할 수 있다.

　한편 김 회장이 개인재산과 경영권을 내놓는 대신 정부는 채권금융기관을 통해 4조 원의 신규자금과 초단기 CP 6조 원의 만기연장 등을 지원하겠다고 약속했다. 당시 대우의 CP 결제부족액은 약 3조 원. 여기에 플러스 1조 원의 여유를 둔 것이다.

금감원의 K팀장은 "너무 많이 주면 대우의 자구의지가 약해지고 그렇다고 정확하게 부족액만 주면 유동성 위기가 심화될 소지가 있어 이렇게 정했다"고 설명했다. 그러나 이 금액도 나중에 언 발에 오줌 누는 수준에 불과하다는 것이 밝혀졌다.

2 대통령께 보낸 편지

대통령에게 읍소

대우그룹 자금사정이 채권단의 자금지원 약속(1999년 7월 19일) 이후에도 호전될 기미가 전혀 없자 김우중 회장은 초조함을 감추지 못했다. 사실상 모든 것(담보 10조 원)을 내놓은 마지막 카드였다. 그런데도 경제관료들은 압박 수위만을 한층 높여갈 뿐이었다. 강봉균 재정경제부 장관, 이헌재 금융감독위원장, 이기호 청와대 경제수석은 1999년 7월 21일 긴급회의를 열고 대우가 약속한 구조조정이 미흡하다고 판단되면 담보제공 자산의 매각 등 제재조치를 취하기로 합의했다.

강 장관은 심지어 구조조정 성공 여부와 관계없이 김 회장의 재산은 채권단이 임의처리하게 되며 대주주로서의 권한은 이미 상실했다고 말했다. "대주주 권한을 잃었다"는 강 장관의 말은 김 회장 퇴진과 그룹해체를 염두에 두지 않고는 하기 힘든 말이었다.

전경련 주최 하계 세미나에서 있었던 강 장관의 이 발언은 두고두고 적지 않은 논란을 불러일으켰다. 이에 대해 손병두 전경련 부회장은 당시 기자들과 만나 상식적으로 납득할 수 없는 발언이라고 밝히기도 했다. 김 회장의 최측근 중 한 사람도 기업을 살리려는 사람들이 할 수 있는 얘기가 아니었다고 그 때를 회상했다. 경제관료들과 김 회장의 생각은 많이 달랐다. 김 회장으로서는 부당함을 호소하고 매달릴 곳은 청와대뿐이었다. 그래서 김 회장은 펜을 들었다.

대통령님께

제번(除煩)하옵고
어제 강봉균 재정경제부 장관의 기자간담회 발언 내용과 관련해 저희 대우가 예기치 못한 엄청난 파장에 휩싸이고 있어 죄송함을 무릅쓰고 긴급히 현재의 상황을 대통령님께 보고드리고자 합니다.

아시는 바와 같이 저희 대우가 구조조정을 더욱 가속화하고 조속한 경영정상화를 이룩할 수 있도록 하기 위해 현재 일시적으로 문제가 발생하고 있는 초단기 차입금의 기한을 6개월 간 연장하도록 하는 조치가 지난 19일 채권단회의에서 합의되었습니다. 저희 대우는 이를 위해 10조 원 상당의 담보를 제공함으로써 금융기관의 채권 확보에 이상이 없도록 했으며 제공된 담보에 대해서는 구조조정 실패시 임의처분이 가능하도록 그 권한을 위임하기까지 했습니다. 이는 저희가 지금까지 약속한 바 있는 구조조정 계획의 실천에 대해 강력하고도 결연한 의지를 가지고 있음을 보여주고자 한 것이었으며 그런 만큼 단기여신 문제의 해결과 함께 금년 중 구조조정을 성공적으로 마무리함으로써 내년부터는 기업경영이 정상화될 것입니다.

오늘 경제단체장 간담회를 통해 국가경쟁력 강화 차원에서 노사관계 발전의 큰 틀을 제시해주시고, 이를 토대로 새로운 노·사·정 간 대화복원의 계기를 마련해주신 데 대해 진심으로 감사의 말씀을 올리고자 합니다. 국가적인 경제위기 극복의 새로운 전기가 마련되고 있는 중요한 시점인 만큼 저희 경제계도 대통령님께서 역점을 두고 계신 협력과 균등의 원칙을 존중하면서, 이를 통해 국익증진과 사회안정의 장기적 기틀을 만들어나갈 수 있도록 배전의 노력을 다하고자 합니다.

간담회 말미에 대통령님께서 직접 호명하면서까지 발언을 배려해주신 데 대해 무어라 감사의 말씀을 드려야 할지 모르겠습니다. 다만 국가대사로 분주하신 대통령님께서 11시에 긴요한 약속이 있으시다는 말씀을 듣게 된 관계로 혹시라도 중요한 일정에 차질을 빚어드릴까 우려하는 마음에서 발언을 자제할 수밖에 없었습니다. 기우인 줄 아오나 오늘 간담회 내용이 보도되고 나면 유독 저의 발언이 없었던 사실을 최근 저희 대우와 관련한 사안들과 결부지어 해석함으로써 혹시라도 외부에서 이를 곡해하지는 않을까 우려하는 마음을 가져봅니다. 이로 인해 대통령님께 누를 끼치는 일이 없기를 진심으로 바라면서 소중한 기회인 줄 알면서도 발언을 삼가고자 한 심경을 해량(海諒)해주셨으면 합니다.

사실 7월 들어 노사정위원회가 정상화되고 이를 통해 노사문제의 발전적인 접근이 이루어질 수 있다는 점에 대해서는 저 역시 많은 관심과 기대를 가져왔습니다. 이러한 심정에서 앞으로 노사정위원회의 활동은 단발적인 이슈나 현실적인 사안은 물론 향후 2~3년을 내다보는 장기적인 입장에서 포괄적으로 방향을 제시하고 이를 합의로 이끌어내는 형태가 적절하지 않을까 생각해보았습니다. 오늘 간담회에서 이와 같은 의견을 말씀 올리고자 했으나 시간관계상 여의치 않아 저 역시 아쉬웠습니다. 지면으로나마 이를 대신 말씀 올리고자 합니다.

저희 대우의 초단기 부채에 대한 기한연장 조치를 통해 구조조정을 더욱 가속화해나갈 수 있도록 도와주신 대통령님께 진심으로 감사드립니다. 대통령님의 배려로 지난 19일 채권단의 합의가 이루어지고 이를 시행하기 위한 논의가 현재 진행되고 있습니다. 아울러 저희 대우의 구조조정과 관련해 매우 민감한 시기에 정부 고위인사의 발언이 해외에 보도됨으로써, 저희 대우가 국내외에서 예기치 못한 엄청난 파장에 휩싸이고 있어, 죄송함을 무릅쓰고 긴급히 현재의 상황을 대통령님께 보고드리고자 합니다.

원래 저희 대우에 대한 단기자금의 기한연장 조치는 현재 추진하고 있는 대우의 구조조정을 더욱 가속화할 수 있도록 하는 데 목적이 있었습니다. 그런 관계로 현재 일시적으로 문제가 발생하고 있는 초단기 차입금의 기한을 6개월 간 연장하도록 하는 조치가 지난 19일 채권단회의에서 합의되었으며 저희 대우는 이를 위해 10조 원 상당의 담보를 제공함으로써 금융기관의 부채확보에 이상이 없도록 하고, 제공된 담보에 대해서는 구조조정 실패시 위임처분이 가능하도록 그 권한을 위임하기까지 했습니다.

그러나 현재 채권단의 실무처리가 하루 이틀 지연되고 있어 저희 대우의 국내외 금융운용에 막대한 영향을 미치고 있습니다. 앞으로 며칠 간이 저희 대우에게는 중대한 고비가 될 것으로 사료됩니다. 따라서 이 문제의 조속한 처리를 위해 대통령님께서 다시 한 번 성원을 보내주시기를 간절히 부탁 올리고자 합니다.

이와 함께 저의 향후 거취 및 담보자산의 처분과 관련된 발언이 국내외에 보도되면서 저의 모든 것을 걸고 실천을 약속한 대우의 구조조정 작업은 전혀 예상 밖의 사태에 직면하게 되었습니다. 오늘 발간된 언론보도에서 이미 언급되고 있듯이 담보로 제공된 계열사 주식의 처분이 이루어지고, 그 주식을 가장 많이 매입하는 사람이 대우를 소유하게 될 것이라는 발언은 당장이라도 대우의 경영주체가 바뀔 수 있다는 의미로 해석되고 있습니다. 다시 말씀드리자면 지금까지 저희와 협상을 진행해온 당사자들이 앞으로는 구조조정을 위한 사업매각 등 현안의 협의대상이 대우가 아닐 수도 있다는 의미로 어제 발언을 받아들이고 있다는 것입니다.

현 상황에서는 저희 대우의 구조조정과 관련한 여러 이해 당사자들이 이번 조치를 통해 대우의 강력한 구조조정 의지와 실현 가능성을 긍정적으로 받아들일 수 있도록 하는 분위기를 조성해나가는 것이 무엇보다 중요할 것으로 사료됩니다. 따라서 불필요한 오해로 인해 자칫 걷잡을 수 없는 사태로 번질 수 있는 현 상황을 시급히 바로잡아주시기를 대통령님께 간절한 마음으로 호소드리고자 합니다.

저는 이미 약속한 대로 담보로 제공한 사재를 향후 자동차 경영정상화에 투입할 것이며 제 자신의 거취문제 역시 이미 수차례 밝힌 바와 같이 회사경영이 정상화된 이후 반드시 전문경영인 체제로 바뀌도록 할 것입니다. 이러한 약속만큼은 추호의 의심을 사지 않도록 앞으로 명백한 조치를 취하겠으며 우선은 이번 채권단회의에서 결의된 사항이 신속히 집행될 수 있도록 배려해 주시고, 아울러 구조조정이 성공적으로 마무리될 수 있도록 정부에서도 도와주시기를 앙탁(仰託)드리고자 합니다.

이번 미국과 캐나다 방문을 현지에서 보좌해 드리지 못하는 아쉬움과 죄송함을 담아 환송의 인사와 함께 국익을 위해 이번에도 큰 성과를 거두시는 의미 있는 여정이 되시기를 진심으로 기원드리고자 합니다.

여불비례(餘不備禮)
1999. 7. 21
김 우 중

이 편지의 수신인은 김대중 대통령이고 보내는 이는 김우중 대우회장이다. 날짜에 비상한 관심이 끌리는 것은 대우가 이 며칠 간의 금융시장 동향에 모든 사활을 걸고 있던 시기였기 때문이다. 대우는 7월 19일 그룹의 운명을 걸고 김 회장의 사재를 내놓는 등 최후의 선택을 감행했으나 강봉균 장관과 그 밖의 관료들은 철저한 냉소로 일관했다. 편지에도 씌어져 있듯이 강 장관의 발언들은 결코 곱게만은 볼 수 없는 김 회장에 대한 철저한 불신과 차가운 비아냥이 묻어난다.

김 회장은 지금 이 문제를 놓고 김 대통령에게 읍소하고 있는 것이다. 김 회장의 다급한 사정이 절절이 묻어난다.

대통령과의 조찬

대통령이 누가 되느냐에 따라 기업의 흥망이 갈리는 것은 비단 우리나라에만 있는 현상은 아니다. 합리적인 정책변화와 자연스런 시대 흐름에 맞추어 존폐의 위기가 판가름 난다면 이는 나무랄 이유도 없다. 그러나 권력자 개인의 친소(親疎)와 책략, 그림에 따라 업계의 판도가 바뀐다면 이것은 정경유착이 되고 만다.

'국민의 정부'에 들어와 정치와 경제의 유착 가능성이 크게 줄었다는 점에 이의를 달 사람은 많지 않을 것이다. 거의 모든 대기업이 개혁의 도마 위에 올랐던 만큼 개별 기업이 죽고 사는 문제에서 정부와 권력 또는 정치의 그늘이 발휘할 수 있는 영향력은 상대적으로 제한적일 수밖에 없다. 예외가 있다면 그것은 아마도 김우중 회장의 대우나 금강산의 현대 정도가 아닐까 한다. 이들은 모두 김영삼 정권 밑에서 핍박받았다는 공통점을 가지고 있다. 물론 이 경우는 인위적으로 살리고 죽이기를 도모하려 했던 것은 아니라고 봐야 할 것이다. 그러나 김 회장이 전경련 회장이 되면서 결과적으로 대우그룹 구조조정이 적지 않은 혼돈으로 빠져든 것은 부인할 수 없는 사실이다.

한쪽의 증언이라는 제약은 있지만 새 정부가 김 회장을 전경련 회장으로 지목했고 김 회장이 꾸준히 대통령과 지근(至近) 거리를 유지했던 것은 대우 몰락 과정에서 어떤 의미를 갖는 것일까.

차츰 애정이 식어간 대통령과 그를 붙잡으려는 김 회장, 그를 대통령에게서 떼어놓기 위해 애쓰는 참모들, 정치권 중심부에서 먼저 제기된 빅딜, 그리고 끝내는 파멸로 간 대우 스토리의 정치적 함수를 간단한 한두 장면의 스케치를 통해 들여다본다. 그 장면은 멀리 하노이에서 시작된다.

1998년 12월 16일 이른 아침. 장소는 베트남 하노이대우호텔 스위트룸이다. 김대중 대통령 내외와 김 회장 부부가 아침을 함께 들고 있다. 단출한 아침 식단. 호텔 주인(김 회장)이 자기 호텔을 찾은 귀한 손님을 접대하는 장면일 수도 있고 전경련 회장과 대통령의 만남이랄 수도 있는 자리. 배석자도 없는 자유로운 조찬이다. 대통령은 하루 전날 하노이에 도착해 분주한 시간을 보냈다.

새로운 한·베트남 관계를 여는 정상회담이 있었고, 베트남에 진출한 기업인 150여 명을 초청해 다과회도 가졌다. 저녁에는 판 반 카이 총리가 주최하는 만찬도 성황리에 열렸다. 이날 역시 아세안(ASEAN) 정상회담 등으로 빡빡한 일정을 앞두고 있었다.

이 모든 화려하고도 번잡한 외교행사들이 하노이대우호텔에서 열렸다. ASEAN 정상회담에 참석한 정상들 가운데 5명이나 이 호텔에 묵었다. 조찬은 김 대통령이 김 회장의 노고를 치하하는 자리이기도 했다.

김 회장으로서는 뇌혈종 수술을 받은 지 불과 20여일 만의 해외출장이었지만 대통령이 머무는 호텔의 주인으로서 접객을 소홀히 할 수는 없는 일이었다. 더구나 독대 기회가 주어질 터였다.

대통령은 김 회장이 전경련 회장으로서 여러 가지 일들을 잘 해주고 있다며 운을 뗐다. 그리고 국가경제를 위해 아이디어를 많이 내달라는 말도 덧붙였다. 노심초사하던 무역수지가 점차 김 회장의 예측대로 대규모 흑자로 돌아서던 때였고, IMF 경제위기가 잘만 하면 조기에 극복될 수 있다는 자신감도 대통령의 가슴을 뜨겁게 했다.

김 회장이 이 귀중한 시간을 놓칠 리 없었다. 대우의 사활을 결정할 민감한 현안들이 김 회장의 머리를 그렇지 않아도 복잡하게 만들어놓은 시절이었다. 최근의 일만 해도 그랬다. 불과 9일 전인 12월 7일엔 삼성과의 빅딜(대우전자와 삼성자동차 맞교환)에 합의한 상태였다.

그러나 말이 합의일 뿐 빅딜게임은 시작에 지나지 않았다. 빅딜을 통해 적어도 4조 원 정도의 현금을 확보해 그룹의 심각한 자금난을 수습한다는 치밀한 계획이 김 회장의 머릿속에 꽉 차 있었다. 그러니 대통령을 독대한 자리에서 다급한 주문이 없을 수 없었다. 게다가 장소는 김 회장의 무대였다. 사실 하노이든, 타슈켄트든, 바르샤바든 세계 무대, 특히 개도국 무대에서라면 '대우'라는 이름 두 글자만으로도 못할 것은 없는 상황이었다.

김 회장이 어렵사리 입을 열었다.

"무역금융 지원이 안 되고 있습니다. 6조 5,000억 원 정도 됩니다. 연불(延拂) 수출이 되도록 도와주십시오."

김 회장이 금액을 구체적으로 확정해 말했는지 어떤지에 대해서는 김 회장으로부터 대통령과의 대화를 전해들었던 측근들 사이에서도 의견이 엇갈린다. 또 김 회장이 독대였다는 것을 빌미로 사실과는 다소 차이가 나는 얘기를 측근들에게 후술했을 가능성도 없지는 않다. 어쨌든 김 회장으로서는 결정적인 카드를 뺐다. 6조 5,000억 원만 지원되면 모든 것이 정상적으로 돌아갈 수 있을 터였다. 해외 금융회사들의 동태가 급박하게 돌아갔고 노무라(野村)증권은 대우그룹에 비상벨이 울린다며 불난 집에 부채질을 해대던 중이었다.

그러나 그리 호락호락한 대통령은 아니었다. 어떤 자리든 가타부타를 즉답하지 않는 것은 40년 야당생활이 몸에 밴 그의 오랜 습관이었다. 대통령은 "강봉균 경제수석에게 말해보겠다"고만 대답했다. 물론 대통령은 강 수석에게 대우의 요청사항을 전했다. 그러나 그것으로 그만이었다. 강 수석은 대우 측의 요구를 깨끗이 거절했다.

"은행들도 어렵다"는 것이 강 수석의 설명이었다고 익명을 요구한 대우 측 인사는 회고했다. 김 회장의 독대 후 불과 몇 시간 지나 대우그룹은 나중에 두고두고 문제를 일으키게 될 삼성과의 빅딜 합의문을 공개했다. 삼성에 대한 대우 측의 공개적인 압박이었다. 그러나 삼성은 이를 모욕으로 받아들였다. 대통령과의 독대가 김 회장으로 하여금 무언가 과신하도록 만든 것일 수도 있었다.

대통령에게 요청했던 6조 5,000억 원은 다름 아닌 빅딜의 지렛대용 교환물이며 패키지로 타결되도록 고안된 것이었다. 그러나 빅딜은 부메랑이 되어 다시 돌아와 대우에 회복불능의 치명상을 주게 된다.

사실 누구보다도 우호적인 관계였던 김 회장과 대통령이었다. 김우중 회장이 전경련 회장이 되고 '500억 달러 무역흑자론'을 내세워 난국돌파 전략을 구사하던 당시로 돌아가면 더욱 그랬다. 김 대통령은 이즈음

기자들을 만났을 때 "김 회장 대단한 사람이야"라고 말하기도 했다. 김 회장이 전경련 회장이 된 것 역시 '청와대의 의중'이 작용했다는 유력한 증언들이 있다.

재계의 한 원로는 그 때 상황을 이렇게 증언한다.

"저쪽에서 다음 회장을 김우중으로 하자고 해요. 그러나 우리는 김 회장을 처음부터 좋아하지 않았어요. 모범적인 기업가로 볼 수는 없다는 거죠. 그런데 나더러 '김 회장에게 가서 회장 추대의사를 전하라'는 거예요. 거 참! 그래서 생각 끝에 전경련쪽에 부탁을 했던 거죠. 그리 된 겁니다."

물론 재계가 전부 반대한 일을 청와대에서 밀어붙인 것은 아니었다. "1997년부터 차기 회장은 김우중 회장이라는 공감대가 있었다"고 손병두 전경련 부회장은 한 언론 인터뷰를 통해 밝힌 바 있다. 그러나 김 회장의 전경련 회장 취임은 박태준 당시 자민련 총재가 아이디어 차원에서 제기한 '빅딜'을 가공할 파괴력을 가진 재계의 최대 과제로 만드는 결정적 계기가 된다. 빅딜은 김 회장을 통해 구체화됐고 김 회장은 빅딜을 통해 일대도약을 꿈꾸게 된다.

【취│재│파│일】

강봉균 전 경제수석이 바라본 김우중

"김우중 회장은 산업화 시대의 인물일 뿐이다." 국민의 정부에서 청와대 경제수석과 재정경제부 장관을 지낸 강봉균 의원(민주당)은 김 회장을 이렇게 한 마디로 평했다. 강 의원은 대우문제가 숨가쁘게 돌아가던 1998~99년, 경제수석, 재경부 장관으로서 누구보다도 자주 김 회장을 만났고 이헌재 전 금융감독위원장과 함께 대우문제를 처리했던 사람이다. 대우쪽 사람들은 강 의원과 김 회장의 관계가 매우 나빴고, 이런 이유로 정부 내 '강경론'이 그렇게 강했다고 주장한다. 그러나 강 의원은 "김 회장과 특별히 사이가 나쁠 이유가 없고 지금도 악감정은 없다"고 해명했다. 그의 주장도 남겨둘 만하다.

김대중 대통령과 김우중 회장의 면담이 여러 차례 있었는데, 면담을 주선했나.
"대통령과의 면담 일정은 청와대 의전수석실쪽에서 잡는다. 김 회장 등 경제계 인사를 만날 때는 경제수석으로서 당연히 배석했다."

김 회장이 대통령과 만나 주로 어떤 말을 했나.
"김 회장은 무역금융 지원 등 많은 의견을 제시했다. 나는 (대통령의) 판단을 돕기 위해 이치에 맞지 않는 부분에 대해 지적했다. 기업 전체에 대한 지원을 얘기하면서 실제로는 대우를 지원해달라고 얘기하면 곤란하지 않은가."

'500억 달러 무역흑자론'을 당시 어떻게 봤나.
"김 회장은 수출을 늘리면 500억 달러 흑자가 가능하다고 주장했지만 정부는 수입감소로 흑자가 날 것으로 예상했다. 이는 철학의 차이라고 생각된다."

1999년 들어 대우 정리방침을 대통령에게 보고했나.
"특별히 보고한 적 없다. 대우문제는 대우에 대한 시장신뢰가 땅에 떨어지면서 자금조달 길이 막혀 생긴 것이다."

대우쪽에서 '대우 해체 각본설'을 주장하는데.
"그건 몰라서 하는 얘기다. 대우 사람들은 정치적 시각에서 보는 것 같다. 시장신뢰가 떨어진 기업이다. 각본이 있을 수 없다."

당시 대우의 가장 큰 문제는 무엇이었나.
"기업규모가 그 정도(재계 2위)로 커졌는데도 김 회장이 혼자 끌고갈 수 있다고 생각한 점이다. 정부에서는 대우쪽과 마땅히 대화할 만한 상대가 없었다. 그룹 구조조정본부장에게도 아무런 결정권이 없었다. 구조조정본부장을 만나 보니 그룹 실상조차 제대로 모르더라."

대우를 워크아웃에 넣기로 한 것은 어떻게 결정했나.
"1999년 6~7월경 그룹 전체를 워크아웃에 넣는 검토가 있었다. 당시 재정경제부는 규모가 큰 계열사 4~5개만 워크아웃에 넣자고 했다. 반면 금융감독위원회는 계열사 간에 자금 대차(貸借) 관계가 얽혀 있어 다 워크아웃에 넣어야 한다고 주장해 주요 계열사 12개사의 워크아웃이 결정됐다."

대우를 긍정적으로 평가할 면은 없나.
"대우라는 브랜드를 세계시장에 심어놓은 점은 인정해야겠지…."

3 '책상물림' 들과의 갈등

새로운 숫자 500

세계가 숫자로 채워져 있다고 생각한다면 우리는 피타고라스의 후예가 된다. 7은 행운의 수, 12는 완전수, 그리고 3은 창조의 비밀과 관련된 수라고 생각한다면 이 역시 우리가 수비학(數秘學)에 입문할 준비가 돼 있다고 할 수 있다.

대우를 논하면서 이 수비학적 모티프를 생각하지 않을 수 없게 된다. IMF 체제가 개시된 후 금융을 지배했던 비밀의 수는 8이고 기업을 지배했던 마방진(魔方陣)의 해(解)는 200이었다.

은행의 죽고 사는 것이 숫자 8(BIS 비율)에 달렸고 퇴출과 생존의 갈림길에서 전전긍긍하는 기업들에겐 200(부채비율)이 바로 저승사자를 의미했다.

우리는 오늘 또 하나의 숫자 500을 만나게 된다. 대우는 숫자 '500'에 사활을 걸었지만 결국 그 때문에 사지(死地)로 빨려들고 말았다.

무역흑자 500억 달러는 김우중 회장에게 사는 길이면서 동시에 죽는 길이기도 했다. 어떤 방향으로 간다 한들 대우는 이미 예정된 운명을 맞았겠지만 처음에는 모든 것이 달라보일 수도 있을 것 같은 그런 마방진이었다.

김 회장과 김 회장 아닌 모든 자의 대립이기도 했던 1998년, '무역흑자 500억 달러' 논쟁은 대우 몰락의 미스터리를 푸는 가장 확실한 해(解)이기도 하다. 청와대, 재정경제부, 산업자원부, 심지어 IMF에 이르기까지 1998년도의 무역흑자 전망은 20억 달러에서 많게는 30억 달러였다. 그 이상을 내다보고 제시한 곳은 한 군데도 없었다.

오직 김 회장만이 '500억 달러 무역흑자론'을 제안했다. 정부가 제시한 20억 달러의 25배. 구경도 못해본 규모였다. 그러나 1998년이 끝났을 때 김 회장이 절대 옳았다는 것은 여실히 드러났다. 그해 한국의 무역흑자는 394억 달러였다. 김 회장의 말대로 조금만 더 밀었다면 500억 달러가 전혀 '불가능' 한 것도 아니었다. 문제는 바로 이것이 대우 몰락의 출발점이기도 했다. '500억 달러 무역흑자론'은 처음에는 은밀하게 감추어진 '대우의 생존전략'이었다.

무역금융과 외상수출의 악순환은 운명적인 불행을 서서히 예고했고 이 과정에서 18조 원의 부채가 늘었다. 성공의 길은 곧 실패의 지름길이기도 했다. 김 회장은 극도의 자금난을 오직 무역금융을 통해 아주 절묘하게 수습하려는 계획을 세웠던 것이다.

1998년 1월

시간 순으로 하자면 우리의 이야기는 곧바로 워크아웃(기업개선작업)이 결정된 1999년 8월 25일로 내달려가야 할 것이다. 그러나 전사(前史)를 모르고는 페이지를 쉽게 넘길 수 없다.

누가 대우그룹 해체를 결정했는지, 대우그룹과 김대중 대통령의 관계는 어떠했는지를 논하기에도 약간의 워밍업은 필요하다. 과도한 부채경영 때문이라고만 얘기되는 대우 몰락의 시간표가 어떻게 채워져왔는지를 알기 위해서는 시계를 약간 뒤로 돌릴 필요가 있다. 김우중 회장이 한국의 대표적인 경제관료들에게 점차 포위돼 가는 일련의 과정을 설명하려 한다.

기억에도 선명한 1998년 1월은 IMF 체제 돌입 직후의 혼란기였지만 새 정부 출범에 대한 기대로 술렁이던 시기이기도 했다. 그리고 재벌과 정부의 대립은 아직 탐색 수준에 머물러 있었다.

신문들은 연일 IMF와의 외채협상으로 지면을 도배질해댔다. 한겨울에 추운 날씨보다도 더 매서운 위기감이 한국인들의 뼛속을 파고들었다. 관악산 등산길에는 영하의 날씨에도 아랑곳하지 않고 계속해서 IMF 실업자들이 줄을 지었다. 관악산에서 하루를 보내는 '외로운 IMF 산행'이었다.

1월 24일 수요일. 영하 20도를 기록한 추위 속에 김 회장이 김대중 당선자를 만나기 위해 삼청동의 대통령직 인수위원회 사무실에 들어섰다. 누런 서류봉투를 들고 나타난 김 회장이 몇몇 청와대 출입기자들에게 목격됐다. 그 봉투에는 김 회장이 김대중 당선자에게 보고할 몇 가지 중요한 항목들이 메모식으로 담겨 있었다. 김 회장으로서는 회심의 담판이었고 김대중 당선자로서도 우군 중의 우군을 재회하는 터였다.

　김대중 당선자는 김 회장을 매우 좋아했다. 이런저런 재정적 도움을 주기도 했다는 것이 대우 사람들의 주장이다. 김영삼 대통령 시절 비리 혐의로 법정에까지 들락거려야 했던 김 회장으로서는 새 대통령과의 신선한 출발을 모색하는 자리이기도 했다.

　언제나 그랬다. 김 회장은 정권이 바뀔 때마다 승부수를 띄웠고 반드시 전리품을 챙겼다. 1992년 대통령 선거과정 동안의 정치적 곡예나 국가정보원장을 지낸 L의원과의 관계, 그리고 이를 미끼로 삼은 김영삼 후보와의 유성호텔 담판 등은 김 회장의 배포가 아니었다면 불가능한 일이었다. 결국 대통령이 된 'YS의 격노'로 막을 내리긴 했지만 언제나 그의 베팅은 엄청난 결과를 가져왔다.

　당선자와의 대화는 두 가지 안건에 대한 것이었다. 하나는 미국 제너럴 모터스(GM)와의 합작건이었다. 그리고 다른 하나는 놀랍게도 '500억 달러 무역흑자론'이었다.

　그날 면담내용을 기자들에게 설명한 박지원 당선자 대변인조차 "김 회장은 아주 통이 큰 사람"이라며 혀를 내둘렀다. 당선자가 지금 이 시점에서 가장 간절히 원하는 게 무엇인지를 꿰뚫어본 사람이 바로 김 회장이었기 때문이다. 김대중 당선자로서는 바닥난 곳간(외환보유고)을 채우는 것이 지상과제였다. 김 회장이 바로 이 해법을 당선자에게 안겨준 것이다.

　"올해 적어도 300억 달러, 많으면 500억 달러까지 무역흑자를 낼 수 있습니다. 불요불급한 정부 예산을 삭감하고 무기도입을 일시 중단합니다. 대규모 사회 간접자본(Social Overhead Capital : SOC) 공사를 연기하고 수입을 점차 줄이는 대신 수출총력 체제로 가면 못할 이유가 없습니다"라고 김 회장은 답변을 이어갔다. 당시 정부의 공식적인 흑자목표액은 20억 달러였다.

'20 대 500', 즉 25배의 차이였다. 당선자의 눈이 커졌다. IMF 체제 극복의 희망이 보인 것이다. 김 회장의 '500억 달러 무역흑자론'은 그해 1월 중순 경기도 용인에서 열린 대우 임원 세미나에서 처음 등장했다. 대우 구조조정본부의 김윤식 부사장은 "500억 달러 무역흑자론은 전적으로 김 회장의 아이디어였다"고 회고했다.

2개월 정도가 흐르자 김 회장의 아이디어는 구체화됐다. 전경련 차기 회장으로 내정된 김 회장은 3월 13일 좌승희 한국경제연구원장을 전경련 회장실로 불렀다.

"500억 달러 무역흑자 달성방안을 만들어주시오."

다음은 좌 원장의 회고.

"실현 가능성에 대해서는 우선 나부터가 반신반의했다. 다만 성장 잠재력을 유지하면서 외환위기를 극복하자는 김 회장의 취지에 공감해 연구원들에게 실무작업을 지시했다."

다음날 김 회장은 과천청사를 방문했다. 이규성 당시 재정경제부 장관에게 재계가 앞장설 테니 정부는 무역금융을 풀어달라고 요청했다. IMF 체제 이후 부채비율 축소 등 재벌개혁이 지상과제인 경제관료들에겐 한 마디로 말도 안 되는 얘기였다. 무역금융을 풀어준다는 것은 재벌들이 얼마든지 금융자금을 끌어다 쓸 수 있는 길을 열어주는 것이나 마찬가지였기 때문이다.

김 회장과 경제관료들 사이에 갈등이 서서히 무르익기 시작했다. 경제관료들은 김대중 당선자와는 너무 달랐다. 당시 과천청사 공무원들에겐 "재벌들이 부채비율을 낮출 생각은 않고 외상수출(무역금융)로 '장난'을 치려 한다"는 분위기가 지배적이었다.

그해 3월 27일 김대중 대통령이 주재하는 제1차 무역투자진흥 대책회의가 청와대에서 열렸다. 대통령이 주재하는 범정부 차원의 수출 드라이브 회의는 지난 1987년 무역진흥회의 이래 12년 만이어서 더욱 주목을 끌었다. 이 자리에서 김 회장은 한국경제연구원이 살을 붙인 '500억 달러 무역흑자론'을 설명했다.

"작년보다 수출을 17% 늘리고 수입을 23% 줄여 무역수지 524억 달러, 경상수지 510억 달러의 흑자를 낼 수 있습니다. 이를 위해서는 정부가 무역금융을 풀어주고 기업과 정부, 그리고 민간의 수입자제 노력이 따라줘야 합니다."

당시 참석자들은 김 대통령이 흡족한 표정을 지었다고 기억한다. 경제장관들은 대통령으로부터 심한 질책을 받았다. 그럴 만도 했다. 정부가 잡은 무역흑자 목표치가 처음엔 20억 달러(1월 2일)였으니까.

이 정도만 해도 1997년의 84억 달러 무역적자보다 100억 달러 이상이나 개선되는 것이었다. 그해 초 정부와 IMF의 정책협의 때도 1998년에 무역 흑자를 '30억 달러'로 봤다.

그러나 무역수지 흑자가 1월 15억 달러, 2월 33억 달러에 달하자, 경제관료들은 꿀 먹은 벙어리가 됐다. 김대중 대통령 취임 후 3월 19일 박태영 산업자원부 장관은 청와대 업무보고에서 흑자 목표를 250억 달러로 늘려 보고했다. 불과 석 달도 안 돼 무역흑자 목표가 12.5배로 늘어난 것이다. 김 회장은 처음부터 500억 달러를 주장했다.

필연적으로 김 회장과 경제관료 사이에 틈새가 벌어졌다. '500억 달러 무역흑자론'은 대우의 생존전략, 그 이상도 이하도 아니라는 것이 강봉균 경제수석 등 경제관료들의 생각이었다.

4월 들어서도 김 회장은 대통령에게 직보해야 한다며 자리를 만들어 달라고 졸랐다. 강봉균 수석은 박태영 산자부 장관에게 미뤘고 박 장관은 다시 최홍건 산자부 차관에게 떠넘겼다.

최 차관은 4월 18일 담당국장들과 함께 힐튼호텔에서 김 회장을 만났다. 김 회장은 "외환보유고에서 50억 달러만 풀어 무역금융을 지원해달라"고 요청했다. 배석했던 산자부 모 국장은 "당시 힐튼호텔에 TV 카메라까지 대기해 있어 '쇼' 하는 느낌이 들었다"고 회고했다. 김 회장은 TV 카메라까지 동원해 무역흑자 500억 달러를 기정사실화하려고 했다.

【취 | 재 | 파 | 일】

무역흑자 누가 옳았나

정부관료들과 김우중 회장이 뜨거운 논쟁을 벌였던 1998년이 저물면서 무역수지가 400억 달러를 넘느냐를 놓고 관심이 집중됐다. 결국 깜짝 놀랄 수치가 나왔다.

무역수지가 1997년 84억 달러 적자에서 399억 달러 흑자로 돌변한 것이다. 1980년대 말 '3저(低) 호황' 이래 9년 만의 흑자였고 단군 이래 최대 규모였다. 그해 무역흑자 규모는 일본(1,218억 달러), 독일(716억 달러), 중국(436억 달러)에 이어 세계 4위였다. IMF 구제금융을 받은 나라들 중에선 한국이 가장 우수한 성적표를 낸 것이다. 대규모 무역흑자 덕에 1997년 말 외환위기 때 고작 38억 달러로까지 바닥났던 외환보유고가 1년 뒤인 1998년 말엔 485억 달러로 급증할 수 있었다.

대규모 무역흑자로 쾌재를 부른 반면 당황한 사람들도 적지 않았다. 1998년 벽두에 그해 무역흑자를 20억 달러로 잡았던 산업자원부는 누구보다 곤혹스러워했다. 산업자원부는 2월 4일 대통령직 인수위원회에 보고할 때 무역흑자 전망치를 20억 달러에서 100억 달러로 늘려잡았고 3월 19일 청와대 보고 땐 다시 250억 달러로 높였다.

그러나 실제 흑자규모는 목표치의 1.5배에 달했다. 산자부는 무역흑자 증가세가 예상을 뛰어넘자 1998년 막판엔 흑자목표를 400억 달러로 다시 수정하고 수출에 강한 드라이브를 걸었다.

당시 전경련 상무였던 유한수 씨는 1999년 1월 8일자 〈한국경제신문〉 '다산칼럼'에서 "1998년 초만 해도 정부나 IMF는 무역흑자를 20억 달러 정도로 예견했다가 수 차례 수정 전망을 한 끝에 400억 달러 흑자로 낙착됐다. 반면에 과학적 분석을 하지 않은 한 대기업 총수는 환율과 흑자규모를 거의 정확하게 예측해 화제가 되기도 했다"고 썼다. 바로 그 총수가 김 회장이었다.

그러나 통관기준 무역흑자는 잠정 집계치보다 9억 달러 적은 390억 달러로 최종 확정됐다. 수출실적이 그만큼 부풀려 집계된 탓이었다. 잠정치와 확정치 사이의 바로 9억 달러 차이에 한국 수출의 현주소가 담겨 있다는 비판이 터져나왔다. 미국과 유럽 등지의 창고에 팔리지도 않은 물건이 산더미처럼 쌓여갔다. 9억 달러의 오차는 예년에 비해 너무 컸다. 1997년엔 수출 확정치가 오히려 4억 6,000만 달러 많았고 1995~96년엔 오차가 1~2억 달러에 불과했다.

그 빌미는 물론 대우가 제공했다. 대우자동차가 수출신고를 해놓고 취하한 금액이 5억 달러에 달했다. 포항제철 등 철강업체에서 1억 달러가 취소됐다. 산업자원부 관계자는 "전경련 회장이기도 한 김우중 회장이 수출과 무역흑자 확대를 위해 드라이브를 걸다 무리수가 나온 것 같다"고 지적했다. 물론 여기엔 관료들의 수출독려도 한 몫 단단히 했다.

한편 강봉균 의원(민주당, 전 경제수석)은 김 회장의 예측이 실제 무역흑자에 근접했다는 '대우패망비사' 보도가 나간 뒤 직접 〈한국경제신문〉 특별취재팀에게 전화를 걸어 반론을 제기했다.

강 의원은 "김 회장이 1998년 초에 주장한 '500억 달러 무역흑자론'은 자세히 내용을 들여다보면 전혀 맞지 않는 것"이라고 주장했다. "김 회장은 수출을 늘려 무역흑자를 낸다고 했지만, 실제 그해 수출은 늘기는커녕 오히려 전년보다 2.3%(38억 달러) 줄었고 수입이 35.5%(514억 달러)나 급감한 탓에 무역흑자가 커졌다"고 설명했다.

강 의원은 "당시 수출확대가 어려운데도 김 회장이 비과학적으로 수출을 과도하게 늘려잡은 흑자론을 들고 와 설명하기에 터무니없다고 생각했다"고 말했다. 그는 또 "김 회장의 의도는 무역금융을 받으려는 것이었지만 IMF와의 합의 등으로 대기업에는 무역금융을 풀어줄 수 없었다"고 덧붙였다.

강 의원은 정부가 애초 흑자전망을 20억 달러로 잡은 것에 대해 "그 때만 해도 국내외 어떤 기관도 1998년 경제성장률이 마이너스 6.7%까지 추락할 것을 예상치 못한 탓"이라고 설명했다.

그러나 원인과 경과야 어떻든 무역흑자 문제는 김 회장의 완승이었다. 수출이 늘었든지 수입이 줄었든지 간에 500억 달러라는 숫자는 김 회장의 말대로 됐다. 그것은 김 회장의 영감이었던 동시에 무역전선에서의 오랜 경험과 실무적인 감각을 갈고 다듬은 결과이기도 했다. 또한 김 회장의 말처럼 책상물림과 실전 경험자의 차이이기도 했다.

잘못된 만남

처음부터 잘못된 만남이었다. 김우중 회장과 국민의 정부 경제관료들은 생각하는 방법부터가 달랐다. 국민의 정부 초기 경제관료는 중경회(中經會)를 골격으로 삼고 자민련류(類)가 결합한 것이었다.

자민련 몫으로 입각한 사람들이 이규성 초대 재정경제부 장관과 이헌재 금융감독위원장이었고 청와대는 철저한 개혁론자들로 채워졌다. 김태동 경제수석, 강봉균 정책기획수석을 비롯해 1급(차관보급)과 국장들이 모두 구조조정론자들인 옛 경제기획원 출신들이었다. 강봉균 수석의 참모였던 이근경, 이윤재, 조원동 씨 등이 모두 동일한 라인이었다.

대통령 당선자 캠프를 채운 유종근 대통령 당선자 경제고문(전 전북지사)도 개혁의 선봉이었고 공정거래위원회의 전윤철 위원장(현 재정경제부 장관)은 이제 공정위 차원에서 재벌개혁의 대수술을 막 시작하려는 참이었다. 여기에 김 회장의 확대경영, 세계경영이 정면에서 부딪쳐왔다.

김 회장은 "이 책상물림들이…"라며 독설을 내뱉었다. 그것도 대통령이 좌정한 가운데 열린 엄숙한 회의자리였다. 당연히 저주가 되돌아왔다. 대통령의 참모들은 "이 사기꾼 비슷한…"이라며 역시 포문을 열었다. '책상물림'과 '사기꾼 비슷'의 갈등구도는 돌이킬 수 없는 것이 되고 말았다.

이들의 갈등은 대우해체와 패망과정에서 어떤 역할을 했던 것일까. 과연 대우패망은 관료들의 음모였던 것인가.

IMF 경제위기는 현실론자들의 몰락과 원칙론자들의 부상, 구체적으로는 진보적인 학계와 경제기획원 출신 경제관료들의 독무대를 만들었다. 갈등구도는 이미 1980년대부터였지만 국민의 정부가 들어선 1998년에는 우열이 분명해졌다. 성장론과 개혁론의 쟁패, 기업가와 관료의 대립이기도 했다. 외환위기 원인론에 이르면 이들의 차이는 더욱 확연히 나타났다.

개혁론자들은 기업들의 과도한 부채를 원인으로 봤지만 김 회장은 금융 시스템의 낙후를 지목했다. "국제산업계가 새로운 강자인 한국을 철저하게 파괴하려 하고 있다"는 생각을 세계를 무대로 싸워왔던 김 회장은 끝까지 지우지 못했다. 내인론(內因論)과 외인론(外因論)의 충돌이었지만 칼자루는 결국 관료들이 쥐고 있었다.

결국 대우패망은 '필연'으로 귀착됐다. 대우는 파국으로 몰려갔지만 이 같은 대립 갈등구도는 불행하게도 지금까지 지속되고 있다. 그것은 합리적 인간(경제관료)과 합목적적 인간(기업가)의 대립구도이기도 했고 금융 대 산업의 갈등이기도 했다.

김 회장과 경제관료들의 관계가 처음부터 나빴던 것은 아니었다. 그들은 단지 서로 다른 부류에 속할 뿐이었다. 한쪽은 '무(無)에서 유(有)를 창조'하고자 하는 사람이었고 다른 한쪽은 '조건부 합리성'을 추구하는 모범생 타입의 사람들이었다. 그러나 그들은 결국 피할 수 없는 충돌로 달려갔다. 판을 더욱 키우려는 김 회장과 그를 포위하려는 고위관료들의 싸움은 1998년 1년여 동안 지속됐다.

'대우는 부채의 시한폭탄'이라는 관료들의 인식과 '500억 달러 무역흑자론'을 통해 위기를 기회로 활용하겠다는 김 회장의 생각은 그 뿌리부터가 너무도 달랐다. 김 회장과 관료들의 몇 차례 충돌장면을 보여주려 한다.

장면 1

1998년 1월 30일. 세계경제포럼 총회가 열리던 스위스의 소도시 다보스의 센트럴호텔 로비에서였다.

아시아 외환위기를 놓고 가는 곳마다 치열한 이론논쟁이 벌어졌다. 뉴욕 외채협상을 타결짓고 스위스로 날아온 유종근 대통령 당선자 경제고문이 양수길 대외경제정책연구원 원장과 얘기하다 김 회장과 마주쳤다.

김 회장이 신변잡기를 얘기하다 말고 경제위기의 책임문제에 대해 먼저 말문을 열었다. 미리 준비해놓고 기회를 봐둔 듯 속사포로 쏘아부쳤다.

"문제가 생기면 무조건 대기업 잘못으로 몰아붙이는데 도대체 기업이 잘못한 게 뭡니까? 기업이 아니라 금융이 부실해 외환위기가 생긴 것 아닙니까? 빅딜도 어디 하루아침에 가능한 것인지 말씀 좀 해보세요."

김 회장의 몸은 양수길 원장쪽을 향하고 있었지만 누가 봐도 이는 유종근 경제고문에게 말하는 것임이 분명했다. 유종근 경제고문은 외채협상을 막 성공적으로 끝낸 터이기도 했지만 무엇보다 김대중 대통령 당선자의 경제고문이었다. 재벌 회장이 서슬이 퍼런 권력실세에게 대든 꼴이 되고 말았다.

파장이 커지자 김 회장은 다음날 유종근 경제고문을 만나 "양 원장에게 했던 얘기"라며 서둘러 진화했다. 새 정부 경제관료들과의 악연은 이렇게 실타래가 꼬이기 시작했다.

장면 2

1998년 7월 10일. 제2차 무역투자진흥 대책회의가 열린 청와대 대회의실. 박태영 산업자원부 장관이 김대중 대통령에게 수출지원책을 보고했다.
"오늘부터는 중소·중견기업에 대한 수출자금 지원이 잘 될 것입니다. 수출보험공사가 보증을 서도록 조치했습니다."
그러자 김 회장이 용수철 튕기듯 바로 발언 기회를 얻었다.
"경제장관들이 아직 수출의 중요성을 잘 모르고 있습니다."
김 회장은 조목조목 수출현장의 문제를 설명해가면서 "관료들이 현장을 몰라도 너무 모른다"는 쪽으로 결론을 유도해갔다. 박태영 장관의 크고 흰 얼굴이 순식간에 벌겋게 달아올랐다.
김 회장은 다른 수출관련 회의에서도 "이 같은 수출대책 회의 100번 열면 뭐합니까? 정부의 수출대책이 현장에는 안 먹히고 아무런 도움도 안 되는데"라며 장·차관을 가리지 않고 쏘아부쳤다.

장면 3

1998년 7월 31일 프레스센터에서 열린 관훈클럽 초청 조찬간담회. 이날은 공정거래위원회가 5대 그룹의 부당내부거래에 100억 원의 과징금을 부과한 직후였다.
대우그룹도 (주)대우가 포천 아도니스 골프장의 공사비를 제때 받지 않은 사실이 적발됐다. 참석자들이 보기에도 김 회장의 발언은 위험수위를 넘나들었다.

"요즘처럼 어려운 시기에 100억 원이 어디 푼돈입니까? 국내의 취약한 자본시장에서 선진국 수준의 부채비율을 강요하는 것부터가 말도 안 돼요."

김 회장의 발언은 정부의 부채비율 200% 축소 강요에 대한 재계 입장을 여과없이 드러낸 것이다.

공정위가 발칵 뒤집혔다. 재벌 총수가 칼자루를 쥔 공정위의 심기를 건드린 발언을 한 것 자체가 놀라운 일이었고 해프닝이었다. 김 회장은 마지못해 전윤철 공정위원장에게 사과 전화를 걸어 "언론보도는 와전된 것"이라고 해명해야 했다.

장면 4

1998년 11월 29일 금융감독위원장 집무실. 대우는 12월 7일 청와대 정·재계 간담회를 앞두고 구조조정안을 마련하던 중이었다. 한 달 전 노무라보고서 파문이 채 가라앉지 않은데다 해외 금융기관들이 대우 여신회수 강도를 높이던 때였다. 이헌재 금감위원장은 대우가 가져온다는 구조조정 계획을 눈이 빠지게 기다리고 있었다.

그러나 김 회장은 금감위로 오지 않았다. 그는 보고서를 들고 직접 청와대로 갔다. 소식을 들은 이 위원장의 얼굴이 굳어졌다.

"세상이 변한 줄도 모르고…."

금감위 구조조정 라인은 이 때부터 "할 테면 해보라지"라며 전의를 다졌다.

강봉균 경제수석도 사사건건 김 회장과 마찰을 빚었다. 김 회장이 대통령에게 무역금융을 풀어달라고 요청했을 때 일언지하에 안 된다고 선을 그은 것도 그였다. 다음은 강 수석의 회고.

"김 회장이 DJ를 면담할 때는 대부분 배석했어요. 김 회장이 대통령 앞에서 '엉뚱한 소리'를 못하게 막는 것이 주요업무라고 할 정도였습니다."

그러나 바로 그것이 문제였다. 지금 이 글의 핵심이기도 한 문제의 '500억 달러 무역흑자론'과 관련해 김 회장은 대통령 면전에서 경제관료들을 향해 "책상물림들이 뭘 압니까?"라며 직격탄을 날렸다. 김 회장과 경제관료들은 이렇게 돌아올 수 없는 다리를 건넜다.

반격

이제 경제관료들이 반격을 가할 차례였다. 더 이상 대우의 확대경영을 보고만 있을 수도 없었다. 대우부채라는 눈덩이가 언덕 위에서 탄력을 받아 이미 경사면을 굴러내려오기 시작한 순간이기도 했다.

익명을 요구한 한 고위관료는 "당시 '김우중은 절대 안 된다. 가만히 두었다간 구조조정이고 뭐고 다 날아간다'는 인식이 경제관료들 사이에서 이미 굳어졌다"고 회고했다.

다른 관계자도 "대우그룹은 이미 시한폭탄이었다. 충격을 줄이면서 해체하는 데 어떤 방법을 택하느냐만이 문제였다"고 말했다.

결국 금감위는 1998년 7월 22일 대기업의 CP 발행한도를 규제하는 것으로 포문을 열었다. 모든 기업에 다 적용되는 조치였지만 오직 대우그룹만 한도를 넘고 있던 상황이었다. 시장에서는 정부가 대우를 겨냥

한 것으로 보는 분위기였다. 이 조치로 대우그룹의 단기 자금사정은 급속히 파국으로 달려갔다. 더욱이 김 회장은 이런 와중에도 언제나 해외 '출장' 중이었다.

그해 10월 28일엔 급기야 회사채 발행제한 조치까지 취해졌다. 이번에는 장기 자금줄이 모두 끊어져나갔다. '500억 달러 무역흑자론'으로 위기를 극복하려 했던 김 회장의 계획은 경제관료들의 이중, 삼중의 포위망 속에서 결국 물거품이 되고 말았다. 노무라증권의 보고서가 비상벨을 울린 것은 바로 그 다음날이었다.

대우 사람들은 이를 두고 경제관료들의 치밀한 음모였다고 주장하고 있다. 하지만 음모론을 거론하기에는 대우의 약점이 너무도 많았고 또 몇 번의 회생 기회들을 너무도 쉽게 흘려보냈다.

대립하는 논리

무엇보다 논리가 달랐다. 한쪽에서 부채경영은 나쁘다고 하면 다른 쪽은 그래도 우리가 지금 이 만큼 먹고 사는 것은 모두 부채경영 때문이었다고 되받아쳤다. 자본이라고는 하나도 없는 상황에서 차입이 아니고는 어떻게 기업을 꾸릴 수 있었느냐는 것은 기업가들의 정당한 항변이었다.

객관적 사실, 또는 객관적 논리라고 할 만한 것이 실제로 하나도 없었다. 양쪽 다 옳았지만 부분적으로는 잘못도 있었다. 외환위기의 원인론에 들어가면 논란은 더욱 복잡해진다. 경제관료들은 외환위기의 원죄를 기업과 기업가들에게 돌렸지만 기업가들은 생각이 달랐다. 금융의 오류인지 산업의 오류인지에 관한 주제는 두고두고 논란을 거듭했다.

그러나 분명한 것은 미국과 미국을 대신하는 IMF의 입장이었다. 이른바 '워싱턴 컨센서스'라는 개혁 프로그램과 한국 산업에 대한 강력한 압박은 현실로 다가왔다.

1994년 멕시코 페소화 폭락 이후 개도국 전부가 외환위기의 길을 걸어갔다. 한국도 예외는 아니었다. 이 과정에서 거의 동일한 처방들이 내려졌지만 한국은 더욱 가혹한 환경에 밀려들어갔다. 산업과 무역, 기업활동에까지 한국은 광범위한 간섭과 통제를 받았다.

재벌은 손발이 묶였고 경제성장 과정에서 줄곧 재벌을 백업해왔던 은행은 강력한 구조조정을 받아들여야 했다. 여기에 환율 현실화와 고금리 처방이 기업의 목을 죄어왔다. 이런 분위기 속에 재무구조가 취약한 대우가 걸려든 것일 따름이었다.

〔IMF 진행과정과 성격에 대해서는 《실록 외환대란—이 사람들 정말 큰일내겠군》(한경경제신문사, 1998년)을 참고 바람〕

【취|재|파|일】

역대 정권과 전경련 회장

재계의 대표격인 전국경제인연합회 회장직은 역대 정권과 미묘한 긴장을 유지해왔다. '불가근 불가원(不可近 不可遠)'의 관계이기도 했다. 너무 가까이해서도 안 되고 멀리해서도 안 된다는 얘기다.

전경련은 1961년 8월 16일 재계가 정부와의 관계개선을 위해 자발적으로 설립한 모임이다. 2002년으로 41돌을 맞았다. 초대 전경련 회장은 이병철 삼성 회장(1961~62년)이었다. 그 뒤 이정림(1962~64년), 김용완(1964~66년, 1969~77년), 홍재선(1966~69년) 등 정부 입김에 따라 오너가 아닌 전문경영인들이 2~12대 회장을 차례로 맡았다. 정부와 관계는 당연히 돈독하게 유지됐다.

전경련이 세인의 주목을 끈 것은 13~17대 회장을 역임한 정주영 현대 회장(1977~87년) 때부터다. 1980년대의 강압적인 분위기 속에 재계와 권력 간의 긴장이 한껏 고조됐다. 정 회장은 제5공화국 초기 전경련 회장직 퇴진 압력에 맞서 "나는 회원들이 뽑아준 회장이라 마음대로 그만둘 수 없다"고 버티기도 했다. 그러나 1988년 서울올림픽을 유치한 혁혁한 공로 덕에 전두환 정권과 막판에는 사이가 좋아졌다.

18대 구자경 LG 회장(1987~89년)은 가장 단명한 전경련 회장이다. 1987년 6·29 선언 뒤 노사대립이 극심한 사회분위기 속에서 계열사 내의 분규가 일어나자 오너인 회장이 전경련을 끌고가기란 쉬운 일이 아니었기 때문이었다. 어쩔 수 없이 비(非)오너 출신인 유창순 전 부총리가 19~20대 회장(1989~93년)을 이어받았다.

김영삼 정부 출범과 함께 전경련은 다시 오너 회장체제로 바뀌면서 정부와의 갈등도 잦아졌다. 21~23대 최종현 SK 회장(1993~98년)은 선단식 경영, 쌀개방 등을 놓고 관료들과 논쟁도 불사했다. 김영삼 대통령이 문민정부를 자부하면서 인기영합식 재벌개혁 정책을 편 것에 대한 재계의 반발을 전경련이 대변한 셈이다.

"규제를 다 풀어라. 기업에게 맡겨라"라는 최 회장의 발언에 정부는 SK그룹 세무조사라는 칼을 빼들기도 했다. 또 청와대가 사과할 것을 종용해 재계 대표인 최종현 회장이 과천 정부청사에까지 직접 찾아가 홍재형 부총리에게 사과하는 수모를 겪기도 했다.

김대중 정부에서 전경련을 이끌게 된 24~25대 김우중 회장(1998~99년)은 기발한 아이디어와 왕성한 활동으로 전경련을 다시 재계의 중심축으로 부각시켰다. 하지만 말썽 많던 빅딜(대규모 사업교환)과 500억 달러 무역흑자론 등으로 경제관료들과 끊임없는 마찰을 일으켰다. 그는 대우그룹 몰락과 함께 결국 불명예 퇴진을 하게 됐다. 현재 김각중 회장(26~27대, 경방 회장)은 서슬이 퍼런 재벌개혁기에 오너들이 맡기를 꺼리는 회장직을 자의 반 타의 반으로 맡아 김우중 회장의 뒤를 잇고 있다.

4 무너지는 모래성

요란한 비상벨

세상에 예고없는 참사는 없다. 출근길 교통사고조차 수도 없는 원인들이 숨어 있기 마련이다. 하물며 41개 계열사가 전세계에 300여 개 사업장을 돌리고 있던 거함 대우였다. 어떤 사람은 '양치기와 늑대의 게임'이라고도 하고 어떤 사람은 '수도 없이 울린 비상벨'이라고 말하는 바로 그것.

   김 회장 한 사람 외엔 모두가 알고 있던 종말이 오기까지 여러 번의 변곡점들, 피를 토했던 논쟁과 불화, 죽이려는 자와 살려는 자의 투쟁, 그리고 너무나도 쉽게 지나쳐버린 절대회생의 기회들이 있었다. 어떤 사람은 이를 두고 운명이라고도 말했다.

   처음으로 요란한 비상벨 소리를 울려댄 것은 일본계 노무라증권이었다. 1998년 10월 29일. 일본 최대 증권회사인 노무라증권 서울지점에서 A4 용지 4쪽 분량의 간단한 보고서를 외국인 고객들에게 한정 배포했다. 제목이 한눈에 들어왔다.

'대우그룹에 비상벨이 울리고 있다(Alarm bells is ringing for the Daewoo Group).'

길게 설명할 이유도 없이 매우 간단했다. 보고서 요지는 다음과 같았다.

"대우는 주가마저 낮아 에쿼티 파이낸스(유상증자 등 주식을 통한 자금조달)에도 큰 어려움을 겪게 될 것이다. 대안은 자산 매각뿐이지만 팔릴 만한 회사가 없다."

보고서는 "따라서 대우는 심각한 유동성 위기에 직면하게 될 것이다. 한국의 은행들이 대우에 긴급대출을 해줄 가능성은 있지만 해외채권이 회수되기 시작하면 워크아웃에 들어갈 수도 있다"고 썼다.

문제는 대우문제에 대한 공론화였고 누가 고양이 목에 방울을 다느냐는 것이었다. 이것을 노무라가 달았다. 언제나 그랬듯이 한국 사람은 외국인의 입을 통해 말하고 듣는 버릇이 있을 뿐이었다. 그리고는 바로 그 시점부터 갑자기 바빠지기 시작했다. 보고서의 근거가 된 통계자료가 전경련 산하 자유기업센터에서 나왔다는 점은 아이러니였다. 김 회장은 바로 전경련 회장이었다.

일본 최대 증권회사인 노무라가 누른 비상벨은 폭발적인 울림을 몰고왔다. 외환대란 당시의 모건스탠리 보고서에 맞먹는 것이었다. 당시 모건스탠리는 '한국을 떠나라(Get out of Korea)'고 썼었다. 노무라 보고서가 나온 뒤 당장 대우중공업의 회사채 발행계획이 취소됐다. 대우가 미심쩍었던 국내 금융회사들은 좋은 핑계거리를 찾은 셈이었다. 파장은 일파만파로 순식간에 번졌다. 그리고 금융권의 자금회수가 재개됐다.

정부쪽 대우처리 작업을 맡았던 서근우 전 금융감독위원회 제3심의관(현 금융연구원 연구위원)은 "내용이야 다 아는 것이었다. 그러나 공신력 있는 외국기관이 대우의 자금난을 지적했다는 것이 예사롭지 않았던 대목이었다"고 회고했다.

DAEWOO

【취|재|파|일】

'노무라 보고서'의 뒷얘기

"10년 전부터 심증은 있었지만 물증이 없었다. 그러나 정부가 금융회사의 회사채 보유한도를 제한하는 것을 보고 이젠 대우가 끝났다고 확신했다."

1998년 10월 29일 '대우그룹에 비상벨이 울리다'란 제목의 노무라 보고서를 쓴 고원종(현재 소시에테제네랄증권 상무) 씨는 보고서 작성경위를 이렇게 설명했다. 이날은 정부가 CP에 이어 회사채까지 옥죄는 조치를 취한 바로 다음날이다. 대우 사람들이 '음모'라고 주장하는 바로 그 조치다.

그는 당시의 대우를 두발 자전거도 아닌 '외발 자전거'에 비유했다. "김우중 회장은 금융권 차입이 어려워지자 '정리해고는 없다'는 식의 고용카드(정치게임)로 버텼다"는 것이었다. 고 상무는 지금도 "대마불사(Too Big to Fail)를 주장하려면 일본기업 정도의 규모는 돼야 한다. 대우 정도의 규모를 대마라고 부르기는 어렵다"고 주장하고 있다.

그는 이 보고서 때문에 숱한 비난과 협박에 시달렸다고 한다. 노무라증권 측에선 보디가드를 붙여줄 정도였다.

"애국심도 없느냐는 비난이 많았지만 (대우의 실상에 대해) 있는 그대로를 밝히는 것이 직업인의 자세이고 애국하는 길이라는 생각은 지금도 변함이 없다."

파문이 일자 당시 일부 언론에서 그의 삼성근무 경력(삼성투자자문)을 들어 '삼성 관련설'을 제기하기도 했다.

고 상무는 "그런 기사를 쓴 기자에게 내가 대우 공채출신(1982년 대우투자금융 입사)인 사실은 왜 안 썼느냐고 따졌다"며 웃음을 지어보였다.

그도 역시 당시 젊은이들이 그랬듯이 일벌레이자 5대양 6대주를 누비며 수출입국을 지향하던 김 회장을 존경해 대우에 들어갔다고 한다. 그리고 그는 김 회장의 연세대 후배이기도 하다.

"지금도 그 같은 상황이 다시 온다면 또다시 보고서를 쓸 것"이라고 말하는 그는 보고서 파문 뒤 ABN암로증권을 거쳐 현재 SG증권 서울지점에서 전략분석가로 일하고 있다. 금감위 고위 간부인 L씨의 처남이기도 하다.

화불단행

문제는 그 다음이었다. 화불단행(禍不單行)이었다. 악재는 어깨동무를 하고 찾아온다는 말 그대로 재앙은 또 겹쳐왔다.

풍전등화의 순간에 사령탑에서 고장이 났다. 노무라 보고서가 나온 지 보름가량 지난 1998년 11월 15일 김우중 회장의 뇌혈관이 터졌다. 김 회장은 결국 혈종(만성경막하혈종)을 수술하기 위해 서울대병원에 입원했다.

비즈니스의 세계는 냉엄했다. 김 회장의 갑작스런 입원은 국제 금융가의 의구심을 증폭시키기에 충분했다. 장병주 (주)대우 사장 등 대우임원들은 "하필 이 순간에…"라며 땅을 쳤다. 역시 거스를 수 없는 운명의 힘이었다.

닷새 뒤 11월 20일. 김 회장이 퇴원했다. 바로 그날 장병주 사장은 힐튼호텔에서 대우 출입기자들을 만났다.

"올해(1998년) 초 인수한 쌍용자동차 외에 모든 계열사가 흑자를 내고 있다. 그룹 전체로 올해 6,700억 원의 흑자가 난다. 연말까지 돌아오는 (주)대우 CP는 2조 원 정도다. 자금 계획상 차질없이 상환이 가능하고 그룹 회사채도 아직 2조 2,500억 원의 여유가 남아 있다."

김 회장도 11월 23일 힐튼호텔에서 퇴원한 뒤 처음으로 기자들과 만났다.

"머리에 호스를 넣고 피를 300cc나 뽑아냈다. 1주일을 쉬어본 것은 평생 처음이다. 일을 조금 더 하라는 뜻으로 받아들인다."

그는 만면에 미소까지 지어보였다. 기자들이 보기에도 혈색은 좋았다. 김 회장은 "내년에는 외자유치가 활성화되기 때문에 전혀 문제가 없다"며 의욕을 보이기도 했다.

그러나 일은 그렇게 수월하지 않았다. 문제는 생각보다 복잡했고 엉뚱하게 꼬여갔다. 대우는 그해 12월 7일 정·재계 간담회 뒤 대우전자·삼성자동차의 빅딜(대규모 사업교환) 계획을 발표했다. 그리고 그 이튿날엔 '그룹 구조조정 계획'을 발표했다. 수도 없이 되풀이된 그룹 구조조정 계획의 첫 작품이었다. 김태구 당시 구조조정본부장은 대우빌딩에서 1999년 말까지 41개 계열사를 4개 업종, 10개 계열사로 축소할 계획이라고 말했다.

바로 이 대목이 나중에 격렬한 논란과 토론을 불러일으킨다.

첫 반응은 이헌재 금감위원장에게서 나타났다.

"어떻게 된 거야? 왜 대우가 먼저 내놔?"

이헌재 위원장의 구상과는 다른 방향으로 대우문제가 꼬이기 시작한 것이었다.

정·재계 간담회는 김대중 대통령이 그룹 총수들과 청와대에서 함께 식사하고 구조조정(재벌개혁)을 논의하는 자리였다. 바로 그 다음날 5대 그룹 가운데 구조조정이 가장 미진한 대우가 거꾸로 가장 먼저 대통령의 구미에 맞는 계획을 내놓았기 때문이다. 사실 이 위원장이 '작업'에 착수한 것은 이보다 5개월가량 빠른 1998년 7월경부터였다.

5대 재벌 재무구조 개선약정에서부터 '작업'은 막이 올랐다. 노무라 보고서를 촉발시켰던 10월, 금감위의 회사채 보유한도제 도입 역시 노련한 이 위원장이 추진한 '작업'의 일환이었다. 대우의 갑작스런 구조조정계획 발표는 그런 점에서 이 위원장의 허를 찌르는 일대 반격이기도 했다. 이 위원장이 찔러오던 칼을 빼앗아 역공을 가한 형국이었다.

김 회장은 결코 호락호락한 상대가 아니었다. 전경련 회장으로서 수

시로 김 대통령과 독대할 수 있었던 데다가 김 회장의 공력도 산전수전을 다 겪었던 터였다. 그러나 시류(時流)가 아니었다. 정부의 재무구조 개선요구에 대해 빅딜로 뒤집기를 시도하려고 한 김 회장의 전략은 결과적으로 김우중과 대우를 대파멸로 이끈 전주곡에 지나지 않았다.

그럭저럭 1998년은 넘어갔다. 노무라 보고서의 파문이 잠복해 있기는 했지만, 투자신탁회사 등 제2금융권은 "설마 대우가 망할까?" 하는 생각에 여전히 금리가 짭짤한 대우 회사채와 CP를 사들였다. 수익률 경쟁에 피를 말리던 펀드매니저들에게 대우채권은 수익률을 끌어올리는 감초와 같은 것이었기 때문이다.

불행의 씨앗은 쑥쑥 자라났다.

삼성이 회수한다

대마가 쫓기고 있었다. 패착에 패착은 더해갔다. GM으로부터 50억 달러 외자유치, 대통령과의 독대, 삼성자동차 · 대우전자 빅딜 등 일련의 승부수들이 모두 실패로 돌아간 다음이었다. 이제 금융기관들의 대우 여신회수가 본격화됐다.

금융당국은 거함 대우의 부도를 막으려고 동분서주했고 김우중 회장은 역전의 실마리를 잡기 위해 최후의 노력을 쏟아부었다. 바둑에서도 한번 판세가 기울면 좀체 역전의 실마리를 찾기 어려워지는 법이었다. 김 회장은 한때 한국기원 이사장까지 지냈을 만큼 바둑을 좋아했다. 타고난 낙천주의자였던 김 회장의 눈에도 이제 대마가 살아날 가능성은 거의 없어보였다.

삼성그룹의 금융계열사들이 먼저 움직였지만 한 번 둑이 무너지자 누구라고 할 것 없이 경쟁적으로 대우자금을 회수하기 시작했다.

대우 자금줄에 본격적으로 이상징후가 생긴 것은 1998년 말부터였다. 당국이 회사채와 CP 보유한도제를 도입하면서 자금줄에 대한 봉쇄가 시작됐고 투신사들은 이제 대우채(대우가 발행한 회사채, CP)를 팔아야 했다. 한 계열의 채권에 대해 펀드 신탁재산의 15%까지만 보유할 수 있도록 축소된 보유한도제에 따라 대우채가 보유한도를 초과한 물량만도 수조 원에 달했다.

삼성캐피탈이 가장 빨랐다. 삼성캐피탈은 대우 계열사에 대한 자체 어음할인 한도를 없애는 방식으로 대우 여신을 빠르게 회수해갔다. 이어 삼성생명과 삼성화재는 1998년 말부터 회수에 나서 1999년 1·4분기에는 대우 여신을 사실상 '제로'로 만들었다. 다른 투신사들과 수익률 경쟁을 벌여야 했던 삼성투신은 1999년 들어 5,000억 원을 회수했다. 삼성그룹은 대우사태가 터진 뒤 삼성투신이 펀드에 과도하게 대우채를 편입한 책임을 물어 대부분의 경영진을 속된 말로 날렸다. 대우 사람들은 삼성계열사들이 1998년 말부터 1999년 4월까지 거둬간 대우 여신이 1조원 이상이라고 추산했다.

김 회장이 1999년 3월 23일 이건희 삼성 회장의 개인 집무실인 서울 한남동 '승지원'으로 이 회장을 찾아간 이유는 빅딜 담판도 담판이었지만 삼성 계열 금융회사들의 대우여신 회수를 중단시키는 것이 더 다급해서였다.

시장에서는 "삼성이 움직인다(회수한다)"는 소문이 급속히 퍼져나갔다. 1997년 기아자동차 사태 때도 그랬다. 삼성의 정보력·관리능력은 자타가 공인하는 바였다.

군중심리

이제 군중심리가 고개를 들었다. 김정태 행장이 지휘하는 주택은행(현 국민은행)의 자회사인 주은투자신탁운용도 대우 여신을 털어내는 데 적극적이었다. 국내외 은행 차입은 이미 1998년에 막혔고 이젠 제2금융권조차 돈줄이 끊기기 시작했다.

해외 은행들의 대우 여신회수는 1998년 하반기부터 본격적으로 구체화됐다. 그해 10월 노무라 보고서 파문 직후부터는 회수액이 눈덩이처럼 불어났다. 씨티은행, 체이스맨해튼은행 등 해외 주요 은행들은 대우 현지법인들의 '데포 뱅크(외화당좌거래은행)'라는 우월적 지위를 십분 활용했다. 이들은 대우가 수출대금을 받아 입금하는 족족 자신들의 대우 여신과 상계시켜 나갔다. 대우로선 현찰을 만져보지도 못한 채 해외 은행에 여신을 회수당했고 회수액만큼 예금잔고가 바닥을 드러냈다.

이것으로도 모자랐다. '세계경영'의 거대한 후폭풍이 대우의 해외 네트워크 전체를 뒤흔들었다. 대우는 국내에서 회사채로 조달한 자금으로 해외 빚부터 갚느라 불법이건 합법이건 가리지 않고 해외로, 해외로 자금을 내보내야 했다. 2001년 대우 분식회계에 대한 1심 재판의 핵심쟁점이 됐던 20조 원이 넘는 외화 밀반출은 이렇게 이루어졌다.

다급해진 김우중

파도에 휩쓸린 모래성처럼 무너져내리기 시작한 대우와 김우중 회장은 다급해졌다. 1999년 2월 어느 날 저녁, 서울투신운용 채권팀장이 전화를 받았다. 서울투신운용은 한진그룹이 제1 대주주였고 대우가 제2 대주주였지만 실제로는 대우 계열사나 마찬가지인 회사였다.

놀랍게도 전화를 건 사람은 김 회장이었다.

"나, 회장인데…."

"누구라고요?"

"나, 회장이라니까!"

채권팀장은 전화 수화기 건너편 목소리가 김 회장이란 사실이 믿기지 않았다. 그룹 회장이 일개 부장급 직원에게 직접 전화를 걸다니. 그러나 더욱더 놀라운 것은 김 회장의 사정조의 부탁이었다.

"서울투신운용 사장과 임원들이 연락이 안 되고 있어요. 오늘 대우채를 사주지 않으면 대우그룹은 부도납니다. 주거래은행인 제일은행도 지원을 할 수 없다고 버티고 있고…. 대우가 부도나면 20~30만 명의 실업자가 생깁니다. 어떻게든 오늘은 넘기고 봅시다."

'천하의 김우중'이 계열사 팀장에게 직접 전화를 했다는 사실만으로도 놀라운 사건이었다. 그만큼 다급했다. 채권팀장은 하는 수 없이 그날 대우채를 사들였고 대우는 부도를 넘길 수 있었다. 당시 투신업계에선 서울투신이 아니었다면 대우사태는 1999년 7월이 아니라 적어도 넉달 전인 그해 3월경부터 터져나왔을 것이라고 봤다.

당시 서울투신 사장과 임원들은 대우그룹의 사후 문책이 두려워 고의로 핸드폰을 꺼놓는 등 연락 두절상태로 만들어놓는 일이 잦았다. 서울투신 실무자들은 다음날부터 대우에 관련된 모든 통화 내용을 녹음하기 시작했다. 금융감독원 등 감독당국에서 걸려오는 전화도 마찬가지였다. 다른 투신사 임원 S씨의 증언이다.

"서울투신만 그랬던 것은 아닙니다. 대부분 그랬어요. 서로가 서로에게 녹음을 하라고 권하곤 했습니다. 대우가 해외부채를 갚기 위해 엄청난 회사채를 발행한 사실을 알고 있는 터에 잠인들 제대로 왔겠습니까?"

물론 모든 투신사들이 그랬던 것은 아니었다. 일부 투신사들은 대우라는 위험한 지뢰밭에서 수익률 곡예를 벌이기도 했다. 한국, 대한, 현대 등 3대 투신사는 한쪽으로는 정부의 압력, 다른 쪽으로는 수익률을 끌어올려야 한다는 강박감 속에 거꾸로 대우채 보유규모를 늘려갔다.

한국투신의 한 전직 펀드매니저는 "금리를 최소한 2~3% 포인트는 더 얹어주는 대우채를 외면하기는 어려웠다"고 실토하기도 했다. 이들은 나중에 공적자금을 수혈받게 되지만 여기에는 대우 부도방지를 위해 투신사들을 독려한 당국의 책임도 크다고 보아야 할 것이다.

대우 회사채는 가속적으로 정크본드(투기채권)가 되어갔다. 1998년만 해도 대우 회사채의 금리는 삼성, 현대, LG보다 1%포인트 정도 높았을 뿐이었지만 1999년 초 2~3%포인트로 벌어졌고 패망 직전엔 10%포인트의 가산금리를 얹어줘도 거래가 되지 않았다.

일일점검

금융회사들의 여신회수가 본격화되자 다급해진 쪽은 이헌재 금감위원장과 금융감독원이었다. 치밀한 사전대책도 없이 대우를 부도낼 엄두가 나지 않았다. 당시 정부 각료 가운데 시장을 가장 잘 안다고 평가를 받았던 이헌재 위원장은 나중에 "정말 노심초사했다"고 측근들에게 밝힌 적이 있다. 이 위원장은 대우사태로 흔들리는 시장을 '계란'에 비유하기도 했다. 그만큼 다루기 어렵고 자칫 깨지기 쉽다는 이유에서였다.

1999년 2월경부터 금감원은 대우 여신 동향에 대해 '일일 점검' 체제로 들어갔다. 금감원의 기업 신용감독 라인인 김상훈 부원장, 허만조 신용감독국장이 대우 여신을 회수한 투신사 경영진에게 직접 전화해 호통을 치는 일도 다반사였다. 허 국장과 신용감독국 실무자들은 금융회사들에게 거의 매일 일일이 전화를 걸어 협박 반, 애원 반으로 대우 여신의 만기를 연장해주라고 닦달했다. 금감원 19층에 위치한 신용감독국에선 매일 저녁 전화기 두 대를 양쪽 귀에 대고 금융기관들을 독려해대는 직원들의 모습을 볼 수 있게 됐다.

당시 A투신 사장의 회고.

"1999년 3월 하순쯤 한 펀드매니저의 실수로 만기가 된 대우채권 800억 원을 연장해주지 못하는 우발사태가 벌어졌다. 그날 저녁 7시 30분경 회식자리로 금감원에서 전화가 걸려왔다. '그런 식으로 나오면 곤란하다'는 압력이었다. 단순 사무착오라고 해명했지만 금감원은 이후 우리 회사를 블랙리스트에 올려놓고 집중적으로 감시했다."

금감원도 할 말이 없었던 것은 아니었다. 사실 누구라도 할 말은 있었다. 금감원 관계자들의 주장은 "금융회사들이 앞다퉈 여신을 회수해대면 멀쩡한 기업도 죽을 판인데 왜 경쟁적으로 먼저 죽으려 하느냐"는 것이었다. 이헌재 금감위원장이 누누이 언급한 이른바 '경쟁적 자살행위'는 이를 지칭하는 것이기도 했다.

금감원의 일일점검은 대우를 워크아웃에 넣어 금융기관 채무를 동결시킨 그해 8월 26일까지 지속됐다. 금감위의 서근우 제3심의관은 "대우가 워크아웃에 들어간 뒤에야 두 발 뻗고 잤다. 이헌재 위원장도 마찬가지였다"고 말했다. 그만큼 금융권의 자금 회수는 대우의 세계경영 전략만큼이나 속전속결이었고 피를 말리는 상황이었다는 반증이다.

DAEWOO

【취│재│파│일】

"신문기자 다 나갔는지 확인해봐"

특별취재팀은 한 장의 기밀서류를 이 책을 통해 공개한다. 지난 1999년 7월 22일에 있었던 대우 채권단 운영위원회의 의사록이다. 은행과 투자신탁회사가 싸우고 당국자는 엄포와 공갈을 놓는 풍경이다. 정회가 선포되고 논쟁은 열기를 뿜어대지만 결국 정부의 복안대로 결정되는 것은 요즘과 전혀 다를 것이 없다.

제일은행 본점에서 열렸던 이날 회의에서는 이호근 제일은행 상무가 의장을 맡았다. 대우 채권액이 많은 15개 주요 채권단의 간부들과 금융감독위원회 이용근 부위원장, 금융감독원 허만조 신용감독국장 등이 참석했다. 대우에 대한 신규자금 지원이 이 날의 안건이었다. "주변에 혹시 신문기자가 있는지 확인해 달라"는 당국자의 말이 눈길을 끈다.

의장(이호근 상무) 지원액과 배분기준은 지난 19일 이미 확정됐으니 오늘은 실무 배분방법을 정하자.

한국투신 은행권 여신은 1조 원 미만이다. 그것보다 투신권의 채권액이 훨씬 많다. 은행들은 1998년에 대우 대출금을 회수했지만 투신권은 1999년에 와서야 회수했으므로 1999년 회수 실적만을 기준으로 배분액을 정한 것은 문제가 있다. 고통분담 차원에서 은행권도 동등한 분담이 필요하다. 채권형 펀드 자금격감으로 유동성 문제가 심각해지고 종목별 보유한도를 초과한 펀드는 법률위반의 문제가 된다.

의장 지원기준 및 규모는 이미 결정됐으므로 재론하기가 곤란하다. 지난 7월 19일 합의 이후 투신권에서 콜자금 규모를 줄여 자금교환이 심각한 문제에 봉착했다.

금감원 대우의 유동성 부족원인을 감안해 기준을 설정한 것이다. 1998년 12월 빅딜 발표 후 대우 회사채 CP에 대한 회수 움직임이 더 뚜렷히 나타났을 때 창구지도에도 불구하고 금년 들어 순상환이 많이 일어났다. 금융권에서 대우채권의 만기연장에 적극 협조하지 않았기 때문에 이런 사태가 발생했다.

제일투신 빅딜과 관련해 롤오버(만기연장) 등 상당한 협조를 했다. 대우채의 금리가 3~4% 포인트 더 높은데도 불구하고 회수한 기관에만 벌칙을 가한다면 모럴 해저드(도덕적 해이) 문제가 남는다(위험관리 없이 고금리 대우채만 사들인 기관이 이익을 보게 된다는 의미).

금감원 배분 기준시점에 따라 서로 이해관계가 달라진다. 대우의 유동성 문제가 심각하므로 이해득실보다는 대국적 견지에서 판단해야 한다. 대우계열에서 담보 및 처분각서를 제공할 예정이며 재무구조개선약정을 평가해 실적이 미진하면 담보자산 처분 등 드라이브를 걸 예정이다.

한국투신 배분기준에 따라 유리함이나 불리함이 정해진다면 안분할 필요가 있다. 졸속 판단시 고객의 동요가 예상된다.

의장 각각의 이해대립으로 어떤 배분기준도 모든 채권자의 만족을 얻기는 불가능하다. 1999년 들어 특별히 많이 회수됐으므로 기준은 어느 정도 타당성이 있다.

금감원 고객 동요 및 금융기관 간에 인출(환매)을 억제하도록 지도할 예정이다.

삼성투신 6개월 뒤인 2000년 1월 18일 이후 대우 부도시 대책이 없으며 투신사 성격상 담보를 취득하고 여신을 해줄 성질이 아니다. 이번 회의에서 결정 나도 원칙상 고객의 동의가 필요하며 고객 요청시 인출(수익증권 환매)이 불가피하다. 처음부터 지원한 곳과 지원 후 회수한 곳만 신규자금을 배정하는 것은 문제다. 형평성 차원에서 지원하지 않은 곳도 분담하는 것이 바람직하다.

한국투신 회의자료에 배분기준에 대한 산출근거가 없다. 제일은행은 회수실적이 없다는 이유로 배정하지 않은 것은 부당하다.

외환은행 신규자금 4조 원의 용도와 배분기준을 공개할 필요가 있다.

삼성투신 배분기준을 정확히 설정하고 보유한도를 초과한 곳은 차감해야 한다. 배분기준이 일방적이고 투명하지 못하다.

한국종금 배정기준에 대해선 이미 합의됐고 배분금액만 논의해야 하는 것으로 알고 있다.

의장 기준에 대해선 전체 채권단협의회 결의(7월 19일)대로 시행하는 것이 원칙이다.

〈정회〉
의장과 금감원 허만조 국장, 한국투신 J팀장 등이 모여 투신권 배정액 중 3,000억 원은 배분액이 없는 제일은행 등에서 인수토록 재조정.

〈속개〉

금감위 부위원장 (회의장 내 기자가 없음을 누차 확인한 후) 절차상으로 시간이 촉박하고 정상적인 상황이 아니므로 적극 협조해줄 것을 요청한다.

대한투신 대우 회사채는 6개월 이후 환매가 가능해야 한다. 기관별 신규자금 지원액은 고객의 민감한 반응을 고려해 비공개로 해달라.

서울투신 유동성과 관련해 신규 CP를 펀드에 편입하기는 곤란하다. 평가가치가 하락할 경우 MMF(머니마켓펀드)에 편입이 불가능하기 때문에 감독원의 조치가 필요하다. (금감원은 조치하겠다고 답변) 투자신탁업법상 운용제한으로 (주)대우 등 일부 회사의 채권이 10%를 초과해 편입하는 문제부터 해결해야 한다.

의장 대우 계열사 중 한도에 여유가 있는 회사의 CP를 매입하면 되고 반드시 그 동안 여신을 회수한 회사의 CP를 사야 한다는 제한은 없다.

삼성투신 대우채 편출과 환매 자금인출 요구로 인해 투신사들이 유동성 위기에 직면할 때는 어떻게 하나.

의장 감독원에서 방지하기 위한 노력을 할 것이다.

한국투신 대우가 제공한 담보(교보생명주식)를 상환할 때 1,200억 원을 회수할 수 있는가.

의장 회수 가능하다.

한국투신 금융권의 수익증권 인출 자제를 부탁한다. 중도 환매 때 위약금을 부과할 것을 건의한다.

외환은행 신규자금 4조 원의 사용처를 제일은행에 통보토록 요청한다.

의장 신규자금 4조 원은 초단기 자금 상환에 사용하고 해외 유출(해외채권단 부채상환)이 안 되도록 할 것이다.

한국투신 은행권뿐 아니라 타 금융권의 긴급지원 자금도 우선 상환해달라.

의장 타 금융권의 긴급지원 자금이 있으면 제일은행에 통보해달라. 신규 자금 지원안건에서 '은행'은 '금융기관'으로 수정하겠다.

〈회의 종료〉

"이거 신문에 나면 안 돼요"

대우가 어려워지면서 금융회사들도 집단 히스테리 증세를 보이기 시작했다. 남이 회수하면 나는 더 빨리 회수해야 하는 것이 행동준칙으로 자리잡은지도 오래 됐다. 어떤 기업이든 일단 어렵다는 말이 돌면 순식간에 달려들어 남은 살점이라도 뜯어먹어야 했다. 마치 아마존강의 식인 물고기떼인 피라니아를 연상시켰다. 이헌재 금융감독위원장이 말했던 이른바 '자살 경쟁'이었다. 나라 안팎에서 돈줄이 끊긴 대우는 더할 나위도 없었다.

대우는 1999년 봄이 되면서 극심한 자금 보릿고개를 맞았다. 숨이 턱에 차오르는 고통의 나날이었다. 호흡기를 언제 떼느냐만 남았고 정부는 급기야 장례식(그룹해체) 준비에 들어갔다.

1999년 5월 초 청와대 경제수석실. 이진순 한국개발연구원 원장과 이동걸 연구위원(현 금융연구원 은행팀장)이 신임 이기호 경제수석에게 경제현안을 보고하러 갔다. 4대부문 개혁, 금융시장 등의 일반 현안보고를 마치자 이 수석은 급한 일이 있다며 나가려 했다. 이진순 원장과 이동걸 위원이 이 수석을 잡았다.

대우문제에 대한 극비 보고서를 작성한 이동걸 위원은 보고서를 들이밀고는 단도직입적으로 요점에 들어갔다.

"수석님, 이 보고는 꼭 받으셔야 합니다."

"뭐요?"

"대우가 테크니컬 디폴트(사실상 부도) 상태입니다. 공식 회사자료 외에 숨겨진 부실이나 해외지사 부실까지 감안하면 실상은 더욱 나쁠 것입니다. 대책이 시급합니다."

 마지못해 자리에 앉아 보고서를 들여다보던 이기호 수석이 보고서를 '탁' 소리가 나도록 덮으며 의외의 말을 던졌다.

 "이 박사, 이거 신문에 나가면 큰일납니다."

 이동걸 위원은 1998년 말까지 미국 예일 대학교 선배인 김태동 정책 기획 수석 밑에서 청와대 행정관으로 일하면서 진작부터 대우문제를 주시해온 터였다. 다음은 이 위원의 증언이다.

 "청와대 행정관 시절 정부차원의 '대우 태스크포스'를 만들어야 한다는 생각도 했어요. 그러나 청와대가 중심이 돼 움직였다는 얘기가 새나가면 말 그대로 무방비 상태에서 파장만 커질 것이 우려됐습니다. 대우가 망가지면 구조조정도 새로 해야 하고 그 때까지 은행에 넣었던 공적자금 20조 원이 모두 물거품이 되는 상황이었습니다. 지금 와서 보면 20조 원이 별로 크지도 않게 느껴지지만…."

 공적자금이란 게 그랬다. 정부가 제일은행과 서울은행을 끝내 청산하지 못하고 해외매각을 고집한 것도 두 은행에 넣은 1조 5,000억 원씩의 공적자금이 아까워서였다. 결과적으로 두 은행에 20조 원 이상의 공적자금이 투입됐지만 정책 결정의 순간에는 항시 망설이는 것이 관료들의 속성이기도 했다.

DAEWOO

【취│재│파│일】

대우채 분쟁

대우사태는 아직 진행형이다. 그 이유 중 하나가 대우채 환매연기 조치의 후유증이다. 1999년 '8·12 환매연기 조치'를 둘러싼 논쟁은 현재까지도 계속되고 있다. 정부 당국의 환매연기 조치나 투신사들의 법규정을 어긴 대우채 과다 편입으로 인한 후유증은 3년이 지나도록 여전히 '뜨거운 감자'다.

투자자들과 수익증권을 판매한 증권회사, 그리고 투신사 간의 분쟁이 속출해 법원에 계류 중인 대우채 송사만 10건을 훨씬 웃돈다. 환매연기 당시 대우채가 편입된 펀드 규모가 110조 원(펀드에 편입된 대우채는 18조 9,000억 원)에 달해 파장이 클 수밖에 없다.

대우채 관련 분쟁에 대한 법원 판례는 대략 △환매연기 조치의 적법성 여부 △대우채 과다편입(한도초과 등)의 위법성 △투신사의 선관(善管, 선량한 관리자)의무 소홀의 책임범위 등 세 갈래로 정리할 수 있다.

사법부는 우선 환매연기 조치는 '적법', 투신사가 약관을 위반해 대우채를 과다편입한 것은 '위법'임을 분명히 했다. 서울고법은 2001년 들어 잇따라 대우채 환매연기가 타당하다고 판결했다. (주)영풍·대우증권, 삼양유지사료·현대증권 등 두 건의 소송에서 모두 증권사의 손을 들어줬다. 정부가 개입한 환매연기 조치로 인해 증권·투신사의 배상책임은 없다는 것이다.

영풍·대우증권 소송 건은 2001년 2월 1심인 서울지법 민사 12부가 환매연기 조치를 위법이라고 판시했다가 8월 서울고법의 2심에서 뒤집힌 것이다. 같은 1심인 서울지법 민사 12부는 2000년 11월 유사한 소송(그래닛캐피탈 · 삼성증권, 한빛투신운용)에서 환매연기 조치가 적법하다고 판시했다. 1심에선 판사의 판단에 따라 판결이 엇갈리기도 한 것이다.

종목당 편입한도(10%)를 어겨 대우채를 과다편입한 부분에 대해선 금감원 분쟁조정위원회나 법원이 모두 투자자 편을 들었다. 증권 · 투신사가 명문화된 약관이나 법규를 위반했다면 당연히 위법이고 이로 인한 손실배상 책임이 있다는 것이다.

2001년 5월 서울지법 민사 28부는 한국델파이 · 삼성증권, 삼성투신운용 소송 건에서 투자부적격 채권(대우채) 편입, 편입한도 초과 등을 이유로 원고인 한국델파이의 일부 승소 판결을 내렸다.

이와 함께 투신사의 선관의무 소홀에 대해선 상반된 1심 판결이 나왔다. 이는 편입채권을 이 펀드, 저 펀드로 옮기는 이른바 '펀드 물타기'의 책임을 어느 선까지 묻느냐의 문제이기도 했다. 서울지법 남부지원 민사 1부는 2001년 6월 22일 현대정유 · 삼성투신의 소송에서 "채권단 결의와 감독기관의 관여사실(창구지도) 등이 인정된다"며 삼성투신쪽의 책임이 없다고 판결했다. 당시 투신사가 자금난을 겪는 대우의 채권을 편입한 것을 선관의무 소홀로 보기 어렵다는 요지였다.

그러나 서울지법 민사 21부는 8월 이와 유사한 전기공사공제조합 · 한국투신의 소송에서 "대우의 자금악화 사실을 알고도 대우 회사채를 펀드에 편입시켜 투자자에게 손실을 입혔다"며 원고인 전기공사공제조합의 일부 승소 판결을 내렸다. 이 문제는 결국 상급법원(고법)의 판단을 기다려야 할 전망이다.

한편 정부 당국을 상대로 소송을 낸 투자자나 증권 · 투신사는 아직 한 곳도 없다. 당국을 상대로 싸우기에는 여전히 눈치 볼 일이 많다는 애기와도 통한다. 대우사태 이후 관치의 깃발은 더욱 펄럭이고 있으니….

5 대우를 해체하라

원천봉쇄된 승부수

대우가 기획했던 기습적인 법정관리는 결국 원천봉쇄됐다. 〈한국경제신문〉 특별취재팀이 처음 발굴해 보도했던 김우중 최후의 승부수인 '법정관리'는 그룹 내에서조차 아는 사람이 거의 없었다. 그러나 실패로 돌아갔다.

정부의 서슬이 퍼랬으니 법정관리를 준비해줄 변호사 하나 구할 수 없었다. 그리고 이헌재(금융감독위원장) 등 구조조정 '기술자'들이 나설 순서였다. 그들은 지금도 "시장을 지켜냈고, 건국 이래 처음으로 해외 빚을 떼먹었으며 부실덩어리였던 대우를 쪼개 대우조선, 건설, 종합기계 등을 살려냈다"고 자랑하고 있다.

하지만 대우정리로 인해 30조 원에 달하는 공적자금이 대우나 대우에게 돈을 빌려준 금융회사를 살리는 데 직·간접적으로 투여됐다. 시장의 룰이 무너졌고, 금융은 다시 철저한 관치(官治)로 돌아가고 말았다. 이번 장에선 바로 이런 이야기를 풀어가려 한다.

　채권단이 대우에 지원하기로 했던 신규자금 4조 원은 1999년 7월 26일에야 지원됐다. 김 회장이 사재를 포함한 10조 원의 담보를 제공하고 겨우 얻어낸 4조 원이었다. 그나마도 1주일 이상 골탕을 먹인 다음에야 돈이 들어왔다.

　대우가 가장 애를 먹었던 하루짜리 초단기 CP 6조 원에 대해서도 채권단은 6개월 간 만기를 연장해줬다. 하이닉스 반도체에 대한 지원과 같은 계산방식이라면 물론 대우는 10조 원을 지원받은 셈이다.

　그러나 대우는 당장 숨이 끊어지는 것은 아니지만 그렇다고 살아날 수도 없는 상황, 즉 가사(假死) 상태로 들어섰을 뿐이었다. 한 달여 뒤인 8월 26일 대우그룹은 드디어 통째로 워크아웃(기업 개선작업)에 들어가고 말았다. 그러나 이 한 달은 말 그대로 피를 말리는 시간들이었다.

　이미 시장에서는 투신사에서 하루에 1조 원씩 터져 나가는 일대 충격파(환매사태)가 번져가는 중이었다. 시장 붕괴가 초읽기로 접어든 것이었다. 정부는 8월 12일 대우채 환매금지 조치를 발동해 일단 무너진 둑을 틀어막았다.

워크아웃

1999년 8월 20일경, 강봉균 재정경제부 장관이 엄낙용 차관 이하 주요 간부들을 급히 집무실로 불러모았다.

"각자 대우문제에 대해 생각하고 있는 걸 솔직히 말해봐. 시간이 없어."

강 장관의 눈동자가 재빨리 참석자들을 훑었다.

그 자리에는 엄 차관 외에 이근경 차관보, 유지창 금융정책국장, 양천식 국제금융심의관, 권오규 경제정책국장, 조원동 정책심의관, 최중경 금융정책과장, 임종룡 은행제도과장이 굳은 표정으로 앉아 있었다. 이 회의에서 무조건 결론을 내야 한다는 긴장감이 참석자들의 얼굴을 얼어붙게 만들었다.

"시장이 믿지 않고 채권단도 수십 개에 달해 합의가 불가능할 겁니다. 워크아웃에 넣는 방법 말고는 별다른 대안이 없지 않겠습니까?"

임종룡 과장이 어렵사리 입을 열었다. 반대 의견이 있을 수도 없었다. 모두가 이심전심이었다. 무려 7만 5,000개에 달하는 거래처들이 줄줄이 도산할 것이 뻔한 터에 법정관리는 상상도 할 수 없는 수단이었다.

"그럼 계열사 중에 몇 개나 워크아웃에 집어넣어야 돼?"

강 장관이 다시 물었다.

재경부는 당초 (주)대우, 대우자동차, 대우전자, 대우중공업 등 부채 규모가 큰 4개사만 염두에 뒀다. 그러나 이헌재 금감위원장은 그룹 전체를 워크아웃에 넣어야 한다고 주장했고 이 위원장의 판단이 받아들여졌다. 얽히고 설킨 계열사의 대차(貸借)관계, 상호 빚보증 등을 염두에 뒀기 때문이다.

결국 강 장관, 이 금감위원장, 이기호 경제수석 등은 8월 23일 오후 대우그룹 전부(12개 주력사)를 워크아웃 틀에 집어넣는다는 공식 결정을 내렸다.

대우 워크아웃 결정사실에 대한 대통령 보고는 이기호 경제수석이 맡왔다. 이 수석이 대우 장병주, 정주호 사장의 법정관리 신청계획을 듣고 "험한 꼴을 보게 될 것"이라며 돌려보낸 다음이기도 했다. 금감위의 서근우 심의관이 결국 총대를 메고 대우에 워크아웃 방침을 통보했다.

문제는 법정관리라는 최후의 반격까지 시도했던 대우가 수긍할 것인가였다. 초긴장 상태로 며칠이 지나갔다. 대우는 워크아웃 신청서 제출을 계속 거부했다. 금감위는 몇 번씩이나 워크아웃 신청서를 대우그룹에 보내 서명을 종용했다. 다음은 대우 관계자의 증언이다.

"청와대에도 달려가고 금감위에도 거부의사를 밝혔지만 모두 묵살됐어요. 결국 26일 오후 4시 30분 워크아웃 신청서를 작성해 금감위에 팩스로 보냈습니다. 그룹의 종말을 고하는 서류에 누군들 쉽게 서명할 수 있었겠습니까."

제일은행에 낸 공식 워크아웃 신청서는 구조조정본부의 K상무가 들고 갔다. 신청서에는 12개 계열사 대표들의 서명이 있었다. 빈손으로 일어나 한때나마 세계를 도모했던 32년 대우그룹사(史)의 종말이었다.

김 회장은 해외에 머물고 있다가 25일 정·재계 간담회에 참석하기 위해 서울에 들어왔지만 다시 26일 아침 김포공항을 통해 빠져나갔다. 이번 김 회장의 행선지는 우즈베키스탄이었지만, 그곳에서도 더 이상 그가 할 일은 남아 있지 않았다.

DAEWOO

【취|재|파|일】

이헌재 전 금감위원장의 이야기

"김우중 회장이 그나마 빨리 포기해줘서 다행이야. 그렇지 않았다면 어려웠을 거야."

이헌재 전(前) 금융감독위원장은 대우그룹 처리과정을 이렇게 요약했다. 구조조정 논란을 빚었던 모 그룹과 직접 비교해서 말하기도 했다. 그는 2000년 8월 재경부 장관에서 물러난 뒤 강남 선릉역 근처의 윤익오피스텔에 개인사무실을 냈다.

'구조조정의 전도사'에다 '금융 황제' 등의 별명으로 불리던 그였다. 월 스트리트 등 해외에서 더 높이 평가받던 그였지만 이제는 본인이 즐겨 쓰는 표현대로 다시 '낭인'으로 되돌아갔다. 7~8개의 직업을 전전한 끝에 금감위원장과 장관을 거쳤고 다시 갈 곳이 마땅치 않은 처지가 됐다.

재무부를 떠난 뒤에도 그는 조세연구원 초빙연구위원, 증권관리위원회 상임위원, 한국신용평가 사장 등을 전전했다. 2001년 6월 말 중소기업협동조합중앙회가 자문기구로 만든 중소기업 경영전략위원회 초대 위원장(비상근)을 맡아 공식 활동을 재개했다. 기업 컨설팅과 발전전략을 연구하는 '코레이(Korei)'를 사촌동생인 이윤재 전 청와대 비서관과 함께 설립해 이사회 의장을 맡기도 했다.

오호수 증권업협회장 등 절친한 친구들이나 장관 시절 같이 일했던 관료들,

그리고 문화계 인사들까지 두루 만나고 있다. 해외출장도 잦아 사무실을 비울 때가 더 많다. 국제 금융계에서는 아직도 그를 찾는다.

부슬비가 내리던 2001년 7월 초 어느 날 오후 늦게 특별취재팀의 오형규 기자가 무작정 그를 찾아갔다. 오피스텔 인터폰을 누르자 저편에서 귀에 익은 목소리가 들렸다. 그는 직접 "누구요?"라며 문을 빼꼼히 열었다. 그와는 금감위원장 시절 출입기자로 익히 알던 사이.

"왜 왔어? 기자는 아무도 안 만나. 인터뷰도 안 한다고 했잖아."

그래도 넉살좋게 차 한 잔만 달라며 밀고들어가 자리를 잡았다. 그는 묵묵히 앉아 있다가 한참 만에 입을 열었다. 그는 원래 목소리 톤이 낮다.

"(대우 처리과정에 대해) 아직은 말할 때가 아니야. 다들 분명히 자기에게 유리한 점만 말할 테고…."

"대우 처리결과에 만족하십니까?"

"그거야 정교한 해법이었지."

이 위원장의 말이 그 자신도 느끼지 못하는 사이에 다소 본격적인 어투로 바뀌었다.

"대우 빚이 무려 100조 원에 달했다는 점을 잊어서는 안 돼. 대우 부채를 국내채권, 해외채권, 시장채권으로 나누는 것이 처리과정의 첫번째 단계였어. 각각 국내채권은 워크아웃으로, 해외채권은 바이아웃으로, 시장채권은 단계별 환매대책으로 분할 처리했지."

여기서 그가 말하는 바이아웃은 해외채권단의 대우채권을 자산관리공사가 손실률을 감안해 일괄 매입한 뒤 해외채권단을 채권단에서 빠지게 한 것이다. 단계별 환매는 그 말썽 많았던 대우채의 처리를 말하는 것이었다.

"그 방법이 아니었다면 충격은 대단했을 거야. 그 덕에 지금 대우조선이나 종합기계, 대우건설은 제대로 굴러가잖아."

"김 회장이 계속 해외에 머무르는 것에 대해서는 어떻게 생각하십니까?"

"스스로 약속한 것도 있고 해서, 아마 창피하다고 느꼈을지도 모르지." (이 부분에 대해서는 기자가 만났던 대우 사람들도 할 말이 많다. 대우 사람들은 "정부가 김 회장의 입국을 지금껏 막고 있다"고 주장하고 있다.)

이 위원장은 "더 이상은 할 말이 없어. 지금은 말할 때가 아니야"라며 서둘러 입을 닫았다. 그는 일어서는 기자의 등을 두드리며 덧붙였다.

"김 회장이 대우차는 제대로 살려보겠다고 한 약속을 지켰더라면 하는 아쉬움이 지금도 커."

〈한국경제신문〉에 연재한 '대우패망비사' 시리즈가 끝나갈 무렵인 2001년 10월 하순경에 다시 이헌재 위원장에게 연락을 취했다. 이 위원장 밑에서 대변인을 지냈던 김영재 전 금융감독원 부원장보와 이 위원장 개인비서를 통해 "기사를 보시고 하고 싶은 말씀이 있으면 가감없이 그대로 싣겠다"는 뜻을 전해달라고 했다. 그러나 이 위원장은 여전히 말문 열기를 거부했다.

걸림돌

대우그룹을 워크아웃에 집어넣기에는 덩치가 너무 컸다. 얽히고 설킨 대우그룹의 보증채무와 담보, 그리고 복잡한 계열사 간의 거래구조가 장애물이었다. 워크아웃 성공가능성은 처음부터 희박했다.

금감위 일각에선 워크아웃을 발표하면서 동시에 2~3일 정도 전 은행의 영업을 정지시켜야 하지 않느냐는 주장까지 제기됐다. 물론 은행 문을 닫으면 더 큰 충격파가 터질 것이 뻔했다.

제일은행은 워크아웃이 공표되기 전날인 8월 25일, 밤을 새워 다음날 채권단회의를 준비했다. 26일 오후 6시에는 억지로 채권단 결의가 이루어졌다.

그러나 막상 워크아웃 방침을 결정해놓고 보니 대우가 내놓은 공동담보 10조 원과 공동DA(외상 수출환어음) 6억 달러가 계열사 간에 뒤엉켜 있다는 새로운 사실이 불거져나왔다. 담보를 제공한 계열사와 돈을 빌린 차주(借主)인 계열사가 서로 뒤죽박죽 달랐다. 한쪽 계열사에선 매출채권으로 기재된 것이 다른 쪽에선 아예 장부에서 누락되어 있는 경우도 허다했다.

외환은행의 주원태 이사가 채권단회의에서 이 문제를 지적했다. 주 이사는 이 문제를 꼭 해결하겠다기보다는 한 번은 짚고 넘어가야 한다는 의도로 발언을 했다. 하지만 출발부터가 난항이었다.

워크아웃 기업을 100개 가까이 다뤄본 기업구조조정위원회 이성규 사무국장(현 국민은행 부행장)에게 중재역할이 떨어졌다. 기업구조조정위원회는 명목상으론 채권단 자율조정기구이지만 일각에선 금감위의 '위장 계열사'로 부르기도 할 정도였다. 기업구조조정위원회는 1999년 말까지 대우 워크아웃에 관해 무려 53개의 지침과 설명서를 만들어 채권단의 이해를 조정해야만 했다. 대기업이라 해도 워크아웃 지침이 10건을 넘기는 경우가 없었다. 대우라는 실타래가 그만큼 풀기 어렵다는 반증이기도 했다.

이 국장은 주 이사의 지적에 조금은 난감했다고 회고했다. 다음은 이 국장의 증언 내용이다.

"다른 기업은 워크아웃 협약대상(은행, 투신, 종금 등 제1, 제2금융권)이 아닌 채권자가 가진 채권액이 전체 채권의 5% 이내인데 비해 대우는 15%나 됐습니다. 일단 워크아웃에 들어가면 은행, 투신 등 협약채권자가 일방적으로 손해보는 구조였어요. 결국 대우 처리의 큰 틀은 워크아웃 절차를 따랐지만 내용 면에선 다른 워크아웃 기업과 많이 달랐습니다."

워크아웃 협약 이외의 채권자 비중이 크다는 얘기는 워크아웃 돌입시 채무조정이나 채권 만기연장에 참여하지 않는 채권자들이 그만큼 많다는 얘기와 마찬가지다. 이럴 경우 협약 이외의 채권자들이 빚을 받아 빠져나가기 때문에 워크아웃 협약에 가입한 은행, 투신 등 금융회사들만 덤터기를 쓰게 된다. 따라서 금융회사들로선 모든 채권자가 동등하게 빚잔치에 참여하는 법정관리가 차라리 손해를 덜 입을 수 있다는 뜻이기도 했다.

대우의 해외부채와 개인이나 법인 상호신용금고 등이 보유한 워크아웃 협약 외의 대우채권은 나중에 자산관리공사가 일괄 매입했다. 결과적으로 정부는 공기업인 자산관리공사를 워크아웃에 직접 참여시킨 셈이었다. 이는 후에 해외채권단에게 정부가 대우 부채의 원리금을 갚으라고 생떼를 쓰는 빌미를 제공하기도 했다.

시장을 사수하라

대우 해체과정에서 워크아웃보다 더 급한 게 있었다. 바로 '시장'이었다. 이헌재 사단이 하루 동안 수조 원으로 불어난 대우채 펀드 환매사태를 어떻게 잠재웠는지는 두고두고 곱씹어봐야 할 대목이다. 국민들의 세금(공적자금)으로 증권 투자자들의 호주머니를 채워놓고도 정부는 아직 미안하다는 말을 한 번도 하지 않았다.

금융시장의 둑이 터지는 것을 막았다는 일각의 찬사와, 관치금융의 돌아올 수 없는 다리를 건넜다는 폄하가 지금까지도 공존해 있다.

대우 해체의 가장 드라마틱한 장면이라면 김우중 회장과 대통령의 담판이나 경제관료와 기업인의 태생적인 갈등보다도 바로 이 장면일지 모른다.

1999년 8월 9일, 서울 마포의 홀리데이인 호텔. 두 사람의 말쑥한 신사가 긴장된 얼굴로 14층 스위트룸에 차례차례 들어섰다.

"맞아?"

유달리 눈동자가 튀어나온 중년의 사내가 자리에 앉은 채 주위 사람을 둘러보며 물었다. '눈동자'의 부하 직원이 방에 들어선 두 명의 신사를 한 사람씩 소개했다.

"미안하지만 여기에 각서부터 써주시오."

와이셔츠 바람인 '눈동자'가 고압적인 자세로 백지를 한 장씩 내밀었다. 호텔로 불려온 사람들은 삼성투신과 대한투신의 부장급 간부들이었다.

"절대로 외부에 발설하면 안 됩니다. 작업이 끝나도 우리가 됐다고 할 때까지는 당분간 회사 출근도 안 됩니다. 아시겠습니까?"

'눈동자'가 두툼한 서류뭉치 위에 한 장짜리 개략도를 얹어 내밀었다. 검토해달라는 표정이었다. 제목은 '대우채 환매연기 조치.'

50, 80 등의 숫자가 어지럽게 적혀 있었고 90일, 180일 등의 단어도 눈에 들어왔다. 두 사람은 조용히 서류만 내려다봤다. 사무실로 개조한 스위트룸이 담배연기로 가득 찼고 시간은 한참 그렇게 지나갔다.

"제대로 작동하겠습니까?"

"예. 이 정도면 될 것 같습니다."

'눈동자'는 "됐어" 하며 서류를 잡아채듯 빼앗아갔다.

사흘 뒤인 8월 12일 밤 8시 30분. 50여 명의 증권회사와 투자신탁회사 사장들이 금융감독위원회로부터 긴급호출을 당해 투신협회 대회의실로 속속 모여들었다.

사장들은 대부분 왜 불려왔는지 영문도 모른 채 어리둥절한 표정들이었다. 한국투신, 대한투신 등 몇몇 대형 투신사 사장들만 불과 소집 1시간 전에, 그것도 간단한 개요만 통보받았을 뿐이었다. 회의는 금융감독원 김영재 부원장보(증권담당)가 진행했다.

사장들 앞쪽의 탁자 위에는 '눈동자'와 그의 부하들이 며칠 밤을 꼬박 새워 만들어온 '대우채 환매연기 조치' 자료가 놓여 있었다. 거스르거나 이의를 달기 어려운 무거운 공기가 흘렀다. 사장들은 순서대로 아무 말 없이 서명을 했다.

일부 사장들이 "그럼, 회사손실은 어떻게 합니까? 우리가 모두 떠안아야 합니까?" 하고 속절없이 반발하기도 했다. 하지만 돌아오는 것은 따가운 눈초리뿐이었다. 사실 투신사 사장들도 이 조치를 거부하고 버틸만한 대안이 특별히 없었다. "내 돈부터 돌려달라"는 고객들의 봇물 터지는 환매 요구에 하루하루 피를 말리면서 대처해오던 터였다.

같은 시각 금감위 기자실에서도 무려 110조 원에 달하는 대우채 펀드(대우채가 편입되어 있는 투신사의 채권형 펀드)에 대한 '8·12 환매연기 조치'가 발표됐다. 발표는 김종창 금감위 상임위원(현 기업은행장)이 맡았다. 기자들의 질문이 쏟아졌다.

"조치의 주체가 누굽니까?"

"조치의 근거는 뭡니까?"

"이번 조치는 증권 투신사 사장단이 금융시장 안정을 위해 환매연기가 필요하다고 판단해 건의해온 것을 금융감독 당국이 수용해 이루어진 것입니다."

김종창 상임위원은 미리 준비된 답변만 되풀이했다. 기자들도 눈 가리고 아옹하는 식의 업계 건의형식이나 금감위의 '팔 비틀기' 관행을 잘 알고 있었지만 더 이상의 추궁은 어려웠다. 밤 늦은 시간에 기사를 송고하는 일이 우선 더 급한데다가 정작 쏟아지는 환매사태가 더욱 걱정스러웠기 때문이다.

여덟번째 대책반장

이에 앞선 7월 25일. 이헌재 위원장은 김종창 상임위원으로부터 이용근 부위원장을 반장으로 하는 '금융시장 특별대책반' 구성계획을 보고받고 있었다. 이 위원장은 그 자리에서 볼펜을 들고 '실무기획반 반장 김석동'이라고 적어넣었다.

우리가 '눈동자'라고 부른 바로 그 사람(현 금감위 감독정책1국장, 당시 과장)이었다. 재경부에서 금감위로 전입해온 지 한 달이 채 안 된 그에게 투신 환매대책이라는 화급한 과업이 맡겨졌다. 김 과장은 이미 한보대책반, 금융실명제대책반, 외환위기대책반 등 대책반장만 일곱 번을 지낸 사람이었다. 관료들 사이에선 자타가 공인하는 '해결사'이자 금융계에선 '관치의 화신' 등으로 불리던 그였다.

김석동 과장은 실무기획반장으로서 이헌재 위원장의 '특명'을 머릿속에 담고는 여의도 맨하탄호텔에 작업장을 차렸다. 그러나 점심식사 약속 때문에 이 호텔 로비에 나타난 한 신문기자와 마주치자 바로 마포 홀리데이인 호텔로 도망치듯 터를 옮겼다. 환매연기 조치는 무엇보다도 보안이 생명이기 때문이었다.

50, 80, 95%

1999년 7월 19일, 대우의 유동성 확보계획이 발표되면서 이제 비밀은 하나도 남지 않았다. 삼척동자도 대우에 문제가 생겼다는 것을 알았고 눈치가 빠른 사람들부터 투신에 맡겼던 돈을 빼내가기 시작했다.

투신사 수신고는 IMF 체제에 들어선 1998년 초 90조 원에서 1999년 7월엔 무려 2.7배인 250조 원으로 불어나 있었다. '시장문제'라고 하면 바로 투신문제이기도 했다.

"7월 하순에 접어들자 하루 동안 1~2조 원의 자금이 투신권에서 빠져나갔습니다. 이와 관련해 7월 30일 청와대, 재경부, 금감위 등 관계기관 대책회의가 청와대 서별관에서 열렸어요. 5개 은행 퇴출 때처럼 금감원 직원들을 투신사에 투입해 전산을 장악하고 환매금지 조치를 단행하자는 강경론까지 나올 정도였습니다"(금감위 고위 관계자).

당시 투신사 펀드는 투자자가 먼저 돈을 빼갈수록 이익(손해를 덜 보는)인 구조였다. 고객이 환매를 요구하면 투신사는 채권을 팔아 돈을 내줬다. 채권시장에 투신사 채권매물이 쏟아져 금리가 올라가면 채권값은 그만큼 떨어져 펀드 수익률은 더 나빠졌다. 그러면 다시 환매가 늘어나는 악순환이 반복되었다.

더욱이 대우채권은 시장에 내놔도 팔리지가 않으니 당장 팔 수 있는 우량기업 채권부터 팔게 된다. 결국 투신사에 맡긴 돈을 찾지 않은 투자자는 고스란히 펀드에 남아 있는 대우채를 떠안게 되는 식이었다.

기간에 따라 펀드에 편입된 대우채의 50, 80, 95%씩 지급했던 '8·12 환매연기 조치'는 이렇게 해서 만들어졌다. 하지만 이것으로 끝난 것은 아니었다. 투신권에서 썰물처럼 빠진 자금이 이제 은행으로 몰려들었다. 대우사태가 터진 뒤 석 달 새 은행 예금은 무려 50조 원이 늘었다. 그러나 은행들은 극도로 대출을 기피했고 회사채도 사지 않았다. 당시 안전자산 선호현상은 지금보다 더하면 더했지 덜하지 않았다. 기업이나 자영업자들은 시중에 돈이 말랐다고 아우성이었다. 사채시장에서도 돈 빌리기는 쉽지 않았다.

이 와중에 기억에도 생생한 '11월 대란설'이 불거져 나왔다. 고객에 지급하는 대우채 환매금액이 11월 10일부터 대우채 원금의 50%에서 80%로 확대됨에 따라 11월에 환매요구가 쏟아져 금융시장에 일대 위기가 올 것이란 시나리오였다. 이날은 8·12 환매연기 조치로부터 90일이 되는 날이었다.

듣고 보면 그럴 듯했다. 증권·투신업계 임직원들이나 투자자, 정부 관료들도 그럴 개연성이 높다고 봤다. 대우채 펀드에 돈이 묶인 투자자들은 대우채의 80%를 돌려준다면 당연히 환매해가는 게 마땅했다. 이 경우 대우채가 10% 편입된 펀드에 돈을 맡겼으면 투자 원금의 98%를 돌려받으므로 기간 이자를 감안할 때 원금 이상을 건질 수 있기 때문이다.

특히 청와대가 환매사태를 걱정스러워했다. 결국 정부는 '채권시장 안정기금'이라는 특단의 대책을 내놨다. 1990년대 초반 주가 급락 때 만들었던 '증권시장 안정기금'의 채권판(版)이었다.

처음 재정경제부가 기안한 것은 '2조 원 규모의 채권시장 안정기금 조성'이었다. 그러나 턱없이 부족했다. 채권시장이나 대우채 펀드 규모에 비춰 2조 원은 코끼리 비스킷에 불과한 수준이었다. 다음은 금감위 관계자의 증언이다.

"처음 재경부 초안은 2조 원이었다. 재경부와 정책협의를 하는 자리에서 동그라미 하나를 더 붙여 20조 원으로 만들었다. 나중에 10조 원을 더해 모두 30조 원이 됐다."

안정기금은 동원증권 사장을 지냈던 김정태 주택은행장(현 국민은행장)에게 맡겨졌다. 김 행장은 증권맨 시절 자신이 직접 채권을 팔기도 했던 채권통이었다. 그는 손해보는 일은 절대 하지 않는 철저한 '장사꾼'이었다. 지금도 재경부나 금감위 관료들은 "김정태에게 맡겼기에 망정이지, 그렇지 않았으면…" 하고 가슴을 쓸어내린다.

만일 안정기금이 손해를 봤다면 더 이상 금융권의 협조나 시장안정을 기대하기란 매우 어려운 상황이었다. 안정기금은 이듬해 3월 시장금리 이상의 수익을 낸 뒤 기금에 출자했던 은행, 보험 등 금융회사에 배분되면서 해체됐다.

이렇게 정부는 하나하나 대우해체 파문을 수습해갔다. 하지만 숙제는 여전히 남아 있었다. 가장 다루기 힘들었던 해외채권단과 김우중 회장의 마지막 버티기가 기다리고 있었던 것이다.

까만 양복들

대우 해체과정에서 막판까지 골머리를 앓아야 했던 것이 바로 대우 해외 채권단과의 협상이었다. '해외채권단'이란 과연 무엇인가. 그들은 교묘한 전략과 노골적인 협박으로 약자를 궁지로 몰아가는 국제 고리대금업자의 다른 이름일 수도 있다. 1998년 초 외채협상 때 한국 정부를 상대로 원금 탕감은커녕 연체이자까지 받아낸 사람들이 바로 해외채권단이었다.

급할 때는 해결사를 동원하는 것도 사채업자와 다를 것이 없었다. 국제 금융사회에서 해결사란 곧 '힘 있는 선진국 정부'를 의미한다. 예컨대 미국계 은행이 한국에 빌려준 돈을 떼이게 됐을 때 미국 정부가 간접적으로 지원한다는 얘기다. 대우그룹의 해외채무 협상도 어느 정도는 비슷한 외양으로 시작됐다.

1999년 8월 초, 7~8명의 외국인들이 까만 양복에 까만 서류가방을 하나씩 들고 금감원의 오갑수 부원장보(현 부원장)를 찾아왔다. 그들은 대우에 99억 4,000만 달러(약 12조 원)를 물린 200여 해외 채권은행들의 대표였다.

"한국 정부가 원리금 지급을 보증해달라. 지급보증은 물론 그 동안의 연체이자와 대출금 회수 지연에 따른 부대비용도 포함되어야 한다. 그렇게 해주지 않으면 대우의 디폴트(부도)를 선언하겠다."

까만 양복들의 노골적인 협박이었다. 그들에겐 강하게 밀어붙이면 최대한 받아낼 수 있다는 계산이 있었다. 이런 계산은 합리적인 리스크 관리나 법적 근거를 따져 나오는 것이 아니라, 한국과 같은 나라와의 거래에서 경험적으로 터득한 그들 방식의 계산법이기도 했다. 이런 점에서 대우의 해외채무 협상은 바로 1998년 초 정부 외채협상의 재판이었다.

"무슨 소리야! 당신들도 책임을 져야지. 당신들도 대마불사(Too Big to Fail)를 믿고 대우에 돈을 빌려준 것 아닌가! 아무리 해외채권단이라도 로스셰어링(손실분담)과 헤어컷(채무조정)을 해야지. 어떻게 거저 먹으려 할 수 있어?"

오 부원장보도 만만치는 않았다. 그는 미국 대학에서 금융을 가르쳤고 월가의 생리도 비교적 잘 아는 편이었다. 며칠째 리허설을 거듭하면서 다짐했던 준비된 말들이 튀어나온 것이다. 해외채권단과의 6개월에 걸친 줄다리기는 이렇게 시작됐다.

역시 마크 워커

8월 18일 서울 힐튼호텔에서 대우그룹 해외채무 협상이 시작됐다. 대우가 주관한 이른바 '외채 만기연장 요청 설명회'엔 70여 개 해외 유수은행에서 160여 명이 참석했다. 정말이지 국제 빚쟁이들이 떼를 지어 몰려든 것이다. 해외채권단의 요청에 따라 정부의 입장과 역할을 설명하기 위해 오갑수 부원장보와 변양호 재경부 국제금융심의관(현 금융정책국장)도 참석했다. 변양호 국장은 국제금융과장 시절인 1998년 외채협상 때 한 차례 혹독한 시련을 겪은 경험이 있다.

해외채권단 측에서는 체이스맨해튼은행, HSBC(홍콩상하이은행), 도쿄미쓰비시은행, 씨티은행, UBS은행, ABN암로은행, 다이이치간교은행, 아랍은행, 호주국립은행 등 대우 채권액이 많은 9개 은행의 임원급 대표로 협상창구인 운영위원회를 구성했다. 이들은 힐튼호텔에 캠프를 차렸다. 9개 은행의 대우 채권액은 21억 9,000만 달러로 대우 전체 해외

빚의 30%를 웃돌았다.

무엇보다 가장 급한 일은 이런 협상에 경험이 많은 노련한 변호사를 구하는 일이었다. 이상훈 (주)대우 전무, 황건호 구조조정본부 부사장 등 대우의 금융 라인들이 국제변호사를 선임했다. 미국의 로펌인 '클리어리 고틀립'이 법률자문기관으로 선정됐다. 이 로펌의 마크 워커, 제임스 밀스타인 등이 고문변호사로 참여했다.

마크 워커! 그는 1998년 정부 외채협상에서 우리 정부를 대리했던 바로 그 사람이었다. 금융자문기관으론 국내에서는 조금 생소한 '라자드'가 맡게 됐다.

오갑수 부원장보는 "BOA(뱅크 오브 아메리카)와 라자드가 최종 후보로 올랐으나 대우 측 이상훈 전무가 라자드가 잘 할 것이라며 적극 추천했다"고 말했다. 라자드는 나중에 대우자동차 매각협상 때도 모건스탠리를 제치고 자문사로 선정됐다.

라자드를 선정한 것은 의외였다. 정부당국은 '반대' 하긴 했지만 그렇다고 다른 뾰족한 대안이 없었다. 사건이 터지고 변호사들이 나서고 자문회사가 정해지는 일련의 과정은 적지 않은 떡고물이 보장되는 이권이기도 했다.

해외채권단은 우선 체이스맨해튼, HSBC, 도쿄미쓰비시 등 미국, 유럽, 일본을 대표하는 3개 은행을 공동의장으로 내세워 발빠르게 우리 측을 압박해왔다. 해외채권단은 변호인에 국내 김&장과, 해외 셔먼&스털링, 금융부문 자문기관으로는 언스트&영을 선정해 대응해왔다.

대우 측의 변호는 미국 로펌이 맡고 해외채권단의 변호는 국내 로펌이 담당하는 미묘한 구조였다. 원래 해외채권단의 상대는 대우가 아니라 국내채권단이었던 탓도 있다. 어차피 대우는 변제능력이 없으니 국내은행들이 대신 갚든지 아니면 대우가 제공한 10조 원의 담보를 해외채권단에도 나눠달라는 것이 해외채권단의 주된 요구사항이었다.

국내채권단은 결국 정부에 SOS를 쳤고 정부는 오호근 기업구조조정위원장을 협상책임자로 지목했다. 오호근 씨 또한 미국 대학에서 금융을 강의했던 경력이 있었다. 그는 터프하게 나갔다. 해외 은행들의 생리를 잘 알고 있던 그는 배수진을 쳤다.

"대우를 부도내려면 내라. 부도가 나면 제일 먼저 일자리를 잃게 될 사람들이 바로 당신들 아닌가?"

어느 날 해외채권단 대표들이 금감위원장실로 들이닥쳤다. 이헌재 금감위원장의 장점은 바로 이 때 발휘됐다.

"미스터 오(오호근)는 국제협상 관행을 잘 모른다. 또 지나치게 터프하다. 그러니 다른 적임자로 바꿔달라."

해외채권단의 이 같은 발언은 협박에 가까운 요청이었다. 그러나 이헌재 위원장은 "그건 대우와 채권은행들이 알아서 할 일이지 정부가 이래라 저래라 할 수 있는 일이 아니다. 당신들 나라의 정부는 이런 일에도 개입하는가?" 하고 응수했다.

협상은 계속될 수 있었다. 10월 13일에 시작해 보름 동안 양자협상이 벌어졌다. 이번에는 뉴욕이었다. 해외채권단은 한국 정부의 지급보증 등을 계속 요구해왔다.

당연히 협상은 결렬됐다. 그래도 그들은 줄기차게 한국 정부를 협상 테이블로 끌어들이기 위해 노력했다. 협상이 막판에 이르자 해외채권단은 오갑수 부원장보의 참석을 요구했다. 오호근 씨나 마크 워커 등 국제협상의 '기술자'보다는 한국 정부가 만만하게 보였다는 반증이기도 했다.

해외빚 떼먹기

이 무렵 대우 계열사에 대한 실사결과가 확정됐다. 채권 회수율은 (주)대우가 가장 낮아 '대출액의 18%'에서 결정됐다. 회수율이 가장 높은 대우중공업도 65%에 불과했다. 해외 현지법인은 30~90%였다. 회수율이란 당장 대우가 빚잔치를 하게 될 때 채권자들이 원금을 건질 수 있는 비율을 말한다.

오호근 위원장은 당황한 해외채권단에 두 가지 선택을 제안했다. 국내채권단과 함께 워크아웃에 참여하든지, 채권을 시가(회수율)대로 팔고 손을 떼든지. 이는 우리 측이 거꾸로 해외채권단에게 워크아웃이냐 바이아웃이냐의 양자택일을 강요하는 것이기도 했다.

해외채권단은 처음부터 워크아웃에 들어올 마음이 전혀 없었다. 그들은 원리금만 회수하면 그뿐이었다. 체이스맨해튼의 경우 대우그룹 여신 4억 7,300만 달러 중 (주)대우에만 93%인 4억 4,000만 달러를 지원했기 때문에 18%의 회수율이라면 거의 전부를 떼이는 것이나 다를 게 없었다. 몸이 단 것은 국내채권단이 아니라 바로 그들이었다.

해외채권단은 채권회수 요구수준을 원리금 전액에서 85%로 낮췄다가 실사가 끝난 12월엔 59%로 수정 제시했다. 오호근 위원장과 마크 워커는 그해 말 평균 회수율을 36.5%로 제안했다. 더 이상 양보는 없다는 통첩과 함께.

해를 넘겨 2000년 1월 13일, 해외채권단은 다시 회수요구율을 45%로 낮추는 서한을 발송했다. 그들의 바람과는 달리 한국 정부는 끼어들지 않았고, 국제 금융관행상 오호근 위원장이나 마크 워커의 주장이 옳았기 때문이었다. 양측이 제시한 회수율이 10% 포인트 이내로 좁혀졌다.

2000년 1월 20일, 홍콩 만다린오리엔탈호텔에서 최종 라운드가 열렸다. 서울, 도쿄, 뉴욕을 돌아 홍콩까지 왔다. 협상이 끝나간다는 뜻이기도 했다.

사흘 간의 막판 줄다리기 끝에 22일 새벽 양측은 평균 39~40%의 회수율로 해외채권을 일괄 매입하는 데 합의했다. 해외채권은 자산관리공사가 일괄적으로 사들였다. 그리고 더 이상 해외채권단이 대우 처리과정에서 목소리를 내는 일도 없어졌다. 대우 해외채권 협상은 그렇게 일단락되었다.

정부 당국자들은 "우리나라의 해외협상 역사상 해외빚을 떼먹은 것은 이 때가 처음이었다"고 말한다. 대우 처리과정에서 이 부분만큼은 자신한다는 얘기다. 그러나 해외채권단에게 약간의 우대 조치는 있었다.

평균 회수율이 국내채권단보다 1%포인트 정도가 높았던 것이다. 그러니 완벽한 해외부채 떼먹기는 아니었다. 이를 가지고 국내은행들이 반발하고 나서자 오호근 위원장은 은행장들에게 고급 넥타이를 선물하는 등 무마시키느라 애를 먹기도 했다.

정부는 외환위기 이후 제일은행, 한보철강, 대우자동차, 현대투신 등 해외매각 협상 때마다 번번히 깨지고 헐값 시비에 휘말렸다. 그에 비해 민간에게 맡기고 공무원이 뒤로 빠진 대우 해외부채 협상은 그나마 대우 처리과정에서 비교적 성공적이란 평가를 받는다.

【취│재│파│일】

대우협상과 외채협상

대우의 해외부채 협상은 대우 처리과정에서 비교적 결과가 괜찮았던 사례로 꼽힌다. 우리나라의 해외협상 사상 처음으로 원금탕감(60%)이 이루어졌기 때문이다. 외환위기 당시 원금 전액상환에다 연체이자(가산금리)까지 붙여줬던 것과 비교하면 천양지차다. 국제적으로도 이런 식으로 빚쟁이가 고자세를 부린 적은 거의 찾아볼 수 없다. 그만큼 한국 정부는 국제 금융계에서 만만한 상대이기도 했다.

대우의 총부채는 1999년 8월 워크아웃에 들어갈 당시 500억 달러(62조 원)였고 해외부채만도 100억 달러에 달했다. 영국과 프랑스 사이 도버 해협을 뚫었던 '유로터널'의 부채가 160억 달러였고 지난 1979년 거대 부실기업이었던 미국 크라이슬러의 부채도 20억 달러에 불과했다. 대우는 300개가 넘는 해외사업장을 거느린 부채규모나 국내외 300여 개에 달한 채권자수(국내 100여 개, 해외 200여 개)에서 세계 최대였던 것이다. 그만큼 대우 해외부채 협상은 국제적인 이목을 끌기에 충분했다.

대우의 해외부채는 2000년 1월 22일 최종타결로 평균 39~40%만 갚도록 했다. 정부의 외채협상과 달리 연체이자는 없다. 협상 대상이었던 대우 부채는 (주)대우, 자동차, 전자, 중공업 등 4개 주력기업의 외화표시 무담보채권(시장채권 포함) 48억 4,000만 달러. 해외채권단에 적용된 회수율은 △(주)대우 32.3% △자동차·전자 각각 35% △중공업 67%, 해외 현지법인은 31.5~95.0%였다.

제1부 패망의 서곡 103

㈜대우 회수율이 실사결과(18%)보다 높아진 것은 자산구조가 비교적 건실한 현지법인들과 본사에 동일한 회수율을 적용했기 때문이다. 해외채권단은 2000년 4월 자산관리공사에 대우 채권을 매각(Buy-out)하고 거래관계를 청산했다. 이 때 자산관리공사가 매입한 대우 자산들은 지금도 매각작업 중이다.

대우의 워크아웃이 결정되던 날 이런 에피소드도 있었다. 해외채권단 사람들이 몰려와 "우리는 '한국주식회사(Korea Inc.)'를 보고 '대우그룹'에 돈을 빌려줬다"며 정부에 항의했다. 이에 대한 오호근 기업구조조정위원장의 응수가 걸작이다.

"그러면 당신들의 대출서류에 한국주식회사나 대우그룹이라는 서명이 있나 보자."

대우채 협상 결과가 비교적 괜찮았다고 하지만 외채협상과는 출발부터 적지 않은 차이도 있었다. 외채협상은 처음부터 일방적으로 불리한 게임이었다. 또 대우는 개별기업의 채무였지만 외채협상은 은행의 해외 채무가 협상의 대상이었다. 은행 채무를 갚지 못하면 곧바로 국가 부도(모라토리엄)로 이어진다는 점에서 절박함은 대우의 경우와 비교가 되지 않았다. 협상 실패 때는 파국이라는 부담감 속에 벌였던 게임이라 승부는 이미 결정되어 있었다.

그러나 대우의 해외부채 협상을 통해 배운 교훈이 있다면 최악의 경우라도 해외은행들과 맞부딪힐 때는 배수진을 쳐야 한다는 점이었다. 대우처럼 큰 기업을 곧바로 부도처리하면 우리나라 경제에 큰 주름살이 지겠지만 그럴 경우 해외은행들도 성하지 못할 것이라는 전제라면 충분히 가능하다.

외채 협상에서는 원금을 한푼도 탕감받지 못했고 만기연장 때 조건도 △1년짜리 리보(런던은행간금리)+2.25% △2년짜리 리보+2.50% △3년짜리 리보+2.75%였다. 당시 리보 금리 수준을 감안하면 연 7~8%의 고금리였다.

해외은행들은 한푼도 떼이지 않고 한국에 빌려준 돈을 다 받아냈다. 저위험 고수익 게임을 한 것이다. 실행가능성이 정말 희박한 가정이긴 하지만, 만약 당시 한국 정부가 "부도를 낼 테면 내봐라" 하고 버텼다면 어떻게 됐을까?

2. 김우중의 마지막 카드

1. 빅딜의 함정

2. 삼성의 전략

3. 차라리 법정관리로 가자

1 빅딜의 함정

삼성, 빅딜의 함정에 빠지다

이제 우리는 문제의 '빅딜'을 다룰 준비가 됐다. 대우를 말하면서 빅딜 문제를 피해갈 수는 없는 법이다. 진실을 말하자면 빅딜은 처음부터 김우중 회장의 그랜드 플랜이었다.

"빅딜이 민간자율로 추진되었다"는 이헌재 씨의 주장은 그런 점에서 어느 정도 진실에 가깝다. 그러나 빅딜은 동시에 정부가 추진했던 것이기도 했다.

압력의 형태로 제시되었던 다양한 중재안의 상당 부분은 정부의 작품이라고 해도 과언이 아니다.

지금 1998년과 1999년 두 해 동안 경제계를 뒤흔들었던 빅딜 문제 전체를 다룰 생각은 없다. 우리의 주제는 어디까지나 대우다. 위기를 기회로 돌려놓는 것이 김우중 회장의 타고난 재주라고 하겠지만 적어도 빅딜의 상대는 노련한 삼성그룹이었다.

삼성은 정신없이 빅딜 게임에 휘말려들었지만 끝내 '법정관리와 사재출연'이라는 절묘한 탈출구를 뚫어 활로를 열었다.

이른 봄

1999년 3월 초, 주가도 오르고 경제도 조금씩 풀려가던 이른 봄이었다. 삼성 구조조정본부로 최홍건 산업자원부 차관실에서 한 통의 전화가 걸려왔다. 과천 청사로 와달라는 요지였고 A임원은 곧장 과천으로 달려갔다. 다음은 그의 증언이다.

"대우와 얘기가 잘 될 것 같으니 김 회장을 직접 만나서 결말을 지어달라는 것이 산자부의 얘기였어요. 한참 그런 얘기를 나누고 있는데 이번에는 국회에 나가 있던 박태영 장관이 전화를 해오더군요. 박 장관은 '삼성자동차는 아무래도 대우에 넘겨야 할 것 같다. 김 회장을 찾아가 의견을 맞추어달라. 방법이 없는 것도 아니잖는가' 하는 요지였죠."

A씨는 회사에 돌아와 정부의 요청을 설명하고 바로 대우센터 25층 김우중 회장 집무실을 찾아갔다. 집무실에 들어선 A씨는 적잖이 당황했다. 김 회장은 책상 위에 얹어놓은 다리를 내리지도 않은 채 인사말도, 앉으라는 얘기도 하지 않았다.

누구에게나 공손하게 대하는 김 회장의 평소 때와는 너무나 다른 모습이었다. 빅딜 합의문을 작성한 지 석 달이 지나고도 아무런 결론이 없었으니 김 회장의 얼굴이 굳어 있을 만도 했다.

A씨는 이러저러한 사정으로 '회장님의 말씀'을 듣고 싶어 찾아왔다고 말했다.

"이 회장으로부터 권한을 위임받긴 했소?"

"그렇습니다."

"내 한 마디만 하지" 하며 김 회장은 한참이나 뜸을 들였다.

"복잡하게 생각하면 일이 안 돼요. 조건없이 주고받아야지."

삼성의 딜레마

사실 삼성은 벌써 1년째 두 가지 문제를 제대로 풀지 못하고 있었다. 하나는 신정부와 새로운 관계를 설정하는 문제였다. 신정부는 오랜 야당 생활 끝에 집권한 터였고, 삼성으로서는 김영삼 정부 출범 이후 현대그룹이 어떤 '불이익'을 당했었는지 너무나 잘 알고 있었다.

IMF 사태를 맞기도 했지만 정부로부터 날아올지도 모를 각종 금융제재에 대비해 4조 5,000억 원의 현금을 마련한다는 극비 자금계획을 작성했던 삼성이었다. 따라서 삼성 직원들은 1997년도 연말 상여금을 한 푼도 받지 못했다.

'삼성자동차' 문제는 더욱 골치 아픈 문제였다. 삼성은 1998년 10월에 있었던 기아자동차 입찰에 실패하면서 어떻게든 삼성자동차를 정리해야 할 입장이었다. '일류 삼성'의 신화가 흔들리고 있었다.

대우가 삼성그룹에 자동차 빅딜을 정식으로 제안한 것은 1998년 11월 하순이었다. 길거리는 노숙자로 넘쳐나고 언론들은 다가오는 혹한을 경고하던 시절.

삼성의 이학수 사장(당시 삼성 회장비서실 실장)과 김태구 대우자동차 사장이 회동했다. 김 사장이 먼저 입을 열었다.

"삼성자동차 문제는 어떻게든 해결돼야 하지 않겠습니까? 빅딜방식으로 삼성자동차를 처리하면 어떻겠습니까?"

"그러면 대우는 무엇을 내놓겠습니까?"

처음에 김 사장은 대우건설을 내밀었고 나중에는 대우전자를 제시했다. 이렇게 삼성자동차와 대우전자의 빅딜은 막이 올랐다. 사실 삼성과 대우 간의 빅딜은 삼성자동차가 처음은 아니었다. 김우중 회장은 이미 1998년 초 이건희 회장에게 삼성중공업의 인수의사를 밝힌 바 있었다.

삼성 고위 관계자의 증언이다.

"정확한 배경은 모르겠지만 이 회장이 처음엔 삼성중공업을 대우에 넘기는 것에 대해 동의한 것으로 알고 있어요. 삼성중공업의 적자가 많아 내부적으로 구조조정의 필요성도 있었다고 봐야죠."

대우중공업과 삼성중공업은 사업영역이 중복되는 치열한 경쟁자였다. 두 회사의 수익구조가 나빠진 것도 저가 출혈경쟁 때문이었다. 그러나 삼성중공업에는 다른 해법도 있었다.

그 후 삼성중공업은 볼보 사에 굴삭기, 클라크 사에 지게차를 매각했고, 조선경기가 되살아나면서 극적으로 회생했다.

하지만 기업인수의 달인(達人) 김 회장의 생각은 조금 달랐다. 당시 조선협회 임원이었던 B씨의 증언이다.

"조선업은 수주계약을 하면 계약금액의 20%를 선금으로 받아요. 김 회장이 노린 것이 이 대목이었을 겁니다. 늘어난 도크 설비를 앞세워 대규모 수주를 한 뒤 이 자금을 돌려쓰는 겁니다."

1998년 12월 7일

자동차 빅딜 논의가 가능했던 것은 1998년 10월 12일의 기아자동차 입찰실패 때문이었다. 먼저 삼성이 탈락했다. 1차 입찰에서 경쟁업체들보다 높은 가격을 제시했지만, 부채탕감을 요구하면서 자격미달로 탈락했다. 이 사건은 삼성 내에서 지승림 기획팀의 몰락과 이학수 재무팀의 부상을 가져왔다.

  대우는 6,000억 원 차이로 현대에 고배를 들었다. 양쪽 모두 새로운 활로가 절실했다. 김태구 사장과 이학수 사장의 회동으로 빅딜은 속도감이 붙었다.

  김태구 사장의 보고를 받자마자 김 회장은 청와대로 달려가 김대중 대통령에게 삼성자동차와 대우전자의 빅딜을 보고했다. 11월 29일이었다. 지금부터는 협상이었다.

  삼성은 아직 빅딜이냐 퇴출이냐를 고심하고 있었지만 12월 7일로 정해진 정·재계 간담회를 목전에 놓고 마냥 미룰 수도 없었다.

  김태구 사장과 이학수 사장은 12월 6일 롯데호텔에서 밀고 당기는 협상을 계속했다. 빅딜은 삼성에게도 심각한 대안이었다. 어느 정도의 자금출혈도 각오한 터였다.

  7일 아침이 밝았다. 정·재계 간담회 발표문에 자동차·전자 빅딜을 포함하느냐 마느냐는 것은 오전까지도 확정되지 못했다. 당초 오후 2시에 배포 예정이던 보도자료는 계속 늦춰졌다. 분위기는 강압적이었다. 삼성은 결국 오후 5시 청와대 간담회 직전에야 합의문에 사인했다.

  합의문에는 '삼성그룹의 자동차부문을 대우의 관련기업으로 이관하고 대우그룹의 전자부문을 삼성의 관련부문으로 이관하기 위한 실행계획을 12월 15일까지 확정한다'고 씌어 있었다. 그러나 이 실행계획은 A 임원이 김 회장 집무실을 찾아갔던 3월 초와 그 이후에도 만들어지지 않았다.

협상은 자신의 약점은 숨기고 상대의 취약점을 공략하는 것으로 시작됐다. 삼성도 그랬고 대우도 마찬가지였다. 하지만 시간이 가면서 약점이 드러나기 시작한 쪽은 대우였다. 삼성으로서는 대우의 전략을 파악하는 데 그렇게 오랜 시간이 걸리지 않았다.

정부는 삼성에 대한 금융제재까지 거론하면서 전방위적으로 압력을 가해왔지만 삼성은 이를 견뎌냈다. 겨울이 가고 봄이 오고 다시 여름이 왔을 때 삼성은 의외의 강수, 즉 법정관리를 선택했다. 그것은 김 회장의 그랜드 플랜이 파국을 맞았다는 뜻이기도 했다.

청와대 서별관

매서운 겨울바람이 정원의 소나무를 한 차례 흔들고 지나갔다.

"김 사장, 합의서에 사인을 하지 않으면 대우가 빅딜을 거부한 것으로 할 수밖에 없지 않습니까?"

강봉균 청와대 경제수석이 자리를 고쳐잡아가면서 김태구 대우자동차 사장을 채근했다.

"시간을 조금만 더 주십시오."

김 사장은 연신 손수건을 꺼내 이마의 식은땀을 훔쳤다. 사위가 적막한 청와대였다.

"삼성은 이미 사인을 했는데 도대체 대우가 버티는 이유가 뭡니까?"

"글쎄, 삼성자동차 부채 문제가 먼저 정리돼야 하지 않겠습니까? 덜컥 안았다가 나중에 문제가 생기면 누가 책임집니까?"

결국 김 사장은 끝까지 서명을 하지 않고 버티다가 밤이 이슥해서야 청와대를 나섰다. 이날의 서별관 풍경은 강 수석이 '삼성자동차 선인수·후정산' 안을 만들어 이학수 삼성 사장과 김태구 사장을 불러 합의를 종용하는 장면이었다.

김대중 대통령이 1월 22일과 23일 이건희 회장과 김우중 회장을 잇달아 청와대로 불러 빅딜 합의를 촉구한 상황이었으니 강 수석도 속이 타들어가기는 마찬가지였다.

역시 문제는 돈이었다. 대우는 공장을 가동하고 협력업체를 유지하는 데 필요한 자금지원 문제가 해결되지 않고서는 절대 합의할 수 없다는 입장이었다. 그러나 김 사장은 이틀이 지난 2월 2일 정부의 중재안을 받아들였다.

금융감독위원회는 다음날인 2월 3일 "두 그룹이 오는 2월 15일까지 양해각서(MOU)를 교환키로 했다"고 공식 발표했다.

승지원 담판

그러나 2월 15일까지 교환키로 한 양해각서는 교환되지 않았다. 삼성은 SM5를 계속 생산해주고 협력업체도 떠안아줄 것을 요구했지만, 대우의 생각은 달랐다. 수익성이 없다고 판단한 SM5는 단종하고 부산공장 활용방안은 대우의 자체계획에 맡겨달라는 입장이었다. 더욱 첨예한 대립을 불러왔던 논쟁점은 삼성자동차의 가치평가 문제였다. '미래 현금흐름 할

인방식(DCF)'을 적용하면 삼성자동차의 기업가치 하락은 물어볼 필요도 없었다.

이미 순자산이 1조 원대의 마이너스(세동회계법인 평가)를 기록했으며, 전도 또한 불투명했으니 삼성이 이 방식을 거부한 것은 당연했다. 삼성은 '기왕의 매몰비용은 제로'라는 입장을 유지할 뿐이었다.

삼성자동차의 가치문제는 곧 대우가 확보할 수 있는 자금의 규모를 의미하기도 했다.

이건희 삼성 회장과 김우중 대우 회장의 3월 22일 승지원 극비담판은 이런 상황에서 열렸다. 이헌재 금감위원장의 요청이기도 했다. 그러나 다급한 쪽은 쫓는 자, 김 회장이었다. 삼성의 금융계열사들이 대우 CP를 회수하고 있었다. 빅딜의 그랜드 플랜이 완성을 눈 앞에 두고 있는데 김 회장의 발 밑은 꺼져내리는 상황이었다.

승지원에서 김 회장은 "이렇게 자금을 회수해가면 어떡합니까? 삼성 금융계열사들이 회수해간 8,000억 원부터 원상회복시켜 주세요"라며 매달려야 했다. 하지만 일은 점점 꼬여갔다. 극비리에 마련된 승지원 담판이 어쩐 일인지 언론에 새나갔다. 기자들이 몰려들자, 김 회장은 서둘러 승지원을 빠져나갔다.

그날 이헌재 금융감독위원장과 이규성 재경부장관은 밤늦게 서울 힐튼호텔로 두 회장을 다시 불러냈다. 다음날 또 합의문이 발표됐다. 이번 합의문에는 삼성 금융사들이 3,000억 원 가량의 운전자금을 대우에 대출해주는 내용도 포함됐다.

다음날 김석환 대우자동차 부사장을 단장으로 한 삼성자동차 인수팀이 부산공장에 들이닥쳤다. 그러나 삼성은 공장 안에 김 회장 숙소를 만들어달라는 요구는 끝내 거부했다.

1999년 6월 11일, 금감위원장실

"대우 CP 인수는 어렵습니다. 소액주주들이 가만 있지 않을 것입니다."

이학수 사장은 삼성그룹 전체가 자칫 대우부실 처리에 말려들 것을 우려했다. 수렁에 빠질 듯한 예감이었다.

"내일까지는 결정을 하세요. 삼성이 빅딜을 거부하면 금융제재를 각오해야 할 겁니다."

이헌재 위원장의 태도는 강경했다. 이에 지지 않고 이학수 사장이 맞받아쳤다.

"차라리 법정관리를 신청하겠습니다."

달라진 것은 없었다. 대우는 삼성의 자금지원을 요구했고 삼성은 거부했다. 여기에 대우전자의 부실도 문제였다.

대우전자에 대한 삼성 측 실사팀장은 공인회계사이기도 한 안복현 삼성전자 부사장(현 제일모직 사장)이었다. 숨겨진 부실에 대한 보고가 계속 올라갔다.

결론은 '평가 불능'이었다. 정부는 다시 중재안을 냈다.

중재안은 △삼성 계열사들이 회사채 매입형태로 삼성자동차에 빌려준 1조 2,000억 원을 떠안고 △대우 측이 지정하는 대우그룹의 전환사채를 인수하는 방식으로 2조 원을 지원한다는 방안이었다. 삼성 원로회의가 가동된 것도 이 무렵이었다.

강진구, 이수빈, 현명관 등 삼성그룹의 원로들이 내놓은 대안은 이건희 회장의 사재출연이었다. 빅딜 무산에 따른 책임을 피해가려면 사재출연이라는 메가톤급 '선물'이 있어야 했다. 이 문제는 이헌재 씨의 증언이 필요한 부분이지만 그는 입을 닫고 있다.

파국, 1999년 6월 30일

삼성은 6월 30일 서울 태평로 사옥에서 '삼성자동차 법정관리 신청'을 전격 발표했다. 이건희 회장의 삼성생명 주식 2조 8,000억 원어치를 출연해 삼성자동차 부채와 협력업체 지원 등 현안들을 자체 해결하겠다는 것이었다.

삼성 고위 관계자는 "정부 중재안대로라면 수조 원의 부채를 인수함은 물론, 삼성은 대우그룹의 주주가 돼야 할 판이었다"며 당시의 상황을 설명했다. 사재출연 대상을 삼성생명 주식으로 결정한 것에는 삼성 재무팀의 숨은 계산이 있었다. 빅딜이 무산되면서 대우는 '운명의 7월 19일'로 곧장 달려가게 된다.

DAEWOO

【취｜재｜파｜일】

김 회장의 그랜드 플랜… 대우 빅딜 극비보고서

빅딜이란 용어를 가장 먼저 쓴 사람은 서울대 조동성 교수로 알려져 있다. 그는 IMF 구제금융 신청 직후인 1997년 11월 26일, '사업교환(빅딜)이 필요하다'는 요지의 기고문을 신문에 쓴 적이 있었다.

그 다음은 아마도 신국환 산업자원부 장관일 것이다. 신 장관이 박태준 자민련 총재(당시)에게 보고하고 박 총재가 김우중 회장에게 빅딜을 제안했던 것으로 취재팀은 보고 있다. 김 회장은 과연 언제 빅딜을 심각하게 검토한 것일까.

놀랍게도 그 시점은 1998년 1월 6일로까지 거슬러 올라간다. IMF와의 치열했던 협상이 막 끝난, 아직은 혼돈의 시기. 이날 대우경제연구소는 '그룹 간 빅딜(Big Deal)을 위한 기초 검토자료'라는 200쪽에 달하는 극비보고서를 만들어 김 회장에게 보고했다.

놀라운 속도전이었다. 준비해오지 않았다면 만들기 어려운 보고서. 삼성은 대우보다 나흘 늦은 1월 10일자 보고서(IMF 지원금융과 기업대응)에서 겨우 빅딜의 필요성을 몇 자 언급하는 정도였다.

대우 보고서의 핵심은 대우그룹을 중심으로 산업계의 새 판을 짜겠다는 것으로 압축된다. 지금은 정치인으로 진출한 이한구 씨가 소장을 맡고 있던 시절이었다.

가전 3사는 대우와 LG로 이원화하고 조선은 대우와 현대, 중공업은 대우와

제2부 김우중의 마지막 카드

삼성으로 각각 새 판을 짜야 한다는 것이 골자였다. 대우의 기아자동차 인수 가능성은 비교적 낮은 것으로 봤고 건설업에 대해서는 특화전략이 필요하다고 지적했다. 대우는 발전소, 쓰레기 소각장, 상·하수도 처리시설로, 현대는 교량이나 댐, 삼성은 빌딩과 아파트 사업에서 경쟁력이 있다는 분석도 제시됐다. 나머지는 인수합병을 통해 대형화하거나 조기에 매각해야 한다고 지적했다.

김 회장은 이 보고서를 기반으로 전향적인 산업구조조정을 주장하면서 김대중 대통령 당선자와 신정부의 호응을 얻었다. 물론 이 보고서가 제시했던 빅딜 방안을 지금의 결과와 비교하면 달라진 것이 많다. 삼성전자의 가전부문이 부실하기 때문에 대우·LG의 이원화 체제로 가야 한다는 주장이나 현대의 기아자동차 인수가능성을 아예 배제한 것이 그런 대목들이다.

반도체와 TFT-LCD 부문에서 LG가 아닌 현대쪽의 철수를 주장한 것은 현대-LG반도체 빅딜의 실패를 일찌감치 예견한 것으로 볼 수도 있다. 항공우주법인의 단일화는 결과적으로 들어맞았다.

대우는 빅딜을 통해 손해보는 장사는 하지 않았다는 게 정설이다. 부실사업이었던 철도차량과 항공산업을 각각 한국철도차량과 한국항공우주법인으로 넘기고 수익성이 좋은 HDS엔진(선박엔진)에는 현금 출자를 했다.

DAEWOO

【취|재|파|일】

김우중의 슈퍼뱅크 구상

김우중 회장의 오랜 숙원은 재계가 주인인 '슈퍼뱅크(초대형 선도은행)'를 설립하는 것이었다. 김대중 대통령과의 독대, 500억 달러 무역흑자론, 삼성과의 빅딜 외에 슈퍼뱅크는 김 회장이 숨겨놓은 또 하나의 카드였다. 재계에 팽배한 기존 은행들에 대한 반감이 계기였지만 대우의 자금난 속에 김 회장은 새로운 돌파구로 슈퍼뱅크 카드를 꺼내든다.

이헌재 금감위원장은 대우가 워크아웃에 들어간 뒤 기자간담회에서 "대우는 성장과정에서 매뉴팩처링(제조, 생산)보다는 파이낸싱(금융)에 의존했다. 역설적으로 대우는 금융전문가가 많아서 망했다"고 평가하기도 했다. 대우그룹 회장실에 몸담았던 이헌재 씨의 눈에는 경기고·서울대 출신인 그 무수한 '금융전문가'들이 오히려 기업의 정상적인 발전에 장애가 된 것으로 비쳐졌다.

이 같은 지적은 재계와, 특히 김 회장이 정부 관료들과 결정적으로 견해를 달리하는 부분이기도 했다. 김 회장은 IMF 사태의 원인을 낙후된 금융시스템으로 봤고 이 금감위원장 등 관료집단은 기업의 과다한 부채를 근본 원인으로 내세웠다. 동전의 양면과도 같은 것이지만 그로 인한 의견차이는 엄청났다.

김 회장은 1998년 6월 9일 대우자동차 군산공장의 기자간담회에서 낙후된 금융의 선진화를 위한 슈퍼뱅크 구상을 처음 발표했다. 4대 그룹이 5억 달러씩 내고 씨티, 체이스맨해튼 등 미국계 은행이 20억 달러를 출자해, 자본금 40억 달러 규모의 초대형 합작은행을 만들겠다는 것이 그것이었다. 김 회장은 미국계와 합작이 잘 되면 유럽, 일본계 은행과도 같은 방식으로 모두 3개 정도의 선도은행을 만들 수 있다고 주장했다. 한국전력, 포항제철 등 공기업과 6대 이하 그룹또한 참여시킨다는 얘기도 나왔다.

그러나 거론됐던 해당 외국은행들이 김 회장과 출자에 합의한 사실이 없다고 모두 부인했고, 경기침체 속에 재계의 출자금 갹출도 여의치 못해 말만 무성한 채 흐지부지됐다.

물론 김 회장의 슈퍼뱅크 구상이 그해 6월에 처음 나온 것은 아니었다. 김 회장은 '국민의 정부' 대통령직인수위원회가 정권 인수작업에 한창인 그해 초부터 이미 정계 요로에 초대형 슈퍼뱅크 구상을 설파한 바 있었다.

김 회장은 이와 관련, 해외매각이 추진되던 제일은행과 서울은행 중 한 곳을 인수한다는 생각도 있었다. 대우의 주거래 은행인 제일은행이 대우에 구조조정을 압박해올 때 대우 측 반응은 "우리가 곧 인수하러 갈 테니 조용히 기다려라"는 것이기도 했다. 참으로 역설적인 상황이 아닐 수 없었다.

특히 김 회장은 연세대 상대 동기동창(56학번)인 이관우 당시 한일은행장과 자주 만나 세간의 관심을 모았다. 이 행장은 "김 회장이 오래 전부터 금융업에 관심이 많아 함께 슈퍼뱅크를 만들자고 자주 권유했다"고 말했다.

이 행장은 김 회장의 종용을 거절하느라 난처한 일이 많았다. 더욱이 한일은행은 그해 7월 상업은행과 합병을 발표하기까지 물밑 작업이 한창인 때이기도 했다.

김 회장의 슈퍼뱅크 구상은 1999년 2월 발표된 전경련의 발전 5개년 계획인 '비전 2003'에도 실려 있다. 그러나 대우가 워크아웃에 들어가고 김 회장이 전경련 회장에서 물러나면서 지금은 까마득한 일이 돼버렸다.

2 삼성의 전략

빅딜의 여진은 계속되고

빅딜은 깨지고 삼성자동차는 르노에 매각됐지만 삼성이 '빅딜 악몽'에서 완전히 벗어난 것은 아니다. 삼성은 총수의 사재(삼성생명 주식 400만 주) 출연으로 책임을 다했다는 주장이지만, 채권단과 시민단체들은 아직도 고삐를 놓아주지 않고 있다.

참여연대는 바로 2001년 8월 6일 삼성자동차 주채권은행인 한빛은행(현 우리은행)에 '삼성자동차 부채처리 관련 질의'라는 1쪽짜리 공문을 보냈다.

"삼성자동차 부채처리 문제가 시한을 넘기면서 국민의 혈세인 공적자금 투입으로 이어질 우려가 높아지고 있다"며 "채권단은 이건희 회장 등을 상대로 구상권 행사 등 실질적인 채권회수 방안을 마련하라"는 것이었다.

참여연대는 구체적인 방안도 제시했다. 상장 계열사들이 부채를 떠안을 경우 소액주주들의 이익을 훼손할 수 있는 만큼 이 회장과 친인척, 비상장 계열사들이 나서라는 것이다. 말이 될 듯도 하고 곰곰이 따져보면 말이 안 될 듯도 한 주장이지만 그야 어떻든 문제는 아직 진행형임이 분명하다.

삼성은 지난 1999년 8월 채권단과의 합의를 통해 "2000년 말까지 삼성생명 주식을 처분하되 처분금액이 삼성자동차 부채(2조 4,500억 원)에 미달할 경우 삼성 계열사들이 채권은행의 자본출자 또는 후순위채 매입을 통해 부족분을 보전한다"고 약속했었다. 하지만 시한은 이미 지난지 오래고 삼성생명 주식은 상장되지도, 처분되지도 않았다. 게다가 당초 70만 원으로 책정된 주식 가치도 고평가됐다는 논란이 수그러들지 않고 있다.

삼성은 "당시의 합의는 강박에 의한 것이므로 원인 무효"라는 법 논리를 굽히지 않고 있다. 도의적 문제와 법적 책임은 엄연히 다른 것이라는 삼성의 주장은 분명 일리가 있다. 문제의 핵심은 삼성생명 상장문제다.

이헌재 위원장은 지난 1999년 당시 삼성생명 상장을 허용하겠다고 밝혔으나 상장심사위원회를 구성해 상장방법부터 새로 심사하도록 하고 공청회를 열어 이 문제를 대중의 판단에 맡김으로써 삼성생명 상장 이슈를 미궁으로 몰아가버리고 말았다. 삼성생명 상장을 허용했다는 명분은 세우되 '계약자 몫' 문제를 연계함으로써 결과적으로는 책임을 회피하는 절묘한 출구를 연 셈이다.

책임을 회피하기는 이헌재 씨의 후임인 이용근 위원장도 마찬가지였고 그 다음 처사도 별반 다를 게 없었다. 지금은 고위당국자 누구도 이 문제를 풀려하지 않고 있다.

이런 상황에서 2001년 9월 18일 금융감독위원회 · 금융감독원에 대한 국회 정무위 국정감사에서 참고인으로 나온 박해춘 서울보증보험 사장은 "삼성 측을 상대로 손실금 지급을 요청하는 가처분신청과 지연이자 청구소송 등 법적조치를 준비하고 있다"고 밝혔다.

박 사장은 서상섭 한나라당 의원의 질의에 대해 "삼성 이건희 회장이 삼성자동차 법정관리에 따른 손실금에 대해 도의적 책임을 지고 지급을 약속했던 만큼 채권단과의 합의를 이행해야 한다고 생각한다"며 이 같이 말했다.

과연 삼성이 이 난제를 어떻게 풀어나갈지 귀추가 주목되지 않을 수 없다. 정·재계에 막강한 로비력을 갖고 있는 삼성이지만 스스로 한 약속을 뒤집을 만한 명분을 찾기 어렵고 시민단체를 비롯한 감시자들도 눈에 불을 켜고 있는 상황이다.

【취|재|파|일】

삼성이 분석한 대우자동차

1997년 초, 이건희 삼성 회장은 모 계열사 내 비선 라인에 극비 지시를 내렸다. 도대체 대우자동차 '세계경영'의 실체가 무엇인지를 알아보라는 것. 1994년 말 천신만고 끝에 자동차산업 진입에 성공한 이 회장은 반드시 제쳐야 할 경쟁대상이었던 대우자동차가 뜻밖에도 세계무대로 영역을 급속히 확장해가자 크게 당황했다. 당시 대우자동차는 GM과의 결별 이후 사세가 위축될 것이라는 전망을 비웃기라도 하듯이 전세계에 엄청난 규모의 생산 및 판매 네트워크를 구축하고 있었다.

그리하여 '대우자동차의 기술개발 전략'이라는 총 45쪽의 삼성 측 보고서가 1997년 4월 30일 작성됐고 같은 해 7월 30일에는 '대우자동차의 해외사업전략(48쪽)'이라는 이름의 보고서가 작성되었다.

삼성은 이들 보고서에서 대우자동차의 세계경영을 대체로 긍정적으로 평가하면서 벤치마킹을 하려는 듯한 모습을 보였다. 주변여건이 취약한 삼성차로서는 하루라도 빨리 대우차를 따라잡아야 한다는 절박함도 느껴졌다. 물론 삼성도 나름대로 문제점을 분석하지 않은 것은 아니지만 대우가 세계경영으로 패망하리라고는 생각하지 못한 것 같았다. 보고서 내용에 담긴 삼성의 시각과 평가를 요약한다.

대우자동차의 기술개발 전략과 평가

대우자동차의 기술개발 시스템은 영국워딩연구소(WTC), 독일기술연구소(GTC) 등 해외연구소의 설립과 해외기술인력의 영입 등으로 선진기술을 흡수하는 데 초점이 맞춰져 있다. 특히 WTC의 인수로 고급 기술인력, 첨단기자재, 명차개발 경험 등을 동시에 확보함으로써 글로벌 기술소싱이 가능해졌고 신차개발 능력도 높아졌다. 이로 인해 글로벌 R&D 네트워크를 기반으로 한 스타일 내·외장 관련기술은 매우 향상됐으며 엔진, 트랜스미션 등 핵심기술도 1992년 GM과의 결별 당시보다는 한결 발전했다.

물론 모든 측면에서 아직 경쟁사인 현대자동차에는 미치지 못했다. 대우는 후륜구동을 전륜구동으로 변경해 '레간자'를 개발했으나 독자적인 플랫폼을 갖고 있는 현대자동차를 따라잡기는 역부족이며 섀시 부문의 기술도 마찬가지다.

종합적으로 볼 때 대우자동차의 엔지니어링, 회사인수 및 용역의뢰 방식은 선진기술 습득에 유리하게 작용할 것으로 보인다. 특히 스타일링 및 설계변경 중심의 독자모델 개발방식은 기술력 열세를 단기간에 극복하는 데 도움이 될 것이다. 대우는 이를 위해 개발 포인트를 기술적 대응이 가능하고 소비자에 대한 차별화 인식을 부각시킬 수 있는 분야로 한정하고 있다.

대우는 또 현대자동차에 비해 개발경험과 인력이 적은데도 불구하고 최소의 개발비로 단기간에 3개 모델(레간자, 누비라, 라노스) 개발을 완료했다. 3차종 동시개발 전략은 내부 경쟁을 촉발함으로써 개발기간 단축 및 개발비 절감을 유도하는 데 성공했다.

대우자동차가 주는 시사점

우리는 개발경험 부족과 연구인력의 불균형으로 일반기술과 범용기술을 경시하는 경향이 있다. 기대했던 '닛산'은 기술이전을 꺼리고 있고 기아자동차나 쌍용자동차를 인수한다 하더라도 투자손실이 우려되는 상황이다. 따라서 향후 삼성자동차의 생존조건은 해외판매 확대에서 찾을 수밖에 없으며 이를 위해서는 독자모델 확보가 필수적이다.

앞으로 자동차산업의 경쟁력은 상품개발과 판매분야의 차별화에서 나타날 것이다. 특히 기술수준이 낮은 업체의 상품개발력은 첨단기술 대신 범용기술을 활용한 독자개발방식에 따라 효과적인 축적이 가능하다. 고급 첨단기술의 개발은 오랜 기간이 소요되며 고비용 고위험을 감수해야 한다. 따라서 삼성자동차는 범용기술을 기반으로 한 독자모델 개발을 조기에 서둘러야 한다.

가급적 소형차종부터 시작해 독자기술로 대응하기 어려운 기술은 엔지니어링 사로부터 아웃소싱을 할 필요가 있다. 대우처럼 해외 R&D 거점의 조기 구축도 필요하다. 범용기술 및 첨단기술 접근 가능지역에 연구소를 설립하고 단기적으로는 차체 서스펜션 관련기술을 보유한 엔지니어링 사를 인수하는 것이 유리하다.

대우자동차의 해외사업 전략

대우자동차의 세계경영 전략은 1984년에 시작된 GM의 월드카 프로젝트에 참여한 이후 경영여건이 급속히 악화된 데서 간접적인 원인을 찾을 수 있다. 대우자동차는 증자, 신차 개발, 부품조달, 해외판로 확보 등에 있어 독자성이 결여되어 있다는 점이 경영악화의 주요인이라고 스스로 진단하고 있다.

김우중 회장은 이에 따라 GM의 하청기지를 벗어나고 부평 중심의 자동차사업을 포기한다는 전략을 수립했다. 대우조선의 창원공장에서 경상용차를 생산하기 시작한 것은 그 일환이었다.

대우자동차의 해외 진출은 또 기술력, 상품력, 생산성 등에 있어 현대자동차에 대해 열세를 인정하고 국내에서의 과당경쟁을 피하기 위한 전략으로 해석할 수 있다. 현대가 굳건히 버티고 있고 삼성, 쌍용의 신규 참여로 과당경쟁상태에 돌입한 국내 시장에서 더 이상 살아남기 어렵다고 판단한 것이다.

구소련 붕괴에 따른 체제전환기의 흐름을 탔다는 측면에서도 대우자동차의 세계경영은 일리가 있다. 동구권이나 개발도상국가들의 정치·경제 상황은 과거 우리나라의 경제개발기와 비슷하고 리스크가 높은 대신 성장잠재력 또한 풍부한 편이다. 대우는 특히 신흥 개도국의 국영기업 민영화를 계기로 진출함으로써 선진메이커에 비해 상대적으로 유리한 고지를 점령했다고 볼 수 있다.

대우자동차의 글로벌 마케팅 전략

종합상사인 (주)대우를 적극 활용하고 있다. (주)대우는 1992년 9월, GM의 수출지역 제한을 회피하고 폭넓은 자체 해외정보망을 활용하기 위해 대우자동차의 수출조직을 흡수했다. (주)대우가 수출과 해외판매법인 운영을 담당하고 대우자동차가 해외판매법인 및 딜러에 대한 부품공급, 그리고 A/S를 맡는 것으로 역할을 분담했다.

진출 국가에 대해서는 '컨트리 마케팅(country marketing)' 전략을 구사하고 있다. 동구권의 경우 승용차공장 합작투자를 시작으로 금융, 호텔 등 다양한 업종에 진출함으로써 시장선점과 신규사업 수주 등의 효과를 극대화하고 있다. 이 과정에서 현지 정부를 협상 파트너로 선택, 진출국 내에서 경쟁업체보다 우월한 지위를 확보하고 서유럽 등 주변국들로부터의 통상압력 등을 국가적 차원에서 방어토록 하는 안전판을 마련했다.

대우자동차는 후발기업으로서 단기간 내 브랜드 인지도를 높이기 위해 현지 업체에 높은 마진율을 보장하고 의사결정 권한을 대폭 이양하는 전략을 쓰고 있다.

세계경영의 평가

대우자동차의 해외사업 추진성과를 측정하는 것은 진출 초기이기 때문에 이른 감이 있으나 지금까지 추진과정을 보면 긍정적인 성과가 많다.

우선 글로벌 생산체제 구축으로 생산능력을 조기에 높이는 데 성공했다. 1994년 대비 1998년의 생산능력 신장률은 150%로 현대자동차(60%), 기아자동차(70%)보다 압도적으로 높았다. 합작투자에 따른 기존 공장인수로 공장 건설기간을 단축하고 투자비를 절감한 것도 좋은 평가를 받을 만하다. 폴란드 승용차공장의 경우 군산공장에 비해 대당 투자비가 84만 원 정도 저렴한 것으로 분석되고 있다. 기술료 수입과 설비부품 공급 등의 부수효과를 감안할 때 수익창출 효과는 더욱 클 것으로 보인다. 투자자금의 해외조달로 연간 2,800억 원 이상의 금리차익도 얻었다. 동시에 공정거래법, 은행법 등에서의 출자제한 및 여신제한 등도 '슬기롭게' 피할 수 있었다.

대우자동차 내부적으로는 고급간부 및 임원의 해외공장 파견으로 국내에서의 자연스런 세대교체를 실현할 수 있었다. 루마니아 현지법인의 경우 임원 5명 중 3명이 대우 출신이다. 시장선점으로 인한 수출증가세도 현저하게 나타나고 있다. 1996년 대우자동차가 동구권에 수출한 차는 모두 9만 568대로 현대자동차의 1만 67대를 8배 이상 앞지르고 있다. 특히 구형모델 위주의 수출로 내수시장 열세를 만회한 것도 부수적인 효과다.

대우자동차의 주력 모델은 1990년 전후에 개발된 것으로 신모델 개발시까지 이들 구모델의 수출을 통해 국내시장의 부진을 상당 부분 상쇄할 수 있었다.

세계경영의 문제점

양적 성장에 비해 질적 성장이 미흡한 것이 가장 큰 문제점이다. 대우자동차 스스로도 현대자동차 및 기아자동차와 비교했을 때 기술력이 떨어진다는 점을 인정하고 있다. 게다가 자금조달 리스크가 상존하고 있는 것도 부담이다. 대우자동차는 오는 2000년까지 해외생산 공장건설 관련 투자를 위해 총 34억 달러를 추가로 조달해야 할 판인데, 최근 국내기업의 잇따른 부도사태 등으로 국제금융시장에서 자금조달이 여의치 않을 가능성이 높다. 서유럽 등 선진시장에서의 판매차질도 예상된다. 품질수준이 낮은데다 폴란드, 루마니아에서 생산된 대우자동차에 대한 EU의 수입관세 부과 움직임이 걸림돌로 작용할 전망이다.

3 차라리 법정관리로 가자

무너지는 김 회장 체제

김우중 회장은 더 이상 김대중 대통령을 만날 수 없게 됐다. 김 회장이 더 이상 대통령을 독대하지 못하게 된 것은 대통령 측근에 포진하고 있던 경제관료들이 적극적으로 기회를 차단한 데도 원인이 있었다. 경제팀은 대통령과 김 회장을 떼놓으려고 무진 애를 썼다.

독대가 거듭 무산되자 김 회장은 대통령에게 여러 차례 편지를 보냈다. 극한 상황에 내몰린 김 회장은 자신의 처절함을 최고 통치권자에게 어떻게든 알리고 싶었다. 그러나 결과는 공허한 메아리로 돌아왔.

여러 차례 개인 편지를 넣었지만 청와대로부터는 어떤 메시지도 들을 수 없었다. 아마도 이 무렵 김 회장은 대우그룹의 운명을 어느 정도 감지했을지도 모를 일이다.

상황은 매우 급박하게 돌아갔다. 어떤 조직이든 실패에 임박하게 되면 내부의 분란이 더 먼저 생기는 것은 당연한 이치였다. 대우그룹도 예외는 아니었다. 조직이 극복하기 힘든 외부의 장애에 부딪히면 자연히 갈등하는 힘은 안으로 폭발하기 마련이었다.

대우그룹 사장들은 대부분 김 회장과 절대적인 충성관계로 연결되어 있었다. 경기고등학교를 졸업한 수재들끼리 호형호제하는 인맥이 대우그룹을 지탱해왔지만, 바로 이러한 관계가 무너져내린 것이었다.

반발은 사장단회의에서 터져나오고 말았다. 강력한 카리스마로 조직을 장악해왔던 김 회장의 1인 독주체제가 한계를 보이기 시작한 것도 이 무렵이었다.

리츠칼튼호텔의 회동

1999년 5월 5일 어린이날이었다. 대우그룹에 근무하려면 어린이날 따위는 잊어야 했다. 서울 강남에 있는 리츠칼튼호텔, 오전 9시경 검정색 체어맨이 잇따라 호텔 정문으로 천천히 들어왔다.

(주)대우 장병주, 대우자동차 강병호, 대우중공업 추호석(종합기계 부문), 신영균(조선부문), 대우전자 양재열, 회장부속실 정주호, 구조조정본부 김태구 사장이 차례로 회전문을 밀고 들어섰다. 이경훈, 서형석 (주)대우 회장도 무거운 표정으로 차에서 내렸다. 대우 수뇌부의 회동이었다.

그러나 이날 모임에 김우중 회장은 참석하지 않았다. 아니 이날 모임은 김 회장에게는 통보조차 되지 않았다. 모두가 같은 심정이었는지 이

심전심으로 전해진 것은 김 회장에 대한 불만, 눈덩이처럼 커져가는 만기 어음들에 대한 두려움, 풍전등화와 같은 암울한 그룹 운명에 대한 불길한 예감뿐이었다. 그래서 김 회장은 빼고 사장들만 모여보기로 한 것이었다. 한동안 침묵이 흘렀다.

"어떻게 되는 겁니까? 너무 안이하게 대처하는 게 아닙니까? 회장님은 무슨 복안을 갖고 있는 겁니까?"

소장파에 속하는 한 사장이 회의실에 흐르는 침묵이 부담스럽다는 듯 말문을 열었다. 하루하루 살얼음판을 걷고 있기는 모든 계열사가 똑같았다.

"자동차 딜은 어떻게 되고 있습니까? 무엇이 어떻게 돌아가는지의 정도는 알아야 방법이라도 생각해볼 것 아닙니까?"

다른 사장이 한 마디 거들었다. 주력사인 (주)대우를 이끌고 있는 장병주 사장이 두 손으로 얼굴을 비비면서 입을 열었다. 답답하다는 표정이 역력했다.

"상황이 좋지 않아요. 뭔가 가시적인 성과를 내놔야 하는데 그게 어려워요. 회장에게만 미루지 말고 우리도 무언가 방법을 생각해 봅시다."

구조조정본부 김태구 사장은 "회장도 어려운 상황을 잘 알고 있기는 하지만…"이라며 말을 흐렸다.

"아니, 법정관리로 가든지 워크아웃으로 가든지 큰 그림이 있을 것 아닙니까? 그룹 본부에선 뭘 하는 겁니까? 차라리 법정관리로 갑시다."

드디어 '법정관리'라는, 입에 담아서는 안 될 말이 터져나왔다.

"누군 두 손 다 놓고 있는 줄 아세요? 직접 들어와서 해보세요."

고성이 오가고 분위기가 일순 험악해졌다. 그러나 이내 곧 조용해졌다. '법정관리'라는 말이 주는 중압감이었다. 모두가 법정관리라는 말에 대한 다른 사람들의 반응을 살피는 분위기였다. 답답한 마음들만 테이블에 쌓여갔다.

"힐튼호텔이라도 팔아야 하는 것 아닙니까? 이 자리에 계신 선배님들도 말씀 좀 해보세요. 원로분들이 이렇게 가만히 계시면 어떻합니까?"

이경훈, 서형석 대우 회장 등 원로들에게도 직격탄이 날아갔다. 힐튼호텔을 팔아야 한다는 것은 바로 김 회장을 비판하는 '말 속에 뼈가 있는' 그런 의미였다.

힐튼호텔은 김 회장이 '해결할 수 없는' 일이었다. 김 회장의 부인 정희자 여사의 완강한 반대가 힐튼호텔 문제를 미궁으로 몰아갔다. 사장들은 바로 이 아픈 문제를 건드렸다. 그렇다고 김 회장이 빠진 자리에서 결론이 날 문제도 아니었다.

사표

토론은 4시간 동안이나 지속됐다. 벌써 점심시간이 훌쩍 지날 참이었다. 4시간 동안 격론을 거듭한 후 사장들은 자신들의 뜻을 김 회장에게 확실히 전한다는 의미에서 전원 집단사표를 내기로 했다.

계열사 사장들이 보수를 모두 반납하기로 결정한 것도 바로 이날 회의를 통해서였다. 이 때 결의된 내용들은 6월 말 계열사 사장들의 대거 퇴임과 무보수 결의를 통해 표면화됐다.

'매각할 수 있는 것은 모두 판다' 는 내용도 사장단회의의 결론이었다. 그러나 이후에도 실적이 없긴 마찬가지였다. 당장 힐튼호텔 매각은 김 회장의 부인 정희자 여사의 반대에 부딪혔다. 김 회장은 힐튼호텔 매각 건을 둘러싸고 정희자 여사와 심한 부부싸움을 벌이기도 했다. 정희자 여사는 반발했다. 이는 아도니스 골프장도 예외는 아니었다.

예술에 일가견이 있는 정희자 여사는 힐튼호텔과 골프장에 유달리 애착을 가졌다. 귀한 예술작품들을 전시해놓은 호텔 로비는 언제나 아름답게 빛나고 있어야 했다. 골프장은 그 자체가 커다란 전시장이었다.

대우 자산에 군침을 흘리는 원매자들조차 이제는 슬슬 몸을 사렸다. 대우가 이미 기울었다는 것이 천하에 드러난 상황에서 결코 서두를 이유가 없었다. 기다리면 무너질 터였다. 공룡 대우의 패망을 기다리는 자들, 쓰러진 대우를 포위하는 자들이 하나 둘씩 늘어갔다.

무력한 사장들

자금난이 심화된 1999년 4월 이후부터는 계열사 사장들이 김 회장에게 직접 보고하는 것조차 꺼려했다. 김 회장의 오른쪽 귀가 잘 들리지 않게 된 것도 이즈음이었다. 사장들은 고함을 질러야 했지만 나쁜 뉴스를 들고 와서 김 회장 귀에 대고 소리를 지를 수는 더욱 없었다.

불행히도 김 회장이 제대로 가동되지 않을 때 그를 대신해 그룹을 이끌어갈 수 있는 시스템이 대우에는 없었다. 한결같이 화려한 경력을 지닌 사장들이었지만 중요한 의사 결정을 직접 내려본 적이 없는 무력한 사장들이기도 했다. 다름 아닌 경기고 인맥의 함정이었다.

'모범생 체질'이 대우를 망쳤다고 말하는 사람도 없지 않다. 삼성그룹처럼 지방대 출신들까지 두루 임용하고 학력이 아닌 실력에 따라 승진을 시키는 전통과는 많이 달랐다. 대우에서는 임원 10명 중 9명이 이른

바 KS(경기고·서울대) 출신이었다.

어쨌든 32년 대우그룹 역사에서 사장들이 집단적으로 김 회장에게 도전한 것은 처음 있는 일이었다. 김 회장도 이런 정서를 어느 정도 감지했다. 1999년 6월 30일엔 대우 계열사 사장단 50명이 결국 일괄사표를 냈다. 이 50명 중 17명만이 다시 신임을 받았을 뿐 대부분 사표가 수리됐다.

김 회장으로서는 너무도 늦게 사장단의 존재를 인정하게 됐다. 1999년 7월 19일 '운명의 구조조정 계획'이 확정된 지 1주일 만인 26일, 김 회장은 계열사 사장들을 부평 자동차공장으로 불렀다. 외부에 구조조정 의지를 확실히 보여줄 수 있는 강도 높은 방안을 내달라고 요구했다. 30일에는 대우센터 지하 구내식당인 피치가든에서 김태구 사장 등 사장단과 1,600원짜리 한식 식사를 함께 했다. 그러나 너무 늦었다. 늦어도 한참 늦었다.

대우는 김 회장을 정점으로 하는 일사불란한 돌파체제였지만 바로 그것 때문에 고도의 유연성을 필요로 하는 일에는 모두가 어찌할 바를 몰라 쩔쩔맸다. 명령없이 움직이지 못하는 체제이기도 했다. 문제의 본질은 외환위기 이후 우리가 귀가 따갑도록 들어왔던 바로 그 문제, 이른바 기업지배구조였다.

사람들은 떠나가고

김 회장의 주변풍경도 바뀌어갔다. 그의 인재풀(pool)이기도 했던 경기고 동문도 도움이 되지 못했다. 김 회장은 1998년 1월 경기고 동창회장에 추대됐지만 행사에는 거의 참석하지 않았다.

권력 핵심층이 툭하면 경기고 인맥에 알레르기 반응을 보이는 터여서 이를 의식하지 않을 수도 없었다. 경기고는 김대중 대통령과 맞붙었던 이회창 한나라당 총재의 본산이기도 했다. 김 회장은 1999년 1월 14일 열린 경기고 동문 신년 하례회에도 참석하지 않았다. 신년 하례회에는 이회창 총재, 고건 서울시장, 임창렬 경기도지사, 김원길 민주당 의원 등이 참석했다.

김 회장으로서는 점차 고립무원(孤立無援)이 되어간 한 해였다. 권력이 떠나고, 사장들이 떠나고, 친구들이 떠나갔다. 그리고 11월에는 결국 스스로가 떠나가게 됐다. 10만 대우가족을 뒤로 한 채 언제 돌아올지 모를 이국행이었다.

재 뿌리는 관료들

대우 사장들이 리츠칼튼호텔에서 긴급히 회동한 데는 그럴 만한 이유가 있었다. 매일매일 칼같이 돌아오는 어음을 막아내기도 힘들었지만 정부 경제관료들의 전방위적인 압력도 심상치 않아서였다.

적어도 대우 사람들이 보기에 한국의 경제관료들은 이제 본격적으로 대우를 죽이려 작정들을 하고 나온 듯해 보였다. 행동보다는 오히려 말로써 대우를 죽이려들었고 말의 융단폭격이 거듭됐다.

정부의 지원조치가 나오고 대우의 자구계획이 발표될 때마다 경제관료들이 앞장서서 "이번에도 잘 안 될 것", "가격이 비싸기 때문에 팔리지 않을 것"이라며 재를 뿌리고 다녔다. 실로 기이한 일이었다. 그동안 쌓인 감정의 골이 그만큼 깊었던 탓이었다.

결국 최후의 일전을 준비할 때가 왔다. 병법에도 "공격이 최상의 방어"라고 나와 있지 않았던가.

사망신고서

리츠칼튼호텔에서 사장단 모임이 있은 지 1주일 만인 1999년 5월 12일경, 김우중 회장은 구조조정본부 김우일 상무(경영관리 팀장)를 찾았다. 이미 밤이 깊은 시간이었다. 김 상무는 힐튼호텔 펜트하우스에서 김 회장을 만났다.

"법정관리로 가지. 준비해."

짧지만 단호한 지시였다.

"네?"

"회사별로 법원에 낼 서류들을 챙겨봐."

김 상무는 마른 침을 꿀꺽 삼켰다.

지시 자체도 놀라웠지만 자신에게 지나치게 과중한 숙제가 떨어진 느낌이 들었다. 궁금한 게 너무도 많았다. '마른 하늘에 날벼락'이라는 생각도 들었다. 워크아웃이나 법정관리 가능성이 중역들 간에 은밀하게 거론되지 않았던 것은 아니지만 다른 사람도 아닌 회장으로부터 직접 그 말을 듣게 되리라고는 생각조차 하지 않았었다. 그러나 김 상무는 누구보다도 김 회장을 잘 알았다. 회장의 지시에는 언제나 감춰진 숨은 뜻이 있었다.

"예, 알겠습니다"라고 짧게 답하고 김 상무는 회장실을 나왔다.

감당하기 어려운 과업을 맡게 된 김 상무는 구조조정본부로 돌아와 김태구 사장과 야밤의 '돌발 사태'를 놓고 상의를 거듭했다. 이러한 돌발적인 소집은 대우 수뇌부에선 흔한 일이었다. 재무 담당 상무도 자리를 같이 했다.

"회장님의 생각을 알 수가 있어야지"라고 김 상무가 혼잣말처럼 말했다.
"어쨌든 지시가 떨어졌으니 준비는 해야지."

캠프

법정관리를 위한 캠프는 힐튼호텔의 객실 4개를 빌려 극비리에 차려졌다. 대우센터 등 회사 안에서 사망신고서를 작성할 수는 없는 노릇이었다. 법정관리를 준비한다는 사실이 알려지는 것 하나만으로 전 그룹이 올스톱될 수도 있는 일이었다.

법률 자문단으로 김&장에서 몇몇 변호사들이 현장에 투입됐다. 그러나 이들은 2주일도 채 안 된 시점에서 모두 철수해버리고 말았다.

대우그룹의 한 인사는 이 변호사들이 '법정관리 절대불가'라는 정부의 방침이 확고하다는 것을 확인하고 5월 말경 철수했다고 증언했다. 변호사들이 정부의 압력을 받고 의뢰사건 수임을 포기했다면, 그 자체로 놀랄 만한 일이었지만 어쨌든 김&장은 현장에서 철수하고 말았다.

정부 측 관계자들이 대우의 법정관리 방침을 전해듣고 대경실색한 것은 물론이었다. 정부 또한 나름대로 대우그룹 해체작업을 준비 중인 터에 법정으로 뛰어들어가버리면 만사가 허탕을 치게 되는 것이기도 했다.

법정관리를 위해 완벽한 서류를 준비하는 데는 적지 않은 시간이 필요했다. 기업가치에 대한 객관적인 평가가 있어야 하고 복잡하게 얽힌 상호출자나 지급보증 관계도 따져봐야 했다. 준비할 서류는 몇 박스로도 부족했다. 작업은 김&장의 변호사들까지 철수한 상태에서 6월 초까지 밤늦도록 지속됐다.

"처참한 나날들이었어요. 대우그룹 사람들은 나름대로 여느 그룹들과는 달리 우리는 해외에서 뛴다는 자부심이 컸습니다. 사망신고서를 작성한다고 생각하니 밤새워 일을 하다가도 눈물이 쏟아지곤 했습니다"라고 모 간부는 회고했다.

관료들의 맹공

여기서 우리들의 필름을 약간 뒤로 돌려보기로 한다. 총대는 언제나처럼 강봉균 재경부장관이 먼저 멨다. 대우그룹이 대우중공업(조선) 매각이 포함된 2차 구조조정 계획을 낸 지 1주일 뒤인 4월 27일이었다.

강 장관은 "대우중공업 매각이 가격이 맞지 않아 제대로 팔릴지 의문"이라며 기자들에게 말했다. 대우그룹 전체로 지난해(1998년) 부채가 17조 원이나 늘어났다는 부연설명도 뒤따랐다.

자본시장이 가뜩이나 의심스런 눈초리로 대우를 지켜보는 상황에서 강 장관의 이 같은 발언들은 대우그룹의 구조조정 계획에 찬물을 끼얹는 것이나 다름없었다. 우리가 이른바 냉소라고 부르는 차가운 미소 그 자체였다. 강 장관은 대우 김 회장에게 천천히 시퍼런 칼날을 들이대고 있었다. 이헌재 금감위원장도 강 장관과 거의 같은 마음이었다.

그는 금감위 출입기자들과 만난 자리에서 "자구노력이 목표에 미달하면 바로 신규여신 중단 등 제재를 가하거나 워크아웃에 집어넣을 수 있다"

고 말했다. 경제관료들의 야멸찬 냉소는 이날도 그 다음날도 지속됐다.

대우 사람들이 지금까지도 "대우해체는 정부의 음모"라고 생각하고 있는 것도 바로 이런 대목들 때문이었다. 그들은 가혹했다.

배수진을 치다

결국 관료들의 한 마디 한 마디가 일파만파를 일으켰다. 김우중 회장은 물론 사장단까지 초긴장하는 것은 너무나 당연했다. 5월 5일 리츠칼튼호텔에서의 사장단 회동도 이런 배경에서 이뤄진 것이었다.

대우가 힐튼호텔에서 극비리에 법정관리를 준비하던 어느 날 (주)대우의 장병주 사장이 이헌재 금감위원장을 찾았다. 6월 중순이었다(장 사장은 정확한 날짜를 기억해내지는 못했다).

"더 이상 버티기 어려운 상황이니 어떻게 좀 도와주셔야겠습니다."

장 사장이 직설적으로 말문을 열었다.

"저라고 왜 돕고 싶지 않겠습니까? 하지만 무슨 방법이 있습니까? 시장에서 신뢰를 얻는 것이 먼저 아니겠습니까?"

이헌재 위원장의 얼굴도 일그러졌다.

장 사장은 한참 뜸을 들였다. 그리고 한 손으로는 탁자 모서리를 자꾸 만지면서 결국 말문을 열었다.

"버틸 수 없으면 법정관리로 갈 수밖에 없습니다."

장 사장은 마치 가슴 속의 비수를 꺼내듯 말했다. 얼굴 표정에 비장함이 역력했다. 더 이상 물러설 수 없는 배수진을 친 상태였다. 이 위원장도 깜짝 놀랐다.

"무슨 소리요? 법정관리는 안 돼요!"

이번에는 이 위원장의 얼굴이 굳어졌다. 그는 몇 번이고 법정관리는 안 된다고 언성을 높여 말했다.

일시적이긴 했지만 법정관리 카드는 확실한 약효가 있었다. 며칠 후 삼성그룹과의 빅딜이 무산되고 금감위쪽에서 연락이 왔다. 다음은 대우 관계자의 증언이다.

"금감위에서 '정말 얼마나 필요하냐?'는 문의가 왔다. 이것이 7월 19일 '유동성 개선을 위한 자구계획안'으로 이어졌던 것이다."

대우는 6조 5,000억 원의 신규 자금지원과 시설재 수출분 40억 달러 규모의 환어음(DA)에 대한 할인 등을 요구했다.

대우그룹의 이 관계자는 "결국 1주일이 지나 4조 원의 자금이 지원됐다. 그러나 금융권은 계속 자금을 회수해갔고 금감위는 더 이상 도와주지 않았다"고 당시 상황을 설명했다.

금감위는 결국 컨설팅 회사인 아서앤더슨을 통해 대우 계열사에 대한 실사를 벌이고, 8월 20일경부터는 워크아웃 신청서 양식과 내용을 수시로 바꿔가며 항복을 요구해왔다. 8월 24일 금감위가 정식으로 워크아웃을 통보해오자 (주)대우 장병주 사장과 구조조정본부 정주호 사장은 급한 김에 청와대로 달려갔다. 그들은 이기호 경제수석을 만나 "차라리 법정관리를 신청하겠다"고 말했다.

그러나 청와대라고 해서 다를 것은 없었다. 이 수석은 "만약 법정관리를 고집하면 험한 꼴 보게 될 것"이라고 말했다.

[취|재|파|일]

실패로 끝난 여론 잡기

김우중 회장이 최후의 순간까지 기대를 걸었던 것은 여론이었다. 대통령조차 등을 돌린 상황에서 마지막으로 기댈 언덕은 여론밖에 없었다. 여론만 도와준다면 대우를 살릴 수도 있을 것으로 생각했다. 여론은 시장을 움직일 수 있는 마지막 희망이기도 했다. 32년의 대우를 이끌어오는 동안 여론은 언제나 김 회장 편이기도 했다.

금융권 자금 회수가 본격화한 1999년이 되자 김 회장은 여론부터 돌려놓으려고 무던히 노력했다. 적어도 1999년 7월 말까지 어떻게든 여론만 붙잡으면 회생의 길이 있을 것으로 생각했다. 대우커뮤니케이션센터에서 그룹 홍보를 총괄했던 김윤식 부사장에게 특별지시가 내려졌다.

1999년 4월 금감원 출입기자들을 서둘러 동유럽의 세계경영 현장으로 초청해갔던 것도 이런 취지였다. 금감원 출입기자단은 자금난에 빠진 그룹의 지원을 받아 출장가는 것이 말이 된다느니 안 된다느니 논란을 벌였다. 결국 "그래도 현장에 가봐야 한다"고 결론이 났다.

김 회장은 또 계열사 사장별로 특정 언론사를 지정해 밀착 홍보를 하도록 지시했다. 이를 테면 김창희 당시 대우증권 사장에 대해서는 〈한국경제신문〉을 맡으라는 식이었다.

사안이 생기면 모든 임직원이 한 목소리로 대우의 입장을 외부에 알리도록 사내 커뮤니케이션을 강화해야 한다고 강조했다. 대우 구조조정본부 임원들에게는 방어적 홍보에서 벗어나 공격적으로 홍보해줄 것을 주문했다.

"김 회장은 대우전자·삼성자동차 빅딜 과정에서 적지 않은 홍보 실패가 있었다며 실례를 들어 설명하기도 했다"고 당시 회의에 참석했던 한 사장은 말했다. "삼성이 계속 억지 주장을 하는데 국민들이 이를 사실로 생각했고 결국 대우 때문에 빅딜이 지지부진하다는 여론이 만들어졌다"는 것이었다.

실제로 삼성 관계자들은 대우 측이 성실히 협상에 임하지 않고 있을 뿐 아니라 협상책임자들에게 결정 권한도 없다는 점을 적극적으로 홍보했다. 삼성 측은 특히 김태구 구조조정본부 사장이 툭 하면 "회장님께 재가를 받아야 한다. 내가 결정할 수 없다. 시간을 달라"고 했다는 불만을 피력하기도 했다.

김 회장은 전국경제인연합회 홍보 라인에도 기업에 대한 잘못된 인식을 바로잡는 데 노력해줄 것을 여러 차례 당부했다. 특히 경제위기의 원인이 대기업의 문어발식 경영 때문에 빚어졌다거나 지금은 지식기반 산업에 주력해야 한다는 사회적 오해는 조직적 홍보로 불식시켜야 한다고 강조했다. 김 회장은 적어도 대기업의 긍정적 역할만큼은 인정받을 수 있도록 분위기를 조성해가야 한다고 역설했다. 그러나 김 회장의 이런 모든 노력은 수포로 돌아갔다.

막대한 공적자금이 투입되고 대우관련 재판이 진행되면서 '공' 보다는 '과'를 지적하는 기사들이 신문지면과 방송을 가득 채웠다. 기자들도 이미 대세가 기울었다는 사실을 느끼고 있었다.

3. 부실공룡 대우

1. 불발로 끝난 양심선언

2. 분식회계, 그 허수의 세계

3. 비밀의 BFC

4. 대우분식을 공개하라

1 불발로 끝난 양심선언

조계사 옆 커피숍

대우를 일컬어 마법의 성(城)이라고 부르는 사람도 있다. 복잡한 숫자들로 가득 채워진 거대한 마법의 성…. 그러나 이 숫자의 세계에서 어디까지가 자연수이며 어디부터가 허수인지를 탐색하는 것은 결코 쉬운 일이 아니다. 노련한 재판관조차도 대우의 자금대차 관계를 정확히 알지 못해 지금껏 우왕좌왕하고 있지 않은가. 적당한 선을 정해 숫자와의 타협을 시도하는 것은 사실 김우중 회장이라고 해서 다를 것이 없었다.

이번 장에서는 시계를 뒤로 돌려 지난 1996년 8월로 거슬러올라간다. 대우 몰락은 물론, IMF 사태조차 상상하지 못했던 시기.

일단의 젊은 공인회계사들이 서울 수송동 조계사 근처의 한 커피숍에서 며칠째 모임을 갖고 있다. 이들은 지금 조그만 반란을 도모하는 중이다. 대우그룹의 분식회계를 폭로할 것인지가 이들의 주제다.

'사회적으로 존경받고 싶었다. 그런데 이게 뭔가. 외부감사를 나가봤자 회사 측에서 제시하는 '숫자'를 그대로 인정할 수밖에 없지 않은가.'
다방의 한 구석자리에서 동기생들을 기다리던 S회계법인의 K회계사. 이런 생각들이 늘 그의 머리를 가득 채웠다.
"무슨 생각을 그렇게 골똘히 하고 있어?"
기다리던 C 회계사와 또 다른 K회계사가 들어왔다.
"K형, 회사(회계법인)는 어떻게 됐어?"
"다들 생각이 비슷해. 한번 해봐야지."
1995년 공인회계사 동기생들인 이들은 이른바 '양심선언'을 준비하고 있었다. 동기생 270명 중 100여 명이 취지에 공감을 해왔다. 수송동 커피숍은 양심선언을 준비하기 위한 회합 장소. 이미 세 차례나 모였고 회계법인별로 2~3명씩 모두 20여 명이 '거사'에 참여키로 했다.
이들이 양심선언을 계획한 데는 그만한 이유가 있었다. 우선 무엇보다도 '들러리 회계감사'에 대한 회의와 좌절감이 컸다. 부실한 회계감사를 계속하는 한 언제 책임을 져야 할지 모른다는 불안감도 작용했다. 대우 패망의 전조를 다른 사람들보다 먼저 감지할 수 있었기에 그들의 고뇌는 더욱 클 수밖에 없었다.

심증과 물증

양심선언을 위해 모인 젊은 회계사들의 주축은 S회계법인 소속 회계사들이었다. 대우 패망과 더불어 결국 문을 닫게 된 바로 그 회계법인이었다. '양심선언을 위한 회계사 모임'의 대표는 자연스럽게 S법인의 감사3팀에 속한 김정득 회계사가 뽑혔다. 그러나 그는 정작 (주)대우 감사반에 속하지는 않았다. 대우 분식을 감지한 동료들의 이야기를 듣고 나선 것이다. 당시 모임에 참여했던 J회계사는 양심선언의 직접적인 계기를 이렇게 설명했다.

"감사1팀에 있던 동료가 놀랄 만한 이야기를 했다. (주)대우가 매출액을 2조~3조 원이나 부풀렸다는 심증이 있다는 것이었다."

아마도 그랬을 것이다. (주)대우는 세계경영의 베이스캠프였기 때문에 우선 숫자의 구성부터가 복잡했다. 문제는 1995회계연도 재무제표에서부터 감지됐다.

회사 측은 이런저런 핑계로 일부 자료를 감사인에게 제출하지 않았다. 회계사로서는 감사범위를 제한당했으니 '한정' 의견을 내야 했다. 그러나 그게 아니었다. 감사인과 회사는 서로가 물고 물린 관계였다. 회계사로서는 일감이었고 회사로서는 수임료를 주는 관계였다.

재무제표상 큰 하자가 발견되지 않는 한 감사의견은 결국 '적정'으로 나갔다. 양심선언 이야기가 나온 것은 바로 이런 구조적인 문제 때문이었다.

증거를 찾아라

양심선언을 위한 구체적인 작업은 증거수집부터 시작됐다. 각자 자기가 맡은 분야에서 분식회계 사례를 모아 요약했다. 혼자 일하는 시간을 틈

타 감사조서를 일일이 복사했다. 감사조서에는 어떤 식으로든 분식회계 사실이 남게 마련이었다. 이렇게 모은 증거가 수십 건이었다.

이에 대해선 S회계법인 측은 감사조서에는 분식의 증거가 있지 않았으며 담당회계사들이 감사조서를 복사한 적이 없다고 강력하게 반박하기도 했다. 어쨌든 양심선언문은 차곡차곡 '사실과 주장'을 담으며 정리돼갔다.

다음은 당시 양심선언문 작성에 참여했던 한 회계사의 증언이다.

"양심선언문은 크게 두 가지 내용을 담았습니다. 우선 대우를 비롯한 각 기업의 장부조작 사례를 폭로하는 부분이 있고 회계법인의 부실감사 눈감아주기 사례도 포함했습니다. (주)대우의 대표적인 분식 유형도 몇 가지 적시됐어요."

선배들

공인회계사의 양심선언 움직임이 어느 날 갑자기 튀어나온 것은 아니었다. 이미 지난 1989년 3월엔 '공정감사를 위한 공인회계사협회(이하 공공협)'가 만들어지기도 했다. 공공협은 증권감독원에 한시적으로 감사인 선임위원회를 두자며 목소리를 높였던 젊은 회계사들의 단체였다.

초대 회장을 맡았던 안건회계법인의 이재술(45. 현 안건회계법인 대표) 회계사는 "회계업계에 문제가 허다했다. 피감회사도 그렇지만 감사인들도 부실하긴 마찬가지였다. 변호사 단체의 민변처럼 개혁성향의 회계사 단체를 만들려 했다"라며 공공협 창립배경을 설명했다.

이들이 공공협을 만들기로 하고 창립총회를 가졌을 때 참여한 회계사는 200여 명. 적지 않은 숫자였다. 공공협은 감사인 지정제도를 도입하기 위해 공청회도 열고 야당 국회의원을 상대로 로비를 전개하는 등 노력을 쏟았다. 부채비율이 높거나 소유와 경영이 분리되지 않은 기업에 대해서는 감사인을 지정할 수 있도록 관련 법률이 개정된 것은 이들의 노력에 힘입은 것이기도 했다. 그러나 회계업계의 내부경쟁이 더욱 치열해지고 사회 분위기가 바뀌자 공공협의 활동은 점차 흐지부지되고 말았다.

휴지가 되고 만 양심선언문

한 달여의 작업 끝에 대우분식을 폭로하는 양심선언문이 작성됐다. 그러나 정작 문안 작성이 끝나자 일부 대형회계법인의 회계사들이 먼저 발을 빼기 시작했다.

"양심선언을 해서 우리에게 무슨 실익이 있느냐"는 견해가 우세해진 것이다. 역시 전문직업인 집단다웠다. 배수진을 운운하기에는 직업 그 자체가 주는 무게가 컸다.

어쩌면 대우의 김우중 회장이야말로 바로 그런 논리의 함정에 빠져 있었는지도 모른다. 그룹 전체가 진군 대형을 짜고 해외로 진출해 나가는데 일시적인 분식회계 따위가 무슨 의미가 있을 것인가 말이다. '분식은 다음 해에 더 벌어 메우면 되는 것일 뿐, 장부 정리를 위해 할 일을 못한 대서야 말이 되겠는가' 하는 생각이 김 회장의 머리를 채웠을 것이다.

열정 많은 젊은 회계사들이었지만 의견은 점차 갈라져나갔다. 양심선언문 작성을 준비했던 실무진조차 이탈자가 생겨났다. 한 회계사는 다음과 같이 당시를 회고했다.

"양심선언을 해봤자 우리만 손해라는 생각도 들었다. 1989년 공공협 선배들의 이야기가 전설처럼 내려오지만, 그들 역시 대부분 불이익을 당하고 말았던 전례도 우리의 의지를 꺾었다."

대우가 문을 닫기 3년 전인 1996년 8월, 한 달여에 걸쳐 작성된 양심선언문은 이렇게 해서 휴지조각으로 변해갔다. 차라리 그 때 양심선언이 터지고 대우의 장부가 천하에 드러났다면 대우는 3년 후 '그룹 패망'으로까지 말려들지 않았을지도 모를 일이었다.

【취│재│파│일】

김정득 회계사 인터뷰

양심선언을 주도했던 김정득(38) 회계사. 그는 몇 차례나 인터뷰 요청을 거절했다. 기자가 집요하게 설득에 나서자 김 회계사는 "당시에 양심선언을 했더라면 3년 뒤 대우 패망에 따른 국가적 손실은 크게 줄였을 것"이라며 조심스럽게 입을 열었다. 지금은 충남 홍성에서 세무회계사무소를 운영하고 있는 김 회계사를 만났다.

양심선언에 동조한 회계사는 몇 명이나 됐나.
"처음에는 S회계법인에 같이 있는 공인회계사 시험합격 동기생끼리 양심선언을 하자는 이야기가 나왔다. 그러나 개인에게 닥치는 불이익을 최소화하기 위해 다른 회계법인에 있는 동기생을 모두 참여시키기로 했다. 회계사 동기생 270명 가운데 100명가량이 동참의사를 밝혔다."

양심선언은 결국 불발로 끝났다. 후회스럽지 않나.
"그 때 공개적으로 대우부실 문제를 지적했더라면, 이후 대우사태는 어떻게 달라졌을까 하는 생각을 자주해본다. 아마 대우자금난은 훨씬 먼저, 그러나 비교적 제한적인 형태로 터졌을 것이다. 그랬더라면 대우그룹에는 물론이고 국가경제에 주는 충격도 크게 줄였을 것이라고 생각한다. 일부 동료들은 대우사태가 터진 다음 '그 때 우리가 나섰어야 했다'며 후회하기도 했다."

불발로 끝난 진짜 이유는 뭔가.
"역시 개인적인 피해를 두려워했던 것 같다. 그 당시에는 사회비리를 고발하는 사람에 대한 보호장치가 전혀 없었다. 지금이야 내부고발자 보호장치도 만들어 운영하고 있지만 그때는 그렇지 못했다. 또 양심선언을 해봤자 사회에 만연한 분식회계와 부실감사 행태가 얼마나 달라지겠느냐는 회의론도 많은 동료들로부터 제기됐다."

선배나 회사 측의 압력은 없었나.
"내 기억으로는 별로 없었다. 다만 선배들은 과거에 공정감사를 위해 실력행사를 했는데도 전혀 달라진 게 없었다는 실패담을 전해줬다. 일부 선배들은 우리의 뜻에 공감하기도 했다."

당시 양심선언을 통해 공개하려 했던 대우의 분식회계금액은 얼마나 되는가.
"감사조서를 통해 관련자료를 확보하고 대우 계열사를 중심으로 분식금액을 확인하는 절차를 밟았다. 정확한 숫자는 기억나지 않는다. 그러나 대우 계열사의 분식 규모는 3조 원은 족히 넘었을 것으로 추정됐다. 물론 어떤 항목은 회계기준에 따라 용인될 수 있는 사항도 있고 그렇지 않은 부분도 있다. 그 때 자료 확보를 통해 계산한 분식금액은 용인할 수 없는 경우가 대부분이었던 것으로 기억된다."

2 분식회계, 그 허수의 세계

허수가 드러나다

미적분학을 개발한 17세기 수학자 라이프니츠는 허수를 "존재하는 것과 존재하지 않는 것의 중간쯤에 놓인…"이라고 정의했다. 그러나 수학자들에게만 이 허수가 필요한 것은 아니다.

맨주먹으로 기업을 키우는 사람에게도 언제나 어느 정도의 허수가 필요하다.

번뜩이는 아이디어와 대단한 사업계획이란 것도 따지고 보면 아직은 허수일 뿐인 가공의 수치에 불과한 경우가 많다. 문제는 그것이 출발이 아닌 결과일 때 발생한다.

출발선에서의 허수는 채워가면 그만이지만 결과에서의 허수는 분식이며 회계장부 조작과 다를 바가 없게 된다. 이번 이야기는 대우분식의 지극히 작은 단면들에 대해서다. 몇 가지 분식사례들을 놓고 아직은 날이 서 있는 육성 증언들을 들어보자.

"1995년과 1996년 2년에 걸쳐 일본 금융기관들이 대우 계열사에 빌려준 돈을 모두 회수해갔다. 그래서 대우가 종말을 고했을 때 수많은 해외 채권단 중에 유독 일본계 금융기관이 거의 없었던 것이다"(전 S회계법인 K회계사).

일본 금융기관들은 무엇보다 현금흐름을 중시했다. 대우는 1995년부터 현금흐름이 나빠지면서 차입금이 급격히 늘어갔다. 냄새를 먼저 맡은 곳이 선수를 친 것이다.

현금흐름표야말로 장부조작이 거의 불가능하다는 것은 회계전문가들 사이에 익히 알려진 사실이다. 기업이 부도위기에 직면하면 들어오는 현금보다 나가는 돈이 많아진다.

그 공백을 메우려면 단기차입금을 늘리거나 보유자산을 매각할 수밖에 없다. 이 때문에 분기별로 현금흐름을 조사해 매년 현금유출입 추세선을 표시해가면 회사가 부실화되고 있는지에 대해 알 수 있다는 주장도 제기되고 있다.

가령 1997년부터 2002년까지 1분기 현금흐름만 비교해보거나, 2분기 또는 3분기, 4분기의 현금흐름만 비교해보는 것이다. 계절적인 요인을 감안해 분기별로 현금흐름 추세를 보는 방법이 유효하다는 주장이다.

실제로 이 방법은 전문가들 사이에 어느 정도 인정이 되고 있는 부실예측 모델이다.

부실의 징후들

"대우 계열사는 하나의 엔티티(entity, 회계상의 단위기업)였다. (주)대우를 중심으로 모든 계열사의 돈이 모이고 흩어졌다"(금융감독원 관계자).

대우 부도설은 거슬러올라가면 1970년대 초부터 지속돼온 것이기도 했다. 해마다 결산기를 맞는 12월이면 "대우가 올해를 넘기기 힘들다"라는 소문이 회계사들 사이에 퍼져갔다. 그만큼 살얼음판을 걸으며 자금조달을 해왔다. 언제나 부도날 수 있는 기업, 그러나 동시에 언제나 스스로를 무한 확장시키며 굴러가는 기업이 바로 대우였다.

부실 징후는 영문판 연결재무제표를 작성하지 않으면서 몇몇 전문가들에게 먼저 감지됐다. 대우는 1970년대 중반부터 영문으로 된 연결재무제표를 작성해오던 터였다. 외자조달을 위해서는 어쩔 수 없었다. 1990년대 초부터는 대우재단이 보유한 지분을 (주)대우가 보유한 것으로 간주해 연결재무제표를 작성했다. 그러나 1990년대 중반에 접어들면서는 아예 만들지도 않았다. 아니 이 시점부터는 차라리 연결 자체가 불가능해졌을 것이다.

역시 그룹의 캐시카우(cash cow), 즉 돈을 벌어들이는 창구였던 대우중공업에서 문제가 불거졌다. 다음은 S회계법인에서 일했던 한 회계사가 당시 현장 감사반원에게 들었다는 간접 증언이다.

"1998년 대우중공업에 회계감사를 나갔다. 비용으로 처리한 1,800억 원에 대한 입증서류가 없었다. 빼돌린 것이라는 의심이 들었다. 예고없이 감사를 나가 미처 입증서류를 준비하지 못한 것 같았다."

감사반원들은 일단 되돌아갔다. 이 '되돌아갔던' 일은 나중에 적지 않은 논쟁도 불러왔다. 일각에선 '감사 철수'라고 주장하고 다른 한편에선 단순히 감사를 연기한 것일 뿐이라고 반박했다.

S회계법인 측은 "중도에 감사인력이 철수한 사례는 없었다. 회사 측이 준비가 덜 돼 감사를 연기한 것뿐이다"라고 해명했다. 만일 '감사철수'로 해석되었다면 감사의견은 당연히 '의견거절'이 나왔을 게 분명하다. 그러나 최종 감사보고서는 '적정' 의견이었다.

문제의 1,800억 원을 다음해 재무제표에 반영키로 대우와 S회계법인 간의 조율이 있었는지는 명확치 않다. 어쨌든 대우분식에 대한 세간의 의혹은 이런 과정 속에서 통제불능 상태로 커져만 갈 뿐이었다.

대우자동차의 분식회계

대우자동차의 분식회계는 크게 두 가지였다. 그것은 재고자산을 비싸게 평가하는 것과 허위계산서를 통해 가공자산을 만들어내는 것이었다. 재고자산에 대해서는 실제 가치보다 높은 가격으로 재고(주로 자동차) 평가를 하는 방식으로 장부를 조작했다.

공인회계사들도 재고자산의 과대평가 여부를 일일이 확인하기란 여간 힘든 일이 아니었을 것이다. 수십 개, 수백 개에 이르는 해외 현장까지 다 둘러볼 수 없었기 때문이기도 했지만 국내외 야적장에 쌓여 있는 재고자산 또한 그 품목을 일일이 평가하기란 그들로서도 애당초 무리였는지도 모른다. 이 때문에 재고자산에 대한 감사는 그저 몇몇 현장의 표본조사로 끝날 수밖에 없었다.

허위계산서를 통한 분식은 가짜 영수증을 발급하는 형태로 이뤄졌다. 가령 대우자동차가 (주)대우에 자동차를 수출하고 물건값을 예정대로 받지 못하면 미지급분에 대해 이자가 발생한다. 회계장부상 대우자동차가 (주)대우로부터 받기로 한 연체이자가 5,000억 원이라고 하자. 장부상으론 받아야 할 돈이지만 (주)대우의 형편을 고려할 땐 이미 받지도 못할 돈이다.

하지만 연체이자에 대해 가짜 영수증을 만들어주면 (주)대우에선 돈을 빼돌릴 여지가 충분히 생기게 되지만 반대로 대우자동차는 부실을 떠안게 된다. 대우그룹을 지탱한 허수의 세계는 이렇게 하나 둘씩 쌓여 수십조 원의 분식으로 커져갔던 것이다.

대우와 대우통신

놀랍게도 대우의 분식회계는 금융감독원(통합전 증권감독원)도 이미 적발했던 터였다. 1997년 5월 증감원은 (주)대우 등 57개사를 일반감리(분식회계와 부실감사 조사) 대상기업으로 선정했다. 업종별 부채비율과 재고자산 비율, 대주주에 대한 현금대여금 비율이 높거나 현금흐름이 적은 회사들이 감리대상이었다.

대우그룹은 여러 개 항목에 해당됐을 것이다. 감리결과 (주)대우는 1996년 사업보고서에 자산과 부채를 턱없이 적게 기재한 것으로 밝혀졌다. 뿐만 아니라 부외부채 2,900억 원도 발견됐다.

그러나 당시 증감원은 이 정도의 분식회계는 순이익에 큰 영향을 주지 않는다며 시정조치만을 내렸다. 감리반으로부터 모든 분식사례들이 보고채널을 통해 속속 올라갔지만 되돌아 내려오는 징계조치는 지극히 경미했다. 장부에도 없는 부채가 2,900억 원이나 발견됐다면, 이는 그냥 지나칠 문제가 아니었지만 어쩐 일인지 경미한 징계로 끝났다.

대우가 문을 닫은 뒤인 1999년 12월 9일부터 2000년 8월까지 강도 높게 진행된 특별감리 상황에 대해서도 관계자들은 대부분 입을 열지 않았다. 아직은 재판 중이며 잘못하면 여러 사람 다친다는 이유로 이들은 하결같이 증언을 거부했다.

(주)대우뿐만이 아니었다. 들추는 곳마다 거대한 분식이 악취를 풍기며 튀어나왔다. 증감원이 대우통신의 분식회계를 적발한 것은 이미 지난 1998년이었다.

감리 결과, 단기차입금 일부를 숨겨 순이익을 부풀린 사실이 드러났다. 대우통신은 1997회계연도 결산보고서에서 단기차입금 2,610억 원을 회계장부에 표기하지 않았다. 장부에 올리지 않은 부채, 다시 말해 재무적 암세포가 덩어리째 드러났다.

"부외부채는 장부조작이 절정에 이를 때 쓰는 수법이다. 처음에는 매출액 부풀리기로 시작하지만 일정 한도를 넘어서면 돈을 빌려 메울 수밖에 없다"(당시 이성희 금감원 국장).

대우통신은 이렇게 만든 부외부채를 자회사인 세진컴퓨터랜드와 해외 현지법인의 매출채권으로 탈바꿈시켰다. 그러고도 최소한 280억 원의 차입금이 어디론가 사라졌다. 그 결과, 대우통신은 20억 원의 적자를 76억 원의 순이익으로 둔갑시켰다.

이 사실이 적발되면서 당시 대우통신 외부감사를 맡은 청운회계법인은 회계법인 사상 처음으로 1개월 간 업무정지를 당했고 결국 문을 닫게 됐다. 첫 희생양인 셈이었다. 1991년부터 7년 간 기아자동차의 3조 3,000억 원에 이르는 대규모 분식을 찾아내지 못해 징계를 받았던 청운이, 1999년 2월 결국 대우에 발이 걸려 문을 닫았다.

【취|재|파|일】

분식규모 잡기 3단계 작업

대우 계열사의 분식회계를 벗겨낸 당국의 작업은 세 가지 단계를 거쳤다. 첫째가 1999년 8월 대우의 워크아웃이 결정되면서 그 다음달부터 삼일회계법인이 실시했던 실사결과다. 금융감독원이 채권은행단을 통해 워크아웃을 결정하면서 이미 대형 부실은 예고됐다.

이 때부터 대우 계열사 간의 자금거래에 대한 공식적인 의혹이 제기됐던 터였다. 특히 대우 계열사 간의 채권·채무액이 일치하지 않았다. (주)대우를 중심으로 자금을 일괄 조달한 뒤 돈이 모자라는 회사에 나눠주다 보니 그럴 수밖에 없었다. 1999년 8월을 기준으로 작성된 삼일회계법인의 실사결과는 자산규모에서 42조 9,000억 원이라는 엄청난 격차를 만들었다.

공중으로 사라진 42조 9,000억 원이라는 돈을 규명하기 위해 이번에는 금융감독원이 직접 나섰다. 1999년 12월부터 2000년 9월까지 '대우그룹 분식회계 조사·감리 특별반(반장 이성희 당시 회계감독국장)'이 현장조사를 포함한 특별감리를 벌였다.

30여 명의 특별감리반이 밝혀낸 분식회계 규모는 22조 9,000억 원. 나머지 20조 원은 삼일 측의 실사기준이 지나치게 엄격했기 때문에 나타난 차액이라고 금감원은 설명했다. 삼일회계법인은 이 '지나치게 엄격한 실사' 때문에 회계업계에서 한동안 적지 않은 비난을 받았다.

세번째는 지난 2001년 2월 검찰이 대우 계열사 주요 임원들을 분식회계 혐의로 기소할 때다. 검찰은 수사과정에서 (주)대우, 대우자동차, 대우중공업, 대우전자, 대우통신 등 5개사의 1997년도 분식회계 규모가 19조 4,690억 원, 1998년도는 21조 6,671억 원이었음을 밝혀냈다. 검찰은 이를 합해 40조 원이 넘는 회계분식을 했다고 발표해 한때 금감원 특별감리 결과와 혼선을 빚기도 했다. 검찰의 발표는 일종의 노름판 판돈을 계산하는 것과 비슷했다. 전년도부터 지속된 분식을 이중으로 계산했다.

이렇게 드러난 대우의 분식회계 유형 가운데 가장 큰 비중을 차지한 것은 역시 부외부채였다. 금감원은 대우의 부외부채 규모가 15조 원, 받을 수 없는 부실채권을 그대로 장부에 올린 돈이 4조 원, 가짜 재고자산이 3조 원, 가짜 연구개발비 등이 1조 원이라고 설명했다.

분식은 계열사 간 또는 계정과목 간 잦은 내부거래를 통해 복잡하게 이뤄졌다. (주)대우의 경우 사업부문별로 장부상 거래를 빈번하게 일으킴으로써 조작사실을 숨겼다.

S회계법인 관계자는 "대우의 회계분식은 매우 복잡하지만 간단하게 말하면 회계장부에 부채와 비용을 실제보다 적게 써 이익을 부풀린 경우가 대부분"이라고 말했다.

3 비밀의 BFC

세계경영의 키워드

'세계경영'을 추구했던 만큼 대우그룹을 지탱했던 숫자의 세계 역시 세계적 네트워크를 필요로 했다. 이 네트워크의 중심점에 다가서지 않고는 대우 세계경영의 본질을 알 수 없다. 지구촌에 산재한 수백 개 공장과 현지법인들을 하나로 묶는 자금의 연결고리, 회계처리의 패스워드는 과연 무엇인가.

우리가 '비밀의 BFC'라고 부르는 것, 그것에 대한 지식이 없다면 대우의 흥망성쇠도 다만 하나의 난수표에 불과할 것이다. 기업회계기준이나 외환관리법은 세계경영의 가장 큰 걸림돌이었지만 대우는 BFC를 통해 그 올가미를 간단하게 뛰어넘었다. '비밀의 BFC'가 없었다면 대우의 세계경영도 불가능했을 것이다.

가장 비밀스러웠던 장소가 바로 코드명 'BFC'로 불렸던 '영국 금융센터', 즉 '브리티시 파이낸스 센터(British Finance Center)'였다. 사실 대우사태가 불거지기 전까지 이 BFC의 존재를 알고 있던 사람은 손에 꼽힐 정도였다. 이제 그 비밀의 장소로 접근할 차례다.

첫 손님

2000년 3월 중순, 김포공항 국제선 청사에 금융감독원 대우그룹 분식회계조사 특별반장인 이성희 국장을 비롯해 조사요원들이 모여들었다. 회계사 자격증이 있는 이 분야 전문가들 외에 (주)대우 회계담당 직원 한 명이 어울리지 않는 일행으로 동행할 참이었다. 일행 7명은 8박 9일 일정으로 런던으로 떠나는 중이었다.

"갑갑했습니다. 말이 특별조사반이지 런던 BFC에 회계장부나 제대로 갖추어져 있는지부터가 걱정이었습니다."

이 국장의 마음은 천근만근 무거웠다. 도저히 풀리지 않는 마법의 해(解)를 향한 여정이었다. 10시간에 걸친 비행 끝에 히드로 공항에 도착했다. 오후 5시쯤 됐지만 이미 날은 어두웠다. 창 밖에는 부슬부슬 밤비가 내리고 있었다.

"오시느라 고생 많으셨습니다. 이쪽으로 오시죠."

우산을 받쳐든 최재식 금감원 런던사무소장이 이들을 마중나왔다. 런던 서쪽 외곽에 있는 히드로 공항에서 북서쪽 미들섹스에 있는 (주)대우 런던 현지법인까지는 차로 40분 가량 걸렸다. 이 국장 일행은 평범한 5층짜리 건물로 들어섰다. 비밀 속에 가려졌던 BFC가 처음으로 외부 손님을 맞은 것이다.

놀랍게도 이 건물은 한적한 주택가에 자리잡고 있었다. 여기에는 (주)대우뿐 아니라 대우 계열사 런던 현지법인이 함께 들어 있었다. 다른 종합상사 같으면 시내 중심가에 자리를 잡았을 것이다.

"5층짜리 건물 가운데 1층을 (주)대우 런던 현지법인이 썼습니다. 그 층의 절반 정도는 BFC 관련장부를 보관하는 장소(archives)였습니다. 다행히 장부들은 비교적 잘 보관돼 있었습니다."

이 국장은 '다행히'라는 말을 몇 번이나 되풀이했다. 베일에 싸였던 BFC는 이렇게 모습을 드러냈다. 특별조사는 BFC 직원들의 도움을 받으며 7일 동안 밤낮으로 지속됐다.

"BFC는 상부의 지시를 받아 대우그룹 해외법인들과 본사 또는 다른 계열사로부터 자금을 넘겨받고 넘겨주는 통제센터 같은 곳이었습니다. 1997년부터는 분식회계가 극심했습니다."

이 국장은 마치 추락한 비행기의 블랙박스를 찾아내는 듯한 기분이었다고 회고했다. 이 국장은 자기테이프 등 전산자료 형태로 된 BFC 장부들을 일일이 분류한 다음 서울로 실어날랐다. 서울에서의 정밀작업이 뒤따를 것이었기 때문이다.

블랙박스

금감원은 수개월에 걸쳐 BFC 장부를 정밀분석해 이를 해독한 내부문건을 만들었다. 'BFC 항목별 손익요약표'가 담긴 이 문서에는 1996~99년까지의 4개 연도 BFC의 입출금내역이 정리돼 있다. 자료에 따르면 1996

년 59억 9,000만 달러(당시 환율로 5조 600억 원)였던 BFC 입출금거래액이 1999년엔 76억 9,000만 달러(8조 8,000여억 원)로 급증했다.

당연히 이 자금은 본사 회계장부에 한 건도 기재되지 않았다. 검찰은 대우가 매년 5~8조 원에 달하는 이 돈을 합산한 다음 BFC를 통해 25조 원을 분식했다고 발표했다. 물론 이 금액 역시 놀음판 판돈을 계산하는 방법으로 계산된 것이었다.

BFC로 들어온 돈은 현지법인이 해외 금융기관으로부터 빌린 차입금이 대부분이었다. 이 역시 본사 장부에 기재하지 않은 부채(부외부채)였다. BFC가 (주)대우 본사로부터 빌려온 돈도 꽤 됐고 대우자동차 현지법인과 건설부문으로부터 입금된 돈도 있었다. 검찰은 이 부분에 외화밀반출 혐의를 적용했다.

당연한 결과였겠지만 IMF 사태가 터진 1997년부터는 현지법인의 금융차입이 급격히 줄었다. 대신 본사와 대우자동차 현지법인으로부터 들어오는 돈이 많아졌다. 해외차입이 어려워지자 계열사들로부터 허겁지겁 돈을 끌어모았고 그만큼 분식회계가 불가피해졌다. 비밀의 숫자들은 이렇게 풀려나갔다.

"문제는 조성된 자금의 사용처였어요. 불행히도 대부분 금융비용이었습니다. 1999년 한 해 동안 외국 금융기관으로부터 빌린 돈에 대한 이자만도 24억 9,000만 달러나 지출됐고요. 당시 연 5% 안팎이었던 리보(LIBO) 금리를 감안하면 빌린 원금은 무려 200억 달러(23조 원)가 넘었습니다."

이 국장은 자금난으로 고전하던 대우의 마지막 모습에 깊은 연민의 정을 느꼈다. 여기에 대출수수료와 외환차손까지 합치면 대우는 1999년 한 해 동안 76억 9,000만 달러를 조달해 그 중 35%를 이자 갚는 데 썼다. 나머지 금액 또한 해외 계열사 손실을 메우는 데 쏟아부었다. 조사반의 한 관계자는 다음과 같이 말했다.

"대우자동차 관련 출금도 많았습니다. 해외 자동차법인 지원이나 손실보전 항목이 13억 6,000만 달러에 달했고 나머지는 파키스탄 휴게소와 산동시멘트, 미국 현지법인, 수단, 우크라이나 등 무역부문이나 계열사인 중공업, 통신 등에 대한 지원 또는 손실보전으로 지출된 것으로 파악됐습니다."

문제는 사용내역이 밝혀지지 않은 액수가 전체 지출의 10% 가량인 7억 5,342만 달러(당시 환율로 8,620여억 원)에 달한다는 것이었다. 당연히 의혹의 눈초리가 집중됐다.

마술피리

BFC는 대우의 비자금 창구라는 인식이 퍼져 있다. 김우중 회장이 BFC 자금을 개인용도로 썼다는 의혹도 적지 않다. 물론 김 회장을 변론하고 있는 석진강 변호사의 설명은 전혀 다르다.

"BFC는 (주)대우가 런던에 개설한 10개 가까운 계좌를 통틀어 부르는 이름일 뿐이다. 외환관리법상 절차를 밟지 않은 것은 잘못이지만 (주)대우의 정상적인 감독 아래 있었고 회계처리도 확실하다. 재산을 빼돌리기 위한 비밀계좌는 아니다."

어쨌든 금감원이 해독한 BFC는 세계경영을 꾸려나가기 위한 '마술피리' 임에는 분명했다.

끊임없이 돈을 빌리지 않으면 세계경영은 멈춰설 지경이었고 그 임무가 고스란히 BFC에 떨어졌다. 계열사로부터건 해외은행들로부터건 BFC는 부단히 마술처럼 돈을 만들어내야 했다.

비밀의 BFC

BFC는 대우그룹 자체였다. '역외 은행'이었고 자금 통제의 중심점이었다. 난마처럼 얽힌 수만 건의 거래관계를 조율해간 김우중 회장의 빼곡한 비밀장부이기도 했다. 대우가 그토록 오랫동안 BFC의 실체를 비밀에 부쳤고 또 그래야만 했던 이유는 법률의 경계를 넘나들고 국경을 우회해 다녀야 했던 탈법적 거래들 때문이었다.

그러나 단순히 탈법거래를 위한 특별계정이라고만 할 수는 없다. 김 회장이 유럽을 오갈 때 반드시 들르는 곳이었고 시간이 없을 때는 관계자들을 히드로 공항 인근의 호텔로 불러내서까지 결재를 하던 조직이었다. 국제 경쟁력을 상실한 기업이 오직 자금의 마술을 통해 과연 어느 정도까지 생명을 연장할 수 있는지를 극단적으로 보여준 사례가 바로 BFC다.

김 회장의 훈령

삼성자동차와 대우전자의 빅딜 협상, GM과 대우자동차와의 전략적 제휴 협상이 교착상태에 빠져들고 있던 1998년 10월이었다.

(주)대우 국제금융팀의 S씨(당시 이사부장)는 업무차 런던 출장길에 올랐다가 졸지에 BFC 책임자 자리를 떠맡게 됐다.

BFC를 4년 이상 이끌고 있던 L씨가 체이스맨해튼 등 금융기관 관계자들을 데리고 폴란드 FSO 공장을 방문하던 도중에 교통사고를 당해 갑작스럽게 사망했기 때문이었다. 오랫동안 대우의 해외자금을 주물렀던 베테랑 L씨의 갑작스런 죽음은 BFC가 현지에 거미줄처럼 엮어놓은 금융인맥과 관리 노하우가 일시에 붕괴되는 것을 의미했다. 이는 결국 파국으로 이르게 될 BFC의 험난한 여정을 예고하는 것이기도 했다.

"한 마디로 난리였습니다. 외환위기 이후 해외차입선이 속속 이탈하면서 곳곳에서 상환압력이 들어오던 시절이었습니다. 앞이 캄캄했습니다."

막연히 어려울 것이라고 얘기는 듣고 있었지만 직접 일을 맡고 나니 도무지 해결할 방법이 보이지 않았다고 S씨는 증언했다.

BFC의 해외차입금은 이미 60억 달러를 넘고 있었다. 본사의 훈령은 오직 한 줄의 지시문이 전부였다.

'GM으로부터 50억 달러가 곧 들어올 테니 그 때까지 참고 견뎌라.'

물론 김우중 회장이 직접 내린 훈령이었다.

김 회장은 삼성에서든 GM에서든 5조 원 정도만 끌어내면 이 고비를 넘을 수 있다고 믿고 있었다. 김 회장은 삼성이 빅딜에 끌려들어오지 않자 이번엔 GM에 필사적으로 매달렸다. 바로 이 숫자가 '50억 달러'였다. 그러나 이 돈은 끝내 들어오지 않았다.

비슷한 시기, 서울 대우센터빌딩. 대우 구조조정본부에서 경영관리 업무를 하고 있던 K이사는 대우센터 엘리베이터에서 (주)대우 장병주 사장과 우연히 마주쳤다. 심하게 충혈된 눈을 한 수척한 모습이었다. "요즘 힘드시죠?"라는 인사말에 장 사장은 "차 한 잔 하고 가라"며 K씨를 자신의 집무실로 이끌었다.

집무실 쇼파에 털썩 앉자마자 장 사장은 깊은 한숨을 내쉬며 담배를 꺼내물었다. 장 사장은 3년 동안 끊었던 담배를 다시 시작하던 참이었다.

"제대로 되는 게 하나도 없습니다. 삼성자동차 빅딜협상으로 오히려 자금사정만 더 악화된 것 같아요. 연말에 한꺼번에 돌아오는 자금을 막기 위해 이곳저곳 쫓아다니느라 발이 부르틀 지경입니다. 참 답답합니다."

장 사장은 낙천적 기질을 갖고 있었지만 '이번만은 능력의 한계를 느낀다'는 표현을 많이 썼다고 한다.

BFC의 비전(秘傳)

시간이 지날수록 자금압박이 더해가자 BFC는 결국 1990년대 초부터 부분적으로, 그리고 은밀하게 감행해오던 비전의 자금조달 수법을 '전면적으로' 채택하는, 넘어서는 안 될 선을 넘고 말았다.

하나는 가짜 수입서류를 만들어 은행으로부터 돈을 빌리는 방법이고, 또 다른 하나는 계열사 수출대금을 본사로 송금하지 않고 BFC로 집중시키는 것이었다.

검찰조사 결과, BFC는 (주)대우가 허위 또는 이중 수입서류를 작성해 은행에서 빌린 25억 7,300만 달러를 고스란히 넘겨받았다. 자동차 수출대금 17억 8,000만 달러는 국내로 들어오지도 않고 바로 BFC로 넘어갔다. 여기에 해외법인이 정부의 허가 없이 임의로 빌려쓴 돈이 자그마치 20조 7,000억 원이었다. 불법 송금까지 합치면 모두 26조 4,000억 원이라는 천문학적 자금이 복잡한 계정처리와 더불어 BFC로 집중됐다.

물론 이 돈들이 김 회장의 개인적인 착복이나 유용에 제공된 것은 아니었다. 그랬다면 우리의 패망비사는 다만 김우중을 비난하고 그를 논죄하는 것이면 충분했을 테다. 땅을 칠 일이지만, 이 거대한 돈의 대부분은 빚을 갚고 적자를 메우는 데 허겁지겁 탕진됐다. 빚을 갚고 부실 계열사의 다급한 부도를 틀어막는 데 피 같은 돈들이 들어갔다.

끝내는 패망으로 간 대우였지만 대우를 패망으로 몰아간 엔진이 바로 BFC였다.

법 정

2001년 3월 13일 서울지법 가동 311호 법정. 김 회장의 지시를 받아 사실상 BFC를 지휘해온 이상훈 (주)대우 전 국제금융팀장(전무)을 상대로 대검 중수부 김용 검사의 추궁이 시작됐다.

"1997년부터 BFC는 차입금상환 압력으로 부도위기에 직면하고 있었죠?"(김 검사)

"예. 각지에 투자해놓았던 자금회수가 잘 이루어지지 않았기 때문입니다"(이 전무).

"그래서 (주)대우가 슬로베키아 소재 자동차 판매법인에 수출한 자동차물품 대금 175만 달러를 1998년 3월에 BFC가 관리하고 있던 미국 뉴욕 소재 체이스맨해튼 은행의 DWC 101 계좌로 예치해 재산을 국외로 빼돌렸나요?"(김 검사)

"외국환거래법을 어긴 사실은 인정할 수 있지만 재산을 국외로 도피시킨 건 아닙니다. 어차피 (주)대우가 갚아야 할 차입금의 원리금을 상환하는 데 썼습니다"(이 전무).

이 전무의 얼굴에 회한의 표정이 묻어났다.

취재팀은 대우자동차 실사에 참여했던 회계사 A씨로부터 BFC가 어떤 방법으로 대우자동차 등 계열사의 손실을 메워갔는지에 대해 꼼꼼하게 들었다.

구체적인 방법은 이랬다. 우선 BFC는 대우자동차의 판매손실을 메워준다. 예를 들어 대우차가 대당 100원에 (주)대우로 넘기면 (주)대우는 105원에 해외 현지법인에 넘겨준다. 해외법인은 이익을 남기기 위해 110원 이상에 팔아야 하는데, 그게 불가능했다. 해외법인은 자기가 받은 105원보다 낮은 100원에, 심지어 95원에 팔았다. 그러나 서류상으로는 110원에 판매한 것처럼 꾸몄다.

팔면 팔수록 손실은 커졌지만 회계장부에는 계속 이익이 발생한 것으로 처리됐다. 이 차이를 BFC가 돈을 빌려서든 다른 계열사 돈을 끌어와서든 메웠다.

연구개발비도 BFC로부터 나왔다. 원래 자동차연구소는 대우자동차로부터 연구개발비를 받아야 했지만 적자경영인 대우자동차가 이 엄청난 비용을 댈 수는 없었다. 결국 BFC가 해외판매 대금을 당겨놓았다가 다시 대우자동차를 지원했다.

자금 루트를 이렇게 복잡하게 꼬아놓은 이유는 간단했다. 우선 금융당국의 감시를 받지 않아야 했고 계열사의 자금거래 내역도 외부에는 공개할 수 없었기 때문이었다.

1999년 8월 대우가 워크아웃에 들어가고 김 회장이 경영일선에서 물러나면서 BFC도 그 소임을 다했다. 이제 BFC를 기다리고 있는 것은 안면을 바꾼 해외 채권자들과 서릿발 같은 금융당국의 끈질긴 자료 요청이었다. 당국은 해외채권단과의 협상과정에서 BFC 비밀장부 일부를 공개했다. 그들은 말없이 부채 일부상환에 동의했다.

BFC에 대한 몇 가지 오해

BFC는 세간에서 생각하듯 그렇게 비밀스런 조직은 아니다. '비밀의 BFC'라는 제목을 붙인 것은 BFC가 '알 카에다' 같은 비밀스런 결사조직이어서가 아니라, 그 활동이 오랫동안 베일에 가려져 있었기 때문이다. 물론 대우는 BFC의 존재뿐만 아니라 그 역할을 극도의 보안사항으로 분류해왔다.

BFC는 지난 1981년 (주)대우 런던법인의 금융파트가 설치한 텔렉스 코드의 이름이었다. 당시 본사와 지사 간의 주요 통신수단이었던 텔렉스를 이용하기 위해서는 부서마다 텔렉스 코드가 필요했고, 런던 금융팀은 코드명 'BFC'를 사용했다. 시간이 지나면서 BFC는 (주)대우가 체이스맨해튼 등에 개설한 해외계좌 또는 그 계좌를 관리하는 조직을 총칭하는 것으로 바뀌어갔다.

실체도 명확했다. 지난 20여 년 동안 수많은 직원들이 BFC 업무를 담당해왔고 대우와 거래하는 외국계 은행들도 BFC의 성격을 잘 알았다. BFC의 역할 또한 제한적이었다. 본사의 지시를 받아 집행하는 전문가 역할에 충실했다. 팀장이 정식 이사가 아닌 이사부장(다른 기업의 이사 대우)이었던 점만 봐도 알 수 있다.

(주)대우 국제금융팀은 해마다 전 해외법인의 금융담당자 회의를 열어 그룹 전체의 자금운용계획을 수립했고 BFC를 통해 실행시켰다. 다만 김 회장의 세계경영이 본격화되면서 통제영역이 비대해졌다.

나중에 각 기업의 회계 책임자들이 BFC의 존재를 몰랐다고 말하는 데는 약간의 책임 모면을 위한 거짓말이 섞여 있는 것이라고 취재팀은 생각하고 있다.

지난 1990년 이후 BFC를 통한 자금거래는 모두가 전산처리돼 있고 금융감독원도 올 4월 현지실사에서 외국계 은행의 입출금내역서와 전산 자료가 거의 일치한다는 사실을 확인했다. 따라서 외국계 거래은행들과 BFC 명의의 계좌를 통해 수없이 자금을 주고받고도 "나는 몰랐다"고 말한다면 뭔가 속사정이 있기 때문일 것이다.

피고인 신분으로 법정에 서 있는 일부 인사들은 "나는 몰랐다"고 증언하는 과거의 고위 경영진들에 대해 매우 서운해하고 있다. BFC의 부실이 '1998년 이후의 문제'만은 아니라는 사실을 누구보다 그들이 잘 알고 있을 것이기 때문이다.

일부 피고인은 마지막 순간에 운 나쁘게 그 자리에 있었던 것이 죄의 전부인 경우도 있었다. 하지만 반대로 어떤 책임자는 마지막 순간에 그 자리에 없었다는 이유로 법망은 물론 도의적 책임까지 빠져나갔다. 이들 중 어떤 분은 국민의 정부에서 장관을 지내기도 했고 국영기업체의 CEO를 역임하는 등 영광의 길을 걸어갔다.

어디든지 고생하는 사람 따로 있고 열매 따먹는 사람 따로 있듯이 대우도 역시 자리를 즐긴 자와 나중에 책임을 지게 된 사람들의 얼굴이 각각 달랐다. 어떤 사람은 오히려 더욱 큰 책임을 져야 마땅했지만 마지막 순간에 그 자리에 있지 않았다는 이유로 책임을 벗어던졌다. 그것은 대우사태의 또 다른 단면이었다.

【취|재|파|일】

BFC의 첫 손님, 이성희 금감원 국장

BFC의 첫 손님이었던 이성희 금융감독원 국장. 대우그룹 분식회계 조사·감리 특별반장을 맡았던 그는 조사반원을 이끌고 직접 BFC로 날아갔다. 그는 "BFC 자료를 확보해 검찰에 제공한 것이 나름대로 성과였다"고 말했다. 그는 2002년 초 한미은행 감사로 나갔다.

BFC를 직접 조사하게 된 배경은.
"분식회계와 부실감리에 대한 증빙자료를 확보하기 위해서였다. 대우가 제출한 재무제표나 장부 등의 자료만으론 100% 분식회계를 입증하기란 매우 어려웠다. BFC 조사가 가장 중요한 일이어서 반장인 내가 직접 다녀왔다."

BFC의 정확한 실체는 무엇인가.
"김우중 회장과 일부 측근들이 내부적으로 사용한 편의상의 코드이름이었다. 관리목적으로 사용한 일종의 계정과목이다. 물론 10여 개 비밀계좌가 있지만 이를 통틀어 하나의 해외 계정과목으로 본 것이 BFC다."

BFC 조사에서 어떤 성과를 올렸나.
"8조 원의 장부조작을 밝혀낸 것이다. 또 BFC 관련서류 등 수기장부와 테이프, 디스켓 등 컴퓨터 파일을 모두 서울로 가져왔다. 사과박스로 수십 상자에 달했다. 만일 BFC 자료를 확보하지 않았다면 대우재판 과정에서 증거를 제시하지 못했을 것이다."

김 회장이 비자금을 조성했다는 의혹은.
"개인용도의 비자금은 찾지 못했다. 다만 지출내역 중에 규명되지 않은 항목이 7억 달러 정도였다."

수기자료와 전산자료가 같이 있었나.
"1990년 3월 이전 것은 손으로 쓴 수기장부였다. 1981년부터 BFC라는 수기장부가 있었다. 수기장부 자료의 신빙성은 없지만 금액이 크지는 않았다. 1990년 3월부터는 전산자료로 보관돼 있었다."

BFC는 누가 관리했나.
"(주)대우 런던 현지법인 내에 BFC 전담 관리직원 5명이 있었다. 물론 김회장의 지시로 돈을 움직였다. 계열사 사장 1~2명만 BFC의 존재를 알았던 것 같다. 계열사 회계담당 임원도 정확히 모를 정도였다."

BFC 관련 자료를 대우 해외채권단에 먼저 알렸다는데.
"나는 모른다. 다만 대우 기업구조조정협의회에서 해외채권단과 협상할 때 채무를 탕감받기 위해 BFC 관련 보고서를 공개한 것으로 안다."

4 대우분식을 공개하라

엇갈리는 평가

대우사태가 터지자, 많은 사람들은 다른 운명의 길을 걸었다. 흥미로운 것은 대우 사람들조차 자신의 처지에 따라 김우중 회장에 대한 평가가 매우 다르게 나타난다는 점이다.

대우그룹의 재무 라인에서 일했던 사람들은 김 회장에 대한 냉소적인 시선을 숨기지 않는다. 특히 중공업(조선)에 근무했던 대우 직원들은 마지막 몇 년을 거의 악몽으로 기억할 정도다. 금융분야에서 일했던 직원들 역시 대우그룹의 문제는 하나같이 '지배구조의 문제'라며 입을 모은다. 그러나 영업 라인, 사업 라인에서 일했던 대우 사람들은 생각하는 것이 전혀 다르다. 이들에게 김 회장은 예전에도 영웅이었고 지금도 영웅이다.

세계 시장을 함께 개척해갔고 불철주야 일했으며, 정말이지 신명나게 온 열정을 던지고 또 던져 일을 했다.

차이는 이렇게 극명했다. 최고경영자 한 사람에 대한 평가는 대우 사람들끼리도 천양지차로 엇갈렸다.

아마도 이들은 김 회장의 다른 얼굴들을 보았을 것이다. 재무 라인은 이른바 말도 안 되는 자금조달을 위해 악을 써댔고, 마지막 2년 여의 시간 동안에는 피를 말렸을 것이다. 그러나 영업 라인은 마지막 순간에도 이번 고비만 넘으면 새로운 차원의 사업세계가 열린다며 더욱 뜨거운 도전 의욕을 불태웠을 것이다.

〈한국경제신문〉에 '대우패망비사'가 연재되자, 대우 사람들의 엇갈린 평가는 더욱 뚜렷하게 드러났다.

여기 소개하는 김우일 상무의 증언은 주목할 만하다. 문을 닫은 회사의 퇴직임원이 말하는 증언에는 일종의 한(恨) 같은 것이 묻어 있었다. 회한과 당혹감이 교차하고 아쉬움은 원망으로 변질되기도 할 것이다. 이 점을 감안하고 김 상무의 증언을 들어보자.

김 상무의 증언은 나중에 금융감독원과 적지 않은 논란을 벌이기도 했다. 금감원이 김 상무의 증언 중 여러 대목에 대해 반발하고 나섰기 때문이었다. 김 상무 증언의 일부가 신문에 게재되고 난 다음 금감원은 사실과 다른 보도를 했다며 언론중재위에 게재내용의 부당성을 주장하는 청원을 내기도 했다.

물론 허위보도에 따른 정정보도 요구에 대해서는 이유없다는 결정이 내려졌다. 대신 금감원이 대우 회계부정을 알고도 눈 감은 것은 아니라는 주장을 반론보도 형식으로 신문에 게재하라는 중재안이 떨어졌다. 문제의 김우일 상무의 증언부터 들어보자.

김우일 상무의 증언

김 상무는 대우그룹의 분식회계에 대해 집중적으로 증언했다. 대우그룹 핵심 고위층들이 부도위기에서 허둥대기 시작했던 시기의 얘기.

대우의 분식회계 금액은 놀랍게도 30조 원에 이른다는 내부조사 결과가 나온 직후였다. 임원들은 30조 원의 분식을 어떻게 처리할 것인지를 놓고 고민에 고민을 거듭했다. 이렇게 다급한 최후의 나날들이 지나갔다.

모두가 생각지도 못했던 너무나 당황스런 숫자가 튀어나왔기 때문에 정상적으로는 이를 정리할 방법도 없었다. 김 상무는 이 믿기지 않는 숫자를 들고 정치인과 당국자를 찾아다녔다. 보기에 따라 자해전략일 수도 있지만 최소한의 양심이 발동한 것일 수도 있었다.

그러나 애석하게도 그가 만난 사람들은 대부분 숫자를 덮기에만 급급했다. 30조 원이 주는 중압감이기도 했겠지만 도무지 해법이 없다는 생각이 모두를 지배했다.

어떻게 분식내용을 알았나. 또 분식 규모는 얼마였나.

"내가 대우 계열사들의 분식내용을 전반적으로 알고 있었던 것은 계열사 관리업무를 오랫동안 맡아왔기 때문이다. 지난 1988년만 해도 그룹 전체로 3조 원 가량의 분식이 있었던 것으로 기억한다. 1999년 초에 1998년 결산자료를 훑어보니 30조 원은 충분히 되는 것 같았다. 분식 여부를 가려내는 것은 어려운 일이 아니다. 매출 및 재고자산 회전율을 맞춰보면 대충 알 수 있다. 예를 들어 홍콩에 있는 페이퍼컴퍼니(서류상 회사)에 1,000억 원을 수출했다고 기재돼 있으면 이는 가짜다. 이런 금액들을 합쳐보면 대략 30조 원에 이른다."

김우중 회장도 이를 알았을 것 아닌가.

"분식회계는 계열사 사장들이 실적을 부풀리기 위해 이뤄진 것이다. 김 회장이 고의로 분식을 지시했다고는 볼 수 없다. 그룹 감사과정에서 발견한 분식내용을 정리해 회장에게 보고했으니 회장도 알고는 있었다고 봐야 한다. 다만 외환위기 이후 분식규모가 급격히 불어났고 다른 뾰족한 방법이 없는 상황에서 회장도 이를 용인할 수밖에 없었을 것이다."

분식 사실을 왜 당국에 알리려고 했나.

"1998년 6~7월부터 대우는 이미 정상적인 경영이 힘들었다. 자금 쪽에서 비상이 걸렸다. 외화부채는 환율이 올라가면서 눈덩이처럼 불어났다. 금리도 엄청나게 치솟았다. 당시 콜금리가 30%를 들락거리지 않았나. IMF가 들어오고 환율 현실화와 고금리 처방을 했던 직격탄이 대우에 떨어졌다. 회사채도 30% 가까운 금리를 형성했으니 그나마도 소화되면 다행이었다.

자금담당 임원들이 모든 수단을 동원해 돈을 끌어모으던 시기였다. 무슨 방법을 내야 한다고 생각했다. 특히 분식문제는 더 이상 끌고갈 수도 없었다. 분식에 대한 실체 파악이 안 되면 필요자금 규모에서부터 잘못된 추정치를 내게 된다. 김 회장은 물론 계열사 사장들도 사태의 심각성을 제대로 인식하지 못한 듯했다. 그래서 평소 친분이 있던 민주당의 실세 K 의원을 만났다.

1998년 11월쯤으로 기억한다. 서울 여의도〈국민일보〉빌딩에서 단둘이 조찬을 하며 분식내용을 상세하게 설명했다. 그 때는 1997년 결산자료였으며 분식규모는 대략 25조 원가량이었을 것이다. K의원은 한참을 고민하다가 이를 공개하면 뒷감당이 불가능할 정도로 경제 전체에 큰 혼란이 온다며 그냥 덮어버렸다."

대충 말로 설명했나, 아니면 증빙 서류까지 보여줬나.
"물론 요약된 결산자료를 펴보이며 상황을 설명했다. 그래야 믿지 않겠는가."

또 누구와 접촉했나.
"해를 넘겨 1999년 3~4월경 금융감독 당국의 K국장, N실장을 만났다. 당시는 대우의 자금악화설이 확산되면서 금융권이 경쟁적으로 자금을 회수할 때다. 대우가 망하는 것은 시간문제였다.

그래서 금융 당국 사람들에게 1998년 대우 계열사의 결산내용을 요약한 자료로 보여주며 분식규모를 일일이 설명했다.

누구를 해코지하기 위한 게 아니었다. 대우도 살리고 나라 경제에 도움이 될 수 있는 방법을 찾자는 의도였다. 그러나 이들도 K의원과 비슷한 반응을 보였다. 사태를 수습할 방법이 없다는 이유에서였다. 또한 회복세를 타는 경제에 찬물을 끼얹는 결과를 가져올 것이란 설명도 덧붙였다."

(*이 부분은 나중에 금감원 측의 강력한 부인이 있었다. 당국자들이 개인적 차원에서 만난 것일 뿐 정식으로 당국에 보고되거나 통보된 것은 아니라는 것이 금감원의 반론이었다)

분식이 공개된다고 해결책이 나오는 것은 아니지 않나.
"대우 재정상태가 심각하다는 사실이 알려지면 정부와 채권단이 문제를 해결할 수 있는 합리적인 방안을 모색할 것으로 봤다. 실체를 모르면서 자금지원 계획을 세울 수는 없지 않나. 개인적으로는 법정관리가 최선의 방법이라고 여겼다. 주요 계열사가 법정관리를 신청하고 위탁경영을 하면 명맥은 이어갈 수 있지 않은가. 김&장 법률사무소의 변호사들과 해결책을 협의했을 때도 방법은 법정관리뿐이라는 결론을 얻었다. 대우가 법정관리를 준비한다고 하자 청와대, 금감원 사람들이 잠도 제대로 못 잤다고 하는 말을 들었다."

정부쪽 반응은 어땠나.
"나중에 당국으로부터 얼마를 지원하면 살 수 있느냐는 구체적인 제안이 있었다. 그러나 이는 어떻게든 법정관리 신청을 막으려는 취지였을 뿐 대우를 살리자는 것은 아니었다. 이는 국민을 기만한 것이다. 대우 일각에서는 대우가 정부의 미끼를 문 것이란 해석도 그래서 나왔다."

금융당국과 대우 유동성 지원규모를 협의할 때 기초 자료는 무엇이었나.
"분식된 결산자료였다. 금융 당국은 분식여부를 체크조차 하지 않았다. 그래서 10조 원이면 대우가 회생할 수 있다는 계산이 나온 것이다. 그런데 수십조 원의 분식을 했으니 살아날 가능성은 처음부터 없었다(김 상무의 말대로 대우는 10조 원이 지원된 후 한 달여밖에 버티지 못했다). 어쨌든 1999년 7월 19일 나온 '유동성 개선지원안'은 실패할 수밖에 없었다."

분식 내용이 공개됐다면 달라질 수 있었을 것으로 보나.
"유동성 지원 같은 해법으로는 안 된다는 결론이 나왔을 것이다. 법정관리가 불가피했을 것이다."

삼성자동차와 대우전자의 빅딜이 깨진 것도 분식과 관계가 있는가.

"단연코 그렇다고 본다. 삼성은 안복현 사장(당시 삼성전자 부사장)을 팀장으로 실사단을 파견하기 전부터 대우전자의 부실내용을 손바닥처럼 잘 꿰고 있었다. 대우전자에서 경리를 담당했던 김모 이사가 삼성 이건희 회장 쪽에 분식내용을 담은 서류를 보따리째로 전달했다. 분식 규모가 4조 원 이상 됐을 것이다.

이런 상황에서 삼성이 대우 그룹사의 전환사채를 인수하는 방식으로 2조 원을 지원하라는 정부의 중재안을 따랐을 리 없다. 분식서류를 전달한 김 이사는 사실 대우전자에서 억울하게 쫓겨난 임원의 한 사람이었다. 김 이사가 미국 보스턴 대학교에서 30명의 대우 계열사 임원과 함께 석 달 과정 연수를 받고 귀국할 때 문제가 생겼다. 임원들은 대부분 골프클럽에 가입하고 귀국길에 올랐다.

이들 일행은 공항에서 우연히 김 회장의 부인 정희자 회장과 부딪혔다. 한 임원이 정 회장을 잽싸게 찾아가 인사를 했다. 나중에 들은 얘긴데, 정 회장은 김 회장에게 경제가 어려울 때 임원들이 해외로 골프여행이나 하고 다니니 회사가 제대로 되겠느냐고 따졌다고 한다. 관련 임원 대부분이 그 때 회사에서 쫓겨났다."

정확한 분식내용은 언제 밝혀졌나.

"대우 계열사가 워크아웃에 들어가면서 삼일회계법인의 실사과정에서 분식내용이 드러났다. 그 때도 계열사들의 존속가치를 높게 평가해줄 수 있는 회계법인을 잡으려고 노력했다. 결국 100억 원이 넘는 비용 때문에 삼일회계법인과는 실사 계약을 못했다. 그 후 삼일에게 실사를 맡게 한 것은 금감원이 선택한 것이다."

DAEWOO

【취│재│파│일】

김우일 상무의 인터뷰 배경

김우일 상무의 증언을 자세히 다룬 것은 비록 '원죄' 많은 대우 사람이라 하더라도 말할 기회를 충분히 줘야 한다고 판단했기 때문이다. 지난 2001년 7월 18일 '대우 패망비사' 연재를 시작하면서 특별취재팀이 느낀 가장 큰 어려움은 대우쪽 인사들의 무거운 침묵이었다.

누구랄 것도 없이 김우중 회장 사람들이면 이런 저런 이유를 대며 묵묵부답으로 일관했다. 더욱이 김 회장은 해외에 머물러 있었고 장병주 (주)대우 사장 등 주역들은 대부분 재판을 받고 있는 상황이었기 때문에 사건의 핵심을 파헤치는 데는 약간의 한계가 있었다.

정부의 대우 해법에 대한 공과는 나중에 논하더라도 대우 처리과정의 복잡성을 파악하기 위해선 대우쪽 사람들 증언이 반드시 필요하다. 그래야 당시 상황을 균형 있게 묘사할 수 있다. 어차피 판단은 독자의 몫이다.

김 상무는 회계사들의 양심선언 내용을 다룬 '대우패망비사' 기사(9월 20일자)를 읽고 곧바로 본사 편집국에 전화를 걸어와 인터뷰를 자청했다. 당일 오전 10시에 취재팀의 이익원 기자가 김우일 상무를 서울 프레스센터 지하 커피숍에서 만났다. 이날 김 상무는 대우 분식과정과 정치인 및 관료들의 도덕 불감증을 고발하고 싶다며 입을 열었다.

비교적 솔직하게 당시 상황을 증언한다는 느낌을 받았다. 다음날인 21일 오후 3시, 취재팀은 같은 장소에서 김 상무를 다시 만났다.

김 상무는 분식회계뿐만 아니라, 비자금 조성, 위장계열사, 자산매각 과정 등을 세세히 설명했다. 김 상무는 민감한 사안에 대해선 예외없이 비보도(오프 더 레코드)를 전제로 달았다. 놀랄 만한 얘기들도 많이 있었지만 취재팀은 김 상무와의 약속을 지키기로 했다.

서울고와 연세대 경영학과를 나온 김 상무는 지난 1976년 대우에 입사해 26년 동안 김 회장을 모셔왔다. 대우 성장과정에서 숱한 기업인수 작업에도 관여했고 1990년대 들어선 계열사에 대한 경영관리 업무를 주로 맡았다.

그의 말대로라면 그는 잦은 직언으로 대우가 패망하기 직전 김 회장으로부터 거의 버림을 받다시피했다고 한다. 그러나 그는 대우와 김 회장에 대해서는 지금도 여전히 연민을 느낀다고 말했다.

김 상무는 기업구조조정 회사를 설립한 후 해외에서 펀드를 조성해 대우 계열사 일부를 다시 인수한다는 계획을 갖고 있다. 김 상무는 김 회장이 많은 은폐된 계열사를 갖고 있다고도 말했다. 또 나중에 〈월간 조선〉과 장시간 직접 인터뷰를 갖기도 했다.

26년 동안 대우에 몸담으면서 느꼈던 내용을 다룬 책도 낼 계획이라고 말했다.

언론중재위에서의 공방

김우일 상무의 증언이 보도되자, 금감원에서 바로 정정보도를 요청하는 공문들을 보내왔다. 금감원에는 N실장이라는 사람조차 존재하지 않고 더욱이 K국장도 사적인 저녁모임을 갖고 이야기를 나눈 정도였다는 것이 정정보도 청구의 주요 요지였다.

사실 당국으로서는 적지 않게 심각한 문제였다. 대우 부실을 알고도 덮었다면 이는 결코 간단한 문제가 아니었다. 책임문제가 따르고 언젠가는 청문회에 불려나가야 할지도 모르는 일이었다.

물론 〈한국경제신문〉은 정정보도 요구를 정중하게 거절했다. 사실관계가 정확한, 따라서 정정의 여지가 없다는 것이 대우 취재팀의 입장이었다.

다만 금감원의 주장을 반론권 차원에서 게재할 수 있고 언론중재위원회 제도가 있으니, 여기서 정정보도 여부에 대한 판단을 구해보자는 것이었다. 결국 당국과 취재팀의 견해가 좁혀지지 않았고 언론중재위원회로 판단이 넘겨졌다.

언론중재위에서는 취재팀과 당국자들 사이에 까다로운 질문들이 오갔고 치열한 공방전이 벌어졌다. 결국 "〈한국경제신문〉의 보도내용은 사실과 부합하는 정도가 높고 고도의 공익성을 갖는 보도 내용"(윤재윤 중재부장의 직접적인 의견표명 내용)이기 때문에 당국이 주장하듯이 정정보도의 대상이 아니라는 판단이 내려졌다.

대신 당국의 주장을 반론형식으로 게재하기로 했다. 금감원과 〈한국경제신문〉 사이에 오간 논란은 대우 분식회계 책임에 관련된 문제였다. 다음의 재미있는 공문들을 읽어보시기 바란다.

| 금감원의 정정보도 신청 이유 |

- <한국경제신문>은 2001년 9월 25일자 "금융 당국, 대우분식 30조 원 알고도 묵살", "뒷감당 어떻게… 당국 덮어두려고 급급" 제하의 기사에서 "전 대우구조조정본부 김우일 상무가 금융당국의 K국장, N실장에게 계열사의 결산내용을 요약한 자료를 보여주면서 분식규모를 일일이 설명했다"고 했으나….

- 인터뷰 당사자인 전 대우구조조정본부 김우일 상무에게 확인한 바에 따르면 김 상무는 "1999년 3~4월경 두 차례 아는 사람 다수의 저녁모임에 금감원 K국장 및 모 직원도 같이 동석해 자연히 대우그룹 분식규모가 만담 속에 거론됐고, 부실규모가 약 30조 원에 달하는 것으로 서로 의견을 교환했다. 이는 어디까지나 순전히 사적인 모임에서의 대화이며 금감원 당국과는 전혀 관계없는 모임이었다"고 확인.

- 요컨대 "김 상무가 대우 계열사의 결산내용을 요약해 보여주면서 분식규모를 일일이 설명했다"는 보도내용은 사실과 다르며, 또한 금융감독위원회 및 금융감독원은 대우의 분식과 관련해 김우일 씨로부터 어떠한 자료를 제출받은 사실도 없음.

- 더군다나 1999년 4월부터 대우그룹 감리착수 당시인 1999년 12월까지 회계분식을 조사하는 부서에 K국장이나 N실장은 없었음.

- 따라서 김 상무의 말을 근거로 한 "금융 당국, 대우분식 30조 원 알고도 묵살", "뒷감당 어떻게…당국 덮어두려고 급급"이라는 보도내용은 사실과 다름.

- 또한 <한국경제신문>은 2001년 9월 27일자 "분식증거 끊임없이 적발되었는데도 당국 묵살"이라는 제하의 기사 "업종별 부채비율과…(중략) 대우그룹은 여러 개 항목에 해당됐다", "몇 가지 중대한 문제가 적발됐는데 묵살됐다는 일선의 증언이 있었다"고 보도하고 있으나….

- 1997년 5월 (주)대우가 아닌 대우그룹을 감리대상으로 선정했다는 것은 사실이

아니며, 당시 일반감리 대상으로 선정된 (주)대우도 무작위 표본추출 방식에 따라 선정된 것이지 업종별 부채비율, 재고자산 비율 등 여러 개 항목에 해당되어 선정되었다는 신문보도 또한 사실이 아님.
- 또 (주)대우에 대해 일반감리를 실시해 감리담당자가 적발한 분식회계에 대해서는 그 당시 외감법 제16조 제2항에 의해 양정기준에 따라 주의 및 시정조치했음에도 위와 같은 보도로 마치 금융감독원이 대우그룹의 분식사실을 사전에 알고 있었음에도 이를 묵인하거나 방조했다는 것은 전혀 사실과 다름.

이 공문은 "〈한국경제신문〉(이하 '한경')은 금융감독원 및 금융감독위원회의 명예를 손상시킨 것에 대해 사과하고 정정한다는 사과 및 정정 보도문을 게재할 것"을 요구하면서 끝을 맺었다.

위 공문을 접수한 대우 특별취재팀은 보도 내용을 추가 확인하기 위해 김우일 상무와 다시 접촉을 시도하는 것은 물론 금감원의 정정신청서에 기재된 내용에 대한 확인을 요구하는 질의서를 보냈다. 내용은 다음과 같다.

| 〈한국경제신문〉의 질의서 |
1. 〈한국경제신문〉의 보도와 관련 자연인 김우일에 대해 금융감독원이 질의응답한 것은 어떤 권한에 따른 것인지, 또 어떤 형식으로 면답한 것인지 답변해주시기 바랍니다.
2. 금융감독원은 김우일의 증언을 반대증거로 제시했는데 1999년 3~4월경 김우일을 만난 K국장과 모 직원들 일행은 누구였는지 밝혀주십시오. 또 그 만남의 성격은 무엇이며 누구의 요청에 의한 것인지도 답변해주시기 바랍니다.

3. 위 저녁식사 자리에서 K국장과 모 직원은 김우일과 대우 분식회계 규모가 약 30조 원에 달한다는 요지의 의견을 교환한 다음 이와 관련해 원내에서 계통을 밟아 보고했는지, 금융감독원은 이 중대사실을 인지한 뒤 적절하고 충분하게 조사했는지 답변해주시기 바랍니다.
4. 금융감독원은 사후에 특별감리를 실시한 결과 대우그룹의 분식회계 규모가 22조 9,000억 원이라고 발표했고, 이와 관련해 수 명의 공인회계사들이 현재 민·형사소송에 계류 중입니다. 금융감독원이 대우 계열사 가운데 분식규모가 가장 큰 (주)대우에 대해 1997년 5월 일반감리를 실시하고도 이 같은 거대한 분식사실을 제대로 적발하지 못한 것에 대해 누가 책임을 지거나 담당자를 징계한 일이 있는지, 있다면 어떤 절차를 밟아 누구를 문책했는지 알려주시기 바랍니다.

한경 취재팀이 이 같은 질의서를 보낸 것은, 당시 김우일 씨는 구조조정 전문회사 설립을 추진하고 있었기 때문에 당국에 대해 약자일 수밖에 없었고, 문제의 K국장과 같은 당국자들의 책임을 따져보는 것 외에도, 특히 금감원이 분식회계를 적발하고 예방하는 업무를 맡고 있음에도 대우분식과 관련해서는 단 한 사람도 책임진 사람이 없었다는 점을 환기시키기 위해서였다.

예상했던 답변이 돌아왔다. 문제의 K국장은 김우일 씨로부터 전해들은 대우 분식내용에 대해 계통을 밟아 보고하지 않았다. 또 금융감독원 내에서 대우 분식과 관련해 책임진 사람은 한 명도 없었다. 책임진 사람이 있었느냐는 질문에 금감원은 이런 답변을 보내왔다.

"1997년 실시한 (주)대우에 대한 감리는 직원 1인이 다른 상장법인 2사에 대한 감리를 동시에 병행하면서 약 1.5개월 동안 실시하여 약 2,988억 원의 분식금액을 적발했다. 분식회계 적발에는 시간과 인력이 많이 소요된다. 나중에 삼일회계법인이 55명의 인력을 투입하여 3개월 동안 실사한 결과 분식금액 전모(22조 원)가 밝혀졌다."

한경 취재팀이 언론중재위에 제출한 〈한국경제신문〉의 입장을 읽어보는 것도 도움이 될 것이다.

| 금감원의 정정보도 신청에 대한 〈한국경제신문〉의 입장 |
금융감독원은 〈한국경제신문〉 2001년 9월 25일자 1면과 4면, 그리고 9월 27일자 4면의 '대우패망비사' 기획기사와 관련해 정정보도를 신청해왔습니다.

- 한경은 금감원이 정정보도를 요구해온 사안에 대해 검토한 결과 이는 정정보도의 사안이 아니라고 판단합니다.
- 한경은 오히려 금감원이 정정보도 신청 또는 언론중재절차를 이용해 한경의 추가적인 취재 보도를 봉쇄하고 한경의 논지를 훼손시키려는 의도가 있지 않나 하는 우려를 갖고 있습니다.
- 나아가 보도내용의 극히 미세한 부분에 대해 정정보도를 얻어냄으로써 대우사태에 대한 당국의 책임 전부를 포괄적으로 면탈받으려는 의도가 있을 수도 있다는 점에 대해 우려를 갖고 있습니다.
- 한경은 언론중재위가 금감원의 중재신청과 관련해 엄정한 판단을 내려주기까지 추가적인 관련보도를 유보한 상태임을 밝혀둡니다.

금감원의 정정보도 신청 요지
금감원은 정정보도를 신청하는 근거로
- 기사내용의 김우일 전 대우그룹 상무의 증언이 사실과 다르고

- 금감원에 N실장이라는 사람은 존재하지 않으며
- 대우그룹이 감리대상으로 선정되었다는 것은 사실과 다르고
- 금감원은 대우 분식에 대해 사전에 알지 못했다는 점을 제시하였습니다.

그러나 금감원의 주장은 다음과 같은 이유로 받아들이기 어려운 주장입니다.

김우일 상무의 증언 문제

금감원은 정정보도를 요청하는 가장 중요한 근거로 문제의 보도가 나간 뒤 금감원 당국의 요구에 의해 김우일 씨가 진술했다는 내용을 증거로 제시했습니다. 금감원이 보내온 자료에 따르면 "김씨는 1999년 3~4월경 아는 사람 다수의 저녁모임에 금감원 K국장 및 모 직원도 같이 동석해 자연히 대우그룹 분식문제가 만담 속에 거론됐고 부실 규모가 약 30조 원에 달하는 것으로 서로 의견을 교환했다. 이는 어디까지나 순전히 사적 모임에서의 대화이며 금감원 당국과는 전혀 관계가 없다"고 말했다고 합니다. 이를 근거로 금감원은

- 한경이 보도한 내용 중 "김우일 상무가 대우 계열사의 결산내용을 요약한 자료를 보여주며 분식규모를 설명했다"는 보도는 사실과 다르고
- 1999년 4월부터 대우그룹 감리착수 시점인 1999년 12월까지 회계분식을 조사하는 관련부서에 K국장이나 N실장은 없었다고 주장하고 있습니다.

금감원의 요구에 대한 한경의 입장

- 한경은 먼저 김우일 씨의 인터뷰가 김우일 씨의 자발적 요청에 의한 것임을 밝히고자 합니다. 김씨는 특별취재팀에 전화를 걸어와 한경에 게재된 '회계사들의 양심선언' 제하의 기사와 관련해 자신이 밝힐 것이 있다며 만나기를 청해왔습니다. 취재팀장의 지시에 따라 대우그룹을 출입하면서 김씨와 평소 잘 알고 있던 이익원 기자가 그를 만났습니다.

- 이익원 기자는 사안의 중대성을 감안해 두 차례나 김씨를 만났고 발언내용을 여러 번에 걸쳐 확인했습니다. 확인은 예를 들어 "서류를 보여주었다는데 몇 장짜리 서류였느냐", "서류를 당국자에게 주고 왔나, 다시 회수해왔나" 하는 매우 구체성을 띤 것이었습니다. 취재팀은 김씨의 일관된 진술이나 당시 대우 구조조정본부 상무라는 보직의 중요성에 비추어볼 때 신뢰할 만하다는 판단을 내렸습니다.
- 금감원은 정정보도의 근거로 전술한 바와 같이 김우일 씨의 당국에서의 증언을 제시했습니다. 한경은 금융 당국이 이미 대우를 떠난 자연인 김우일을 불러 사실관계나 진위여부를 확인한 것은 강압적인 상황에서 이루어진 것일 수밖에 없다고 판단합니다. 당국은 지금도 대우부실과 관련해 김 상무를 고발하는 등 강제적 조치를 취할 수 있는 입장에 있다는 점을 확인해두고자 합니다. 더욱이 김씨는 현재 준금융기관인 구조조정전문회사의 설립을 추진 중이고 금융 당국과 계속 접촉하고 당국의 감독을 받아야 하는 처지에 있습니다.
- 이는 문제의 보도가 나간 뒤 김우일 씨가 이익원 기자에게 전화를 걸어와 "금융당국자들이 싫어할 텐데"라며 보도내용은 틀림없으나 제목은 좀 부드럽게 해줄 수 없느냐?"고 발언한 데서도 정황을 짐작할 수 있습니다.

김우일 씨의 당국에서의 증언은 한경 보도를 재확인

금감원이 사실 확인을 했다며 내세운 사적모임 운운하는 발언은 한경의 보도내용을 오히려 입증하고 보강하는 것일 뿐 이를 부정하는 것은 전혀 아닙니다.
- 금감원이 반대증언으로 내세운 바대로 김씨가 당국자를 만난 시점은 1999년 3~4월경입니다. 이 시기는 대우 계열사의 유동성 위기를 최대의 금융현안으로 다루어야만 했던 민감한 시기였으며, 금융당국자들이 거의 매일 밤낮 금융기관장과 임원들에 전화를 걸어 대우가 발행한 어음을 차환발행해줄 것을 일일이 독

려하던 지극히 예민했던 시기였습니다. 나중에 문제가 된 이른바 4조 원 규모의 대우 CP 문제는 주로 이 시기에 금융기관들에 거의 강제로 인수되었습니다. 이와 관련해서는 수도 없는 증언들이 있습니다.

- 이 민감한 시기에 당국의 '국장과 직원이 함께' 대우그룹의 핵심요직이며 구조조정본부 임원이었던 김우일 씨를 만난 것 자체가 사적인 모임으로 볼 수 없으며, 더욱이 두 번이나 만난 것을 두고 금감원과 관련이 없다고 한다면 이는 더욱 이해하기 힘든 일입니다. 국장과 직원이 함께 두 번씩이나 대우그룹의 주요임원을 만나고도 아무런 후속조치가 없었던 점은 이해하기 어렵습니다.
- 설사 이 모임이 전적으로 사적인 자리였다 하더라도, 부실규모가 30조 원에 달한다는 의견을 교환하고도 아무런 조치를 취하지 않은 것은 직무유기로밖에 볼 수 없습니다. 당국은 어떤 보고도 없었다며 대우부실에 대한 사전 인지가 없었다고 주장하지만 이 문제의 모임이야말로 김우일 상무 본인의 말처럼 내부인사의 중대한 양심선언이며 중대한 제보라고 한경은 판단하고 있습니다. 이야말로 당국의 무능과 무사안일 대우문제에 대한 비조직적 대응의 살아 있는 증거일 뿐입니다.
- 만일 당국이 신속히 움직여 즉각 대우부실에 대한 특별감리를 실시했다면 좀더 효율적이고 적확한 대우해법이 나올 수 있었을 것입니다.

문제된 당국자들의 존재여부

- N실장이 당시 금감원에 근무하지 않았기 때문에 이 부분도 허위보도라는 금감원의 주장도 타당하지 않습니다. N실장은 물론 금감원이 아닌 금감위에 근무하는 간부입니다. 금감위를 금감원이라고 표기했다고 해서 일반 독자의 인식을 그르친다고 생각할 아무런 이유가 없습니다. 금감위는 대외적으로도 금감원과 동일체로 인식되어온 것이 사실이고 내부적으로도 사실상 일체의 관계에 있습니

다. 이는 금감원장 명의로 한경에 보낸 정정보도 신청서에서도 입증되는 그대로입니다.

금감원은 한경에 보낸 공문에서 "이상과 같이 금융감독위원회 및 금감원"이라며 병기하고 있습니다. 이는 스스로가 동일체임을 입증하는 사례입니다. 심지어 금감원과 금감위에서 동시에 보직을 갖고 있는 직원도 있습니다. 이근영 위원장이 그렇고 금감위의 간부가 금감원에 동시에 보직을 갖는 일은 아주 흔한 일입니다. 이번 사안과 관련하여 한경과 접촉한 인사 역시 금감원의 당국자가 아니라 금감위의 대변인이었다는 사실을 밝혀둡니다.

금감위에 근무하는 N씨를 금융감독당국의 N씨로 포괄적으로 표기했다고 해서 "N씨는 금감원에 근무하지 않았다"고 주장하는 것은 놀라운 발상입니다.

(주)대우 일반감리에 대한 금감원의 주장

- 금감원은 1997년 5월 '대우그룹'을 감리대상으로 선정했다는 한경의 보도는 사실이 아니며 당시 일반감리 대상으로 선정된 기업은 (주)대우였다는 반론에는 재반론의 필요도 느끼지 못합니다.

- 금감원은 또 (주)대우 역시 무작위 표본추출 방식에 따라 선정된 것이지 업종별 부채비율, 재고자산 비율 등 여러 개 항목에 해당되어 선정됐다는 보도는 사실이 아니라고 주장하고 있습니다. 그러나 1997년 5월 당시 증권감독원은 보도자료를 통해 일반감리 대상으로 (주)대우, 대우정밀공업 등 57개사를 선정했다고 밝히고 선정기준도 종전 무작위 표본추출 방식에만 의존하던 일반감리 대상 선정을 필수선정, 표본우선 선정, 표본잔여 선정 등 3단계 선정방식으로 크게 개선했다고 설명했습니다.

- 특히 필수선정 기준은 동종업종에서 부채비율, 재고자산 비율, 대주주 현금대여금 비율이 가장 높은 회사를 필수선정했다고 설명하고 있습니다. 그러나 개별회

사에 대해 적용한 기준은 공개하지 않았습니다. (주)대우의 경우 여러 가지 항목에 해당한다는 것은 대부분 현장기자들의 지극히 상식적인 판단일뿐더러 추후에 여러 가지 항목에 해당한다는 것이 실제 밝혀지기도 했습니다.

- 만일 당국이 주장하듯이 (주)대우가 장기간 감리를 받지 않았기 때문에 표본추출 방식으로 선정되었다면 이는 더욱 중요한 사안입니다. 대우는 감리결과 수천억 원의 부실회계가 이미 적발됐고 대우부실은 회계업계 내부에서는 매우 심각한 상황으로 인식되었습니다. 이는 당시 증권감독원을 지휘하던 재경원의 고위직 인사들도 이번 보도와 관련해 공통되게 증언하는 내용입니다.

- 금감원은 "분식증거를 끊임없이 묵살했다"라는 보도 역시 부인하고 있습니다. 그러나 이는 당시 (주)대우에 대한 감리결과가 적발사안에 비해 과도하게 가벼운 조치로 끝났다는 사실에서도 반증된다고 볼 수 있습니다.

- 금감원은 당시 직원 1명이 불과 1.5개월 동안 (주)대우의 1996회계연도 재무제표에 대한 감리를 실시해 약 2,988억 원의 분식금액을 적발했다고 밝히고 있습니다. 인력과 시간이 부족했다는 것이지만 불과 1명의 작업으로 3,000억 원에 가까운 분식이 적발된 정도라면 즉각 비상한 대책을 세워 정밀감리를 갖는 등 응분의 조처를 취했어야 한다고 봅니다.

- 어쨌든 금감원이 감리를 통해 밝혀낸 부실 액수는 추후에 밝혀진 (주)대우를 매개화한 대우그룹 부실액의 100분의 1에도 미치지 못하는 것이었습니다. 이를 두고 감리의 적정성 여부를 논하는 것조차 불가능하다는 것이 한경의 생각입니다.

- 특히 1997년 (주)대우를 대상으로 실시된 감리에서 부외부채가 적발되었음을 한경은 주목하고 있습니다. 부외부채가 분식회계의 마지막 종착역이라는 것은 회계전문가가 아니더라도 상식에 속하는 일입니다. 재고자산이나 매출액을 부풀리고 나아가 비용을 줄이는 등의 분식회계로도 안 될 경우 결국 부외부채가 발생할 수밖에 없는 것입니다. 이런 회계상의 상식을 덮어두고 당기순이익에 큰 영향이

없다며 가볍게 처벌한 것이 나중에 대우사태를 더욱 크게 악화시켰다는 것이 한경의 생각입니다.
- 1997년에 적발한 분식규모가 2,988억 원인데 2000년에 다시 감리해보니 14조 6,000억 원((주)대우의 경우)에 달했다는 것만 봐도 감독당국이 업무를 지극히 태만히 수행했거나 알고도 모른 체 했다는 것을 쉽게 알 수 있습니다. 내부보고가 묵살된 사실에 대해서는 금감원 현직간부의 제보가 있지만 이는 취재원 보호상 밝힐 수 없다는 것을 양해해주시기 바랍니다.

맺음말

이상에서 진술한 대로 한경은 보도건과 관련해 금감원의 정정보도 요구는 전혀 근거가 없다고 생각합니다. 언론의 잘못된 보도는 언론인 스스로를 위해서도 반드시 척결되어야 하지만 중재제도를 악용해 추가적인 취재보도를 저지하려는 시도 또한 반드시 제어되어야 한다고 봅니다.

어떻든 두 차례의 중재재판 결과 정정 및 사과를 요구한 금감위의 주장은 이유없는 것으로 결론이 났다. 다만 감독 당국의 반론문을 싣는 것으로 결론이 났다. 반론문은 다음과 같다.

| 반론문 |

2001년 9월 25일자 기사는 전 대우구조조정본부 김우일 상무의 증언을 토대로 한 것으로 되어 있으나 김우일 씨는 "금감원에 대한 진술서에서는 아는 사람들과 사적인 저녁모임에 K국장 등이 동석하게 된 것이고 대우분식 문제도 만담 속에서 거론되었다"며 금감 당국의 K국장, N실장에게 계열사의 결산내용을 요약한 자료를 보여주면서 일일이 설명한 것은 아니라고 진술하였습니다. 또한 당시 적어도 회계

감독 부서에는 K국장이나 N실장이라는 사람은 없었습니다.

더욱이 금융감독원은 대우그룹의 워크아웃 기업 지정여부를 결정하기 위한 회계법인의 실사 결과 회계분식 혐의가 드러나자 2001년 1월 국장급을 반장으로 하는 특별감리반을 편성, 약 8개월에 걸쳐 조사를 실시해 관련자를 검찰에 고발하는 등 적극 대처하였습니다. 이런 점에서 김우일 씨가 구체적인 증빙자료와 함께 대우그룹의 회계분식 혐의를 감독 당국에 신고하였음에도 불구하고 감독당국이 묵살한 것처럼 되어 있는 신문 보도는 사실과 다릅니다.

또한 2001년 9월 27일자 4면의 (주)대우 감리와 관련한 기사에서도 당시 감리에서는 자산, 부채, 과소 계상(2,988억 원) 외에 다른 분식 사실을 확인하지 못하였는데도 "자산, 부채, 과소 계상의 몇 가지 중대한 문제가 적발되었으나 보고과정에서 묵살되었다"라는 요지의 사실과 다른 보도를 하였습니다. 결론적으로 금융감독 당국은 대우분식을 사전에 인지하고도 묵살한 사실이 없음을 밝힙니다.

이 반론문에 대해서도 약간의 해설이 필요하다. 문제의 N실장 등에 대해서는 "적어도 회계부서에는 없었다"로 바뀌어 있다. "적어도 회계부서에는 없었다"는 말이 취재팀으로서는 재미있게 받아들여졌다. 대우분식을 인지하고도 묵살한 사실이 없다는 표현도 따져볼 만한 대목이다. 그렇다면 인지를 못했다는 말인데 이는 감리결과 2,988억 원의 분식을 적발했다는 스스로의 증언과도 다른 부분이다.

취재팀은 당국의 주장은 주장이니까 이 반론문을 그대로 게재했다. 끝까지 따져볼 만한 일이지만 재판에 소요되는 각종 비용과 시간투자 그리고 보도의 실익에 대한 고민을 거듭한 끝에 이 문제는 일단 1~2년 뒤에 분명 개최될 국회청문회 등에 연계해 다시 본격적으로 다루어볼 계획이다.

4. "아! GM"

1. 30년 애증

2. "세계경영을 포기하시오"

3. 협상

1 30년 애증

대우와 GM

기업이나 사람이 살아가는 데 은원(恩怨)관계가 없을 수는 없다. 김우중 회장의 대우와 잭 스미스의 GM은 30년 동안의 오랜 합작과 뜻하지 않은 결별 또한 대립과 화해의 만남과 헤어짐을 되풀이하면서 겹겹이 애증을 쌓아온 특별한 사이다.

  '애증'은 복잡하고도 내밀한 역사를 담고 있다. 대우자동차 인수단 책임자로 활약한 앨런 페리튼 씨만 하더라도 김 회장과 호형호제할 정도였고 그의 사무실은 오랫동안 김 회장 바로 옆방이었다. 더욱이 대우는 GM과 너무도 닮아 있었다. 김 회장의 대우가 그린필드에서의 창업보다는 다른 기업의 인수와 합병(M&A)을 통해 성장했듯이 GM그룹도 스스로 창업한 회사는 거의 없다.

그래서 어떤 이는 GM의 역사를 '인수합병의 100년'이라고도 부른다. 우리가 알고 있는 캐딜락, 뷰익, 올즈모빌, 폰티액, 시보레 등은 모두 한때는 경쟁자였으나 차례차례 GM에 인수당한 기업들의 이름이다. 이 긴 명단의 끝에 스즈키, 사브 등이 새로 추가됐고 이제 한국의 대우자동차가 마지막으로 포함됐다.

사실 대우그룹도 스스로 창업한 기업은 거의 없다. 대부분 주력기업이 부실기업 인수합병이라는 절차를 통해 대우그룹에 편입됐다. 서로가 닮은 점이 적지 않았던 GM과 대우의 만남은 그래서 우연이라기보다는 필연에 가깝다고 할 수 있다. 한국에서조차 아주 조그만 회사였던 대우자동차가 세계자동차 업계의 최강자 GM에 정면승부를 걸었던, 그리고 한때는 이겼으나 끝내는 바로 그것 때문에 스스로를 파멸로 인도해갈 수밖에 없었던 이야기를 하고자 한다.

1972년으로까지 거슬러가는 대우와 GM의 오랜 협력관계는 김 회장이 세계경영의 깃발을 내걸면서 결별과 파국의 수순으로 치달아갔다. 세계경영의 핵심이 다름 아닌 자동차였기 때문에 대우와 GM의 대립은 필연적이었다. GM이 대우자동차에서 철수한 것은 지난 1992년 10월 29일. 그로부터 불과 3년을 다 채우지 못한 1995년 8월, 대우는 폴란드에서 거인 GM과 정면 충돌하게 된다.

이미 1992년에 우즈베키스탄에 진출했고 영국 워딩기술연구소를 인수(1994년)한 김 회장이 내처 인도와 중국에서 자동차와 버스 공장의 준공 테이프를 끊은 다음이었다.

GM은 지금 대우자동차에 대해 그러하듯이 무려 5년 동안이나 폴란드의 국영자동차회사(FSO)와 매각협상을 벌였다. 협상기간이 길어지면서 폴란드 국영자동차 공장은 점차 누더기처럼 피폐해져갔고 폴란드 사람들은 이 협상을 'FSO의 자살 게임'이라고 불렀다. 이 때 유라시아 진군의 화려한 대미를 폴란드에서 장식하고자 했던 김 회장이 나타났다. 그리고 FSO를 '자살'로부터 건져올렸다. 그 장면은 합스부르크 왕가의 고도(古都) 빈에서 시작된다.

폴란드 입성

실크로드의 중간기착지 우즈베키스탄의 카리모프 대통령은 김우중 회장을 칭기즈칸에 비유해 '킴기즈칸'이라고 불렀다. 그러나 이것이야말로 김 회장의 미래를 예견한 말인지도 몰랐다.

이 유목군단은 어느 날 갑자기 역사의 전면을 질풍처럼 내달렸다가 종말에 대한 예고도 없이 너무도 허무하게 역사의 뒤안길로 사라져버렸다. 인간 김우중과 그의 군단이 해냈던 유라시아 진군 또한 유목군단의 바로 그 운명을 밟아나갔다.

중국, 인도, 우즈베키스탄을 거쳐 루마니아와 폴란드로 밀고 들어갔던 그의 행군로는 놀랍게도 한때의 몽골 제국과 너무도 닮아 있다. 그것은 문명의 변방이었고 변방을 통해 문명을 포위하는 전략이기도 했다.

1995년 5월, 오스트리아 빈

"자, 내가 해결할 테니 조건을 말해보세요."

요한 슈트라우스의 도시 빈의 한 호텔, 폴란드 FSO의 안지제이 타이스키예브시즈 사장과 마주 앉은 김 회장이 먼저 말을 꺼냈다.

"우리로서는 고용 안정이 가장 중요합니다. 2만 명 직원 전부를 고용해주시길 바랍니다. 또 앞으로의 추가투자에 대해서도 약속해주셔야 합니다."

타이스키예브시즈 사장은 벌써 5년 동안이나 GM에 끌려다닌 터였다. '혹시나' 하는 심정이 없는 것은 아니었다.

망설임 끝에 꺼낸 요구. 그러나 두 사람의 대화는 결론에 도달하는 데 15분을 넘기지 않았다. "좋습니다. 7년 간 11억 달러를 투자해 20만 대 생산능력을 갖추고 근로자 2만 1,000명은 3년 간 단 한 명도 해고하지 않겠습니다"라고 김 회장이 잘라 말했다.

"어떤 방법으로…?"

타이스키예브시즈 사장의 표정은 반신반의였다. GM조차 "인력의 30%만 흡수하고, FSO가 생산할 수 있는 최대 규모는 5만 대"라고 주장하는 상황이었다. 김 회장의 제안은 고용은 2.5배, 생산능력은 4배에 해당하는 수치였다.

"생산량을 4배로 끌어올리면 우리는 2만 명의 근로자 모두를 필요로 하게 될 것입니다. 이것이 '대우가 일하는 방법' 입니다."

세계 자동차업계의 거인을 무너뜨리고 대우의 폴란드 입성을 확정짓는 순간이었다.

GM에 비상이 걸린 것은 물론이었다. GM으로선 FSO마저 대우에 넘겨줄 경우 동유럽의 공백을 메우기 힘든 상황이었다. 특히 상대는 한때 합작 파트너였던 약체 '대우' 였다. GM은 곧바로 수정 제안을 냈다.

"연간 10만 대로 생산규모를 늘리고 고용을 보장하는 것은 물론, 독일 오펠의 생산설비 일부도 FSO로 이전하겠다"는 것이 골자였다. GM은 또 폴란드 정부에 대해 "FSO를 인수할 것이니 대우가 방해가 되지 않도록 조치를 취해달라"는 압력도 덧붙였다. 그러나 폴란드 정부는 이미 GM에 넌더리가 난 상태였다. 8월 마지막 날 FSO와 폴란드 정부는 결론을 내렸다.

"대우와 FSO, 상용차 생산업체인 FSL과 현지의 한국 협력업체들을 묶어 '뉴코 폴란드'라는 자동차 회사를 설립하고 20억 달러 이상을 투자하게 될 것이다."

대우는 추가투자를 제안함으로써 세계 자동차업계의 강자 GM과 다투었던 FSO 인수 바로 직전에 종지부를 찍은 것이다.

9월 첫 주 영국의 〈이코노미스트〉는 "대우가 세계 최대의 자동차 메이커인 GM의 유럽 전략을 완전히 망가뜨렸다. 또 하나의 도요타(New Toyota)가 탄생했다"고 썼다.

이 한판의 승부로 김우중은 과거 합작회사였던 GM에 통렬한 일격을 가하고 세계 전략의 확고한 발판을 마련하게 된 것이다. 대우와 GM은 2년 후인 1997년 우크라이나의 압토자즈(Auto-Zaz) 자동차회사 인수를 놓고 또다시 정면대결을 벌이지만 여기서도 대우는 완승을 거두었다.

김 회장은 놀랍게도 "GM이 원한다면 우크라이나에서 대우가 GM 자동차를 대신 생산해준다"는 조건을 내걸었다. 김 회장은 FSO를 인수한 이듬해인 1996년 3월 14일, 동유럽에서 한국 기자들과 간담회를 갖고 FSO 인수에 대해 이 같이 말했다.

"자동차 산업은 전체를 보는 눈이 있어야 한다. 2만 명이나 되는 인력을 떠안아야 한다는 점 때문에 다른 업체들이 FSO 인수를 망설였지만 이는 별 문제가 아니다. 폴란드는 성장하는 시장이기 때문에 생산을 늘리면 인력과잉 문제는 자동적으로 해결된다."

김 회장의 계산은 빠르고 정확했다. "동구권에 대한 부흥계획이 만들어지고 연 10% 이상의 속도로 성장할 것이다. 그러면 자동차 수요는 어느 정도까지 올라갈 것이다"는 계산이 김 회장의 머릿속에서 빠르게 돌아갔다. 그러나 문제는 그 다음이었다.

몰락의 단초

"김 회장은 동구권과 중국, 인도 시장이 급속히 성장할 것이라고 봤다. 인도와 중국은 성장잠재력에서, 동구권은 미국이 경제부흥을 지원할 것이라고 생각했다"고 한영철 전 대우자동차 기획실장은 회고했다. 또 다른 임원은 이렇게 증언하고 있다.

"당시 김 회장은 인도와 중국 시장은 2000년이면 연간 1,000만 대 시장으로 성장할 것이라고 말하곤 했다. 그런 전망이 있었기 때문에 중국, 중앙아시아, 동유럽으로 진출했던 것이다."

바로 이 같은 '대예감'에 이끌려 김 회장은 말 그대로 칭기즈칸의 진군로를 따라 동유럽으로 진군해 들어갔다. 자동차를 앞세워 전자, 중공업, 건설, 금융을 선단으로 묶은 대우군단의 전진이었다. 우즈베키스탄, 중국, 인도, 루마니아를 거쳐 폴란드에 닿은 것이 바로 1995년 8월이었다.

불길한 징조들

그러나 신흥시장은 예상했던 만큼 빠르게 성장하지 않았다. 1997~98년

두 해 동안 해외 공장의 가동률은 고작 30~40%에 맴돌았다. 그렇다고 남아도는 기계와 인력을 무작정 놀릴 수도 없었다. 대우자동차 사장 출신인 A씨는 "손해를 보면서라도 차를 만들어 팔 수밖에 없는 상황이었다"고 회고했다.

밀어내기와 출혈판매는 대우자동차의 재무상태를 악화시켰다. 불길한 징조는 대우가 심혈을 기울였던 인도에서부터 나타나기 시작했다. 진출 첫 해인 1995년, 계약을 받자마자 첫 달에만 1만 명의 예약자가 몰려들었다. 반신반의했던 대우자동차 직원들은 "역시 김 회장"이라며 그의 예지력에 감탄사를 연발했다.

환희는 그러나 한 달을 넘기지 못했다. 서울에서 부품 공급이 제대로 되지 않아 출고가 늦어졌고 품질에 문제가 발생하면서 대부분의 예약이 취소되는 어처구니없는 사태가 발생했다.

결국 수십만 대 생산규모를 갖춘 인도공장에서 생산한 차량은 고작 1개월에 2,000~3,000대 수준에 그쳤다. 처참한 실패였다. 이렇게 해외 공장은 하나하나 곪아갔다.

"만들어라, 그러면 팔릴 것이다"

김 회장은 1995년 7월 외교안보연구원 초청 특강에서 "자동차는 하이테크가 아니라 미들테크다. 우리는 이 미들테크 분야에서의 경쟁이라면 결코 뒤지지 않는다"고 말했다. 그리고 싼 차를 만들어 판매량을 늘린 이후 서서히 질을 높여가는 것이 유리한 방법이라는 설명도 덧붙였다.

"김 회장의 자동차 사업에 대한 생각은 처음 사업을 시작했던 와이셔

츠 판매와 별반 다르지 않았던 것으로 보인다. 상품보다 마케팅을 중심에 놓고 생각했던 것이다"(대우자동차 김대호 선임연구원).

한 마디로 김 회장은 "대우자동차는 만들기만 해라. 그러면 ㈜대우가 팔 것이다"는 식이었다. 당시 해외사업을 담당했던 한 임원은 "국내외 사정을 고려해 합리적 생산계획을 잡아 보고하면 영락없이 불벼락을 맞았다"고 전했다. 합리적으로는 되지 않는다는 생각을 김 회장은 끝내 버리지 않았다.

마술과 최면에 걸려든 것은 대우그룹 임원들도 마찬가지였다. 김 회장은 "생산량을 최대한 늘려라. 그 다음은 내가 팔 것"이라고 지시하곤 했다.

마케팅의 귀재였던 김 회장. 그는 자동차라는 하이테크 제품도 마케팅만 잘 하면 팔 수 있다는 확신을 가졌었다. 인도 시장이 무너지고 재고가 쌓이면서 뒤늦게 후회를 했지만 이미 때는 너무 늦은 상황이었다.

DAEWOO

【취│재│파│일】

대우그룹과 대우자동차

대우그룹에서는 모든 길이 자동차로 통했다. 중공업을 비롯한 계열사들은 대부분 '자동차'에 말려들어가면서 망가져갔다. 김우중 회장은 1992년 GM과 결별 이후 세계경영의 전면에 자동차를 앞세웠다. 화려한 글로벌 전략을 구사하기에 자동차만한 상품이 없다고 판단했기 때문이다. 그러나 자동차산업이 스스로 투자여력을 확보하는 것은 불가능했다.

결국 (주)대우와 대우중공업이 앞장설 수밖에 없었다. 1993년~1999년 세계경영을 위해 동구권 회사들을 인수한 주체도 물론 (주)대우와 대우중공업이었다.

여기까지는 견딜 만했다. 세계시장 개척이라는 의미 있는 일에 일익을 담당했기 때문이다. 그러나 1998년 초 김 회장이 직접 대우중공업과 (주)대우, 대우자동차 대표이사로 컴백하면서 분위기는 달라진다. 그것은 370개 해외법인과 1,040여 개 지사를 자동차 중심으로 재편하고 전계열사로 하여금 대우자동차를 지원토록 하기 위한 포석에 다름 아니었다. 역시 자금줄은 대우중공업이었다.

조선업 호황으로 상당한 수익을 내고 있던 대우중공업은 워크아웃에 들어가기 직전까지 대우 계열사에 무려 5조 원 이상을 쏟아부었다. 1998년 1·4분기 동안 대우자동차에 1,660억 원, 통신에 1,600억 원, (주)대우에 1,436억 원 등 모두 4,058억 원을 신규 지급보증했다.

이에 앞서 1996년 3·4분기에는 대우자동차의 해외사업을 지원하기 위해

(주)대우에 8,090억 원 등 1조 5,067억 원의 우회보증도 섰다.

1980년대 말 경차사업에 총대를 멘 것도 대우중공업이었다. 1999년에는 해외법인 지분을 고스란히 대우자동차에 상납(형식적으로는 매각)했다. 대우자동차에 대한 출자비율이 높아져 대우그룹의 지주회사였던 (주)대우를 제치고 자동차의 최대주주(66%)가 된 것도 이 때문이다.

아무리 장사가 잘 되는 우량기업이라도 이 정도 퍼주고 나면 껍데기만 남을 수밖에 없다. 대우중공업 직원들의 그룹에 대한 불만이 큰 것도 이 때문이었다. 대우중공업은 워크아웃에 들어간 이후 채권단에 가장 협조적이었다. 그룹이 해체된 바에는 "살 사람은 살아야 한다"는 것이었다.

그래서인지 워크아웃 이후 대우그룹 사장단 회의에서 대우중공업 경영진은 따돌림을 당하기도 했다.

그룹과의 관계를 끊어버린 대우중공업은 대우조선과 대우중공업으로 분리돼 2001년 워크아웃을 졸업했다. 물론 워크아웃에 들어간 대우 계열사 가운데 첫 졸업이었다.

2 "세계경영을 포기하시오"

GM의 의도

GM은 폴란드 국영자동차 회사(FSO) 인수 협상을 5년이나 끌었다. 폴란드 사람들이 'FSO의 자살'이라고 부른 바로 그 '파비우스 전략(지구전)'이었다. GM은 언제든 이런 방법으로 상대방의 숨통을 서서히 끊어갔다. 그것이 의도적이었던 아니든 GM은 그랬다.

이제 대우가 걸려들 차례였다.

GM은 실사와 협상, 다시 정밀실사를 되풀이하는 지연전술로 압박해 왔다. 불행히도 대우에는 시간이 그리 많지 않았다.

김우중 회장은 패퇴했지만 GM의 지구전은 지금도 대우자동차 협상을 벼랑 끝으로 몰아가고 있고 우리의 당국자들은 여전히 전후맥락을 모른 채 헛발질만 하고 있다.

"이게 말이 돼?"

1997년 11월 16일, 대우자동차 부평 공장 본관 3층 대회의실. 김우중 회장의 고함소리가 밖으로까지 터져나왔다.

"도대체 사업을 어떻게 하고 있길래 이 모양이야. 아무리 상황이 안 좋아도 그렇지. 기아가 부도까지 났는데도 40%도 안 된다니 말이 돼?"
대우자동차 임원들은 고개를 떨군 채 회의자료만 쳐다볼 뿐이었다.

"한꺼번에 신차를 세 가지나 내놓고도 왜 안 되냐 말이야. 해외부문은 또 왜 이래? 공장 가동률이 30%밖에 안 되잖아. 당신들이 갖고 있는 대책이 도대체 뭐야?"

김 회장에게 있어 1997년은 실로 야심찬 한 해였다. 세계경영을 위한 3년 여의 세계 공략전이 일단락되면서 사업이 본궤도에 오르기 시작했고, 심혈을 기울여 개발한 라노스, 누비라, 레간자 등 3개 차종을 동시에 출시했다.

김 회장은 투자액의 상당부분을 1997년부터 회수할 수 있을 것으로 기대했다. 그러나 실망은 역시 기대치의 함수이기도 했다.

국내시장 점유율은 여전히 33%대에 머물렀고 신흥시장은 더욱 비참했다. 공장 가동률은 폴란드만 60%를 유지했을 뿐 우즈베키스탄 44%, 루마니아 24%, 인도는 11%였다.

"중역들은 모두 해외로 보낼테니 각오들 하세요."

김 회장은 자리를 박차고 일어났다. 이날 회의를 끝내고 회의장을 나오던 김 회장은 혼잣말로 중얼거렸다.

"해외진출을 너무 서둘렀던 것은 아닌지 모르겠군."

대우의 운명을 이미 직감했던 것일까.

도박

한국경제가 IMF 관리체제로 들어간 지 1주일이 지난 1997년 12월 8일. 대우는 쌍용자동차를 인수한다고 전격 발표했다. 부채 3조 4,000억 원 가운데 2조 원을 대우가 그대로 떠안는 방식이었다. 그러나 실사가 진행되면서 "뭔가 문제가 있다"는 급보가 연이어 올라왔다. 일부 직원들은 인수포기를 주장하기도 했다.

　실사에 참여했던 A씨는 "부실이 생각보다 심해 정상화하려면 수천억 원의 비용이 더 들어가야 한다는 결과가 나왔다. 자산가치는 겨우 1조 5,000억 원밖에 되지 않았다"고 증언했다. 그러나 김 회장은 완강했다.

　"협상을 더 해서 적당한 가격에 인수해!"

　결국 재협상을 통해 추가로 부채 3,000억 원을 쌍용에 넘기는 것으로 일단락됐다. 그러나 쌍용자동차는 1998년 한 해만도 피 같은 자금을 6,000억 원이나 집어삼켰다.

　그것은 독이 든 사과나 다름없었다. 영국의 조사전문 기관 EIU는 그해 6월 "대우가 쌍용을 인수하게 되면 생존에 악재로 작용할 것"이라고 예견하기도 했다.

　전직 대우자동차 사장 B씨는 그러나 "대우는 선택의 여지가 없었다. 기업을 더 키워 정상궤도에 올려놓던가, 아니면 그대로 주저앉던가 둘 중의 하나였다"고 그 때를 회고했다. 그리고 어차피 죽을 바엔 확대경영 측면에서 승부수를 띄운다는 것은 이런 상황에서 나온 고육지책이었다.

　그것은 쌍용을 인수하고 삼성, 기아를 묶어 GM과 연대한다는 거대한 계획이었다. 그해 김 회장의 신년사는 이 같은 계획의 일단을 드러낸다.

　"대우는 어떠한 난관에도 움츠리기보다는 확대지향의 경영으로 이 위기를 극복해나갈 것이다."

이 계획에 대해 장병주 전 (주)대우 사장은 워크아웃 실패 후 전략의 한계를 시인했다.

"모든 것을 자동차를 통해 해결하려 했다. 그런데 이런 상황에서 이것마저 허망한 물거품으로 만들어버린 것이 큰 실수였다."

게 임

1998년 2월 2일 대우센터 빌딩, 김우중 회장과 앨런 페리튼 GM 코리아 사장은 전략적 제휴를 위한 양해각서에 서명하고 본격적인 협상에 착수했다. 김 회장은 1월 13일 김대중 대통령 당선자와 5대 그룹 회장의 간담회에도 참석하지 않고 GM의 루 휴즈 부사장 등과 함께 동유럽 공장을 시찰하는 등 GM을 끌어들이기 위한 노력을 아끼지 않았다. 당시 청와대도 GM과의 외자유치 협상에 대해 듣고 불참을 양해했다.

김 회장은 양해각서를 체결한 다음 "잘 하면 GM에서 100억 달러는 끌어들일 수 있을 거야"라고 말했다. 사실 포드의 맹렬한 추격을 받고 있던 GM 입장에서도 대우가 필요했다. 당시 협상에 참가했던 대우자동차 임원 C씨의 증언.

"GM은 지난 수년 간 세계경영이 거둔 놀라운 성과를 우선 궁금하게 생각했다. 18만 대였던 생산능력이 불과 6년 만에 200만 대 수준까지 올라왔던 터였다. GM으로서는 대우자동차도 원했지만 대우자동차를 통해 동구권과 중국 등에 진출할 수 있는 지름길을 찾을 수 있을 거라고 내심 기대했을지도 모른다."

협상은 급류를 탔다. 두 달 뒤인 4월 25일 GM은 청와대를 방문한 자리에서 대우와의 합작방침을 설명했고 김 회장도 "6월 말이면 결론이 날 것"이라고 자신 있게 말했다. 대우그룹 내부에는 "GM의 요구를 최대한 수용해 가능한 빠른 시일 내에 협상을 완료하라"는 지시도 잊지 않았다.

대상은 자동차뿐 아니라 통신, 전자, 건설, 부품사업을 아우르는 총체적 협력이었다. 김 회장으로서도 GM과의 협상을 서두를 수밖에 없었다. 김 회장은 그해 5월 1일 영국 현지에서 "GM에 지분의 35%를 넘겨줄 계획이다. 협상결과에 따라 50%를 넘겨줄 수도 있다"고 말하기도 했다. 5월에는 일부 해외공장에서 가동중단이 불가피하다는 보고가 올라왔다.

그러나 문제는 경영권이었다. "세계경영을 포기하라"는 것이 GM의 요구였고 김 회장은 이를 거부했다. 1992년 결별사태의 반복이었다. GM과 대우자동차는 계산 속이 달랐다. GM은 합작의 조건으로 대우자동차를 한국 내에 묶어놓는다는 생각이었고 대우는 오히려 GM을 업고 세계시장을 더욱 맹렬하게 진군한다는 생각이었다. 그러니 합작은 당연지사 성사되기 어려웠다.

문제는 부채

6월 9일 미국을 방문 중이던 김대중 대통령은 GM의 잭 스미스 회장과 마주 앉았다. 김 대통령은 "대우와의 협상이 빨리 성사되길 바랍니다"라고 말했다. 그러나 스미스 회장의 반응은 의외였다.

"우리도 그러길 바랍니다. 그러나 외국기업들이 투자하기에 한국기업들은 부채가 너무 많습니다. 이는 대우도 마찬가지입니다."

면담은 어색하게 끝났다. 이기호 수석은 "GM이 대우 부채를 일부 탕감해주길 바라는 눈치였다"고 전했다. 역시 부채가 문제였다. 당시 협상에 참가했던 한 임원의 증언을 보자.

"김 회장의 지시로 인원, 재무, 판매망 등 상세한 자료를 GM에 넘겨줬다. GM은 특히 자금상황에 대한 자료를 집중적으로 요구했다. 기업 기밀과 관련된 자료를 넘겨주는 것에 대한 내부의 문제제기가 나올 정도였다."

그러나 협상은 예정된 '교착'을 향해 나아갔다. 몇 달 간의 실사를 통해 GM은 드디어 '대우 수수께끼'를 풀어냈다. 그것은 대우자동차라는 미니 회사가 불과 5년 만에 14개나 되는 해외공장을 인수할 수 있었던 비밀이기도 했다. GM은 자본합작보다는 합작을 미끼로 대우 비밀을 푸는 데 더욱 관심을 두었는지 모를 일이다. 이 때 이미 대우의 단기외채만 60억 달러에 이른다는 소문이 나돌고 있던 상황이었다. GM은 대우자동차에 대한 실사를 통해 동유럽에서 자신들을 패배시킨 '작은 도전자'에 관한 거의 모든 정보를 얻어냈다.

GM 측에서도 문제는 꼬여갔다. 6월 중순, 구조조정에 반대하는 GM 근로자들의 파업이 터졌다.

미국 전역을 떠들석하게 했던 이 파업은 54일이나 지속됐고 GM은 40억 달러에 달하는 손실을 입었다. 악재 위에 악재가 겹치는 꼴이었다. 이런 상황 속에서는 누가 먼저 파경을 선언하느냐만 남은 셈이었다. 누가 봐도 합의는 불가능했다. 결국 GM이 먼저였다.

7월 중순, GM은 느닷없이 기아자동차 입찰에 참가하겠다는 의사를 밝혔다. 물론 대우와는 한 마디 상의도 없었다. 연인의 변심치고는 잔인한 방법이었다. 공개적으로 다른 연인을 찾아보겠다는 선언이었다.

1991년 합작 파트너였던 대우에는 말 한 마디 하지 않고 청와대에 직접 뛰어들어가 합작 파트너를 바꿔달라고 요구했던 모습 그대로였다.

　GM은 그러나 정작 기아입찰엔 참여하지도 않았다. 당시 GM은 "대우의 재무구조상 대규모 출자는 불가능하다"는 결론을 내린 상태였다. 김우중 회장은 두 달이나 지난 9월 10일 힐튼호텔에서 기자회견을 갖고 "GM과의 협상은 중단됐다"고 선언했다. 그리고 책임을 GM에 돌렸다.

　"스미스 회장의 진퇴문제가 현안이 되고 있다. 새로운 경영진이 선임되면 재협상을 해야 할 것 같다."

　당혹감도 표현했다. "김대중 대통령에게 GM과의 합작이 틀림없이 성사된다고 보고했는데 당황스럽다. 그러나 스미스 회장과 김 대통령이 만났을 때 이미 합작얘기가 오갔기 때문에 대통령이 그리 섭섭하게 생각하지는 않을 것이다."

　직원들 사이에는 "이러다가 회사 망하는 것 아니냐"는 얘기가 공공연히 나돌기 시작했다. 상반기에만 5,000억 원의 적자를 내고 차입금이 수조 원에 이른 상황이었다. 여기에 유일한 희망이었던 GM마저 등을 돌리고 말았다.

인수하든지 죽이든지

GM의 생각은 처음부터 분명했다. 전 대우자동차 사장 B씨의 증언이다.

　"당시 GM의 전략은 확실했습니다. 대우를 인수하든지 아니면 죽이든지였습니다. 한국의 자동차 산업이 그처럼 질주하는 것을 두고 볼 수는 없었던 거죠. '잘게 쪼개 사업부 형태로 인수하고 그것이 여의치 않으면 고사시킨다'는 것은 공공연한 전략이었습니다. 그것은 지금도 마찬가집니다."

내부의 밀고자도 문제였다. GM 인수가 분명해지면서 대우자동차의 BOM(Bill of Materials, 차종별 원가계산서) 등 비밀문건이 박스째 GM 측으로 넘어갔다.

전직 임원 증언에 따르면 해가 바뀐 1999년 1월, 김 회장은 다시 GM을 찾아갔다.

3 협상

너무나 벅찬 상대

대우가 패망한 여정 못지않게 대우자동차의 매각 역시 한 편의 드라마처럼 무수한 얘깃거리들을 남겨놓았다. 2002년 4월 말 국내채권단은 마침내 GM 측과 매각 본계약을 체결하는 데 성공했다. 대우자동차가 워크아웃에 들어간지 2년 8개월 만이었고 GM 측과 양해각서를 체결한 시점으로부터는 7개월 만이었다.

길다면 길고, 짧다면 짧은 기간이었지만 대우자동차 매각이라는 '무대'에는 수많은 '배우'와 '연출자'들이 명멸을 거듭했다. 배신과 음모들이 교차했고 절망과 탄식은 더욱 잦았다.

GM은 너무도 벅찬 협상상대였다. 물론 그렇다고 GM에 앞서 대우자동차 인수를 추진했던 포드가 만만했던 것은 아니었지만, GM은 포드보다 훨씬 노회했고 대우자동차를 너무도 잘 알고 있었다.

GM은 이미 1970년대부터 대우자동차의 전신인 GM 코리아와 새한자동차에 공동경영권을 갖고 있었다. 또 1992년까지 대우자동차의 신차개발과 해외 마케팅에도 간여했다. 대우자동차 매각작업을 둘러싼 주변 환경에도 익숙했다. 한국 정부나 채권단의 판단기준과 '한국적' 사고방식에도 통달했다. 게다가 GM식 세계경영이 배출해낸 M&A 전문가들은 충분히 노련했다.

복싱 경기로 치면 GM은 철저하게 링 외곽을 돌며 치고 빠지는 전법을 구사했다. '찬스'가 왔다 싶어도 쉽게 나서지 않았다. 수많은 우여곡절을 거쳤던 GM과의 협상 이야기는 2001년 어느 초겨울의 장면에서 시작된다.

"우발채무를 해결해주시오"

"연내 본계약은 어렵겠습니다. 새로운 비즈니스 케이스(인수모델)를 작성해야겠습니다."

2001년 12월 11일 서울 힐튼호텔, GM의 앨런 페리튼 아태지역 신규사업 본부장이 무겁게 입을 열었다. 한 마디로 원점에서부터 다시 협상을 하자는 것이었다. 지난해 9월 GM과 양해각서를 체결한 뒤 연내 본계약 타결을 목표로 뛰던 매각사무국 관계자들의 안색은 하얗게 질려버렸다. GM과의 배타적 협상종료시한(2002년 1월 20일)을 불과 40여 일 남겨둔 시점이었기에 한국 측 협상팀의 당혹감은 더욱 컸다.

GM은 대우자동차 해외법인에서 약 2조 원대에 이르는 우발채무를 발견했다고 주장했다. 따라서 인수대상과 인수가격을 조정해주고 우발채무에 대한 채권단의 전면적인 사후보증(인뎀너티, Indemnity)이 필요하다고 얘기했다. GM이 해외에서 포착했다는 우발채무는 현지 법인의 이전가격 조작가능성 등으로 발생할 수 있는 우발 세금채무 1조 5,000억 원, 재고자산과 유동자산의 평가액 차이 5,000억 원 등이었다.

가혹한 조건이었다. 예견할 수 없는 모든 우발채무에 대해 책임을 진다는 것은 가격협상 자체를 포기하는 것이었다. 일찍이 제일은행이 그 덫에 걸려 엄청난 공적자금이 추가로 들어갔고 현대투신이나 한보철강 매각협상도 늘 막바지에 우발채무 처리 문제에 봉착했다. 그러나 수많은 국제 인수·합병(M&A) 협상 가운데 인뎀너티 조항이 빠지는 딜은 거의 없다. 특히 GM처럼 전 세계에서 M&A를 해본 기업이라면 이 부분을 놓칠 리 없었다.

문제는 우발채무의 범위와 보증방식이었다. GM은 시한부 협상에 쫓기는 우리 협상팀의 초조한 심리를 적절하게 활용했다. GM은 협상을 서두르지 않았다. 12월 21일 실무협상이 재개됐지만 GM의 주장은 똑같았다. 그 사이에 GM은 12월 18일 릭 왜고너 사장 주재로 집행이사회를 열고 "우발채무 문제가 해소되지 않으면 본계약을 타결짓지 말라"는 훈령을 한국 협상팀에 내려놓았다.

우리 협상팀은 당장 GM 측의 주장을 확인할 길이 없어 애를 태웠다. 우발채무를 발견했다는 GM의 회계자문사 딜로이트 투시(Delloitte Touche)에 세부내역과 계산근거를 제시하라고 요구했지만 GM 측은 자료공개를 차일피일 미루고 있었다. 하는 수 없이 주요 해외법인에 일일이 전화를 걸어 확인작업을 벌였지만 그런 식으로 해결될 성질의 것이 아니었다.

해가 바뀌어 1월 3일 우리 협상팀과 마주한 GM은 기어코 새로운 비즈니스 케이스 작성을 선언했다. 그 동안의 실사를 바탕으로 앞으로 한 달 뒤 새로운 인수조건을 제시하겠다는 것이었다.

우리 협상팀은 우발채무 문제가 회계법인들 간의 중재를 통해 해결되기를 기대했다. 딜로이트 투시와 삼일회계법인이 협의를 벌이면 기존 양해각서의 골격을 흔들지 않고도 본계약을 체결할 수 있다는 심산이었다. 매각을 지휘하고 있는 수뇌부들도 이 같은 낙관론을 숨기지 않았다.

"대우자동차 해외법인 문제는 양측 회계법인들이 실사결과를 토대로 협의하고 있으며 계약구조에 변화를 일으킬 만한 변수가 되지 않을 것이다"(2001년 12월 26일, 정건용 산업은행 총재).

"노사 간 임단협 개정과 우발채무 문제만 제외하면 기본적인 협상은 거의 타결됐다. 빠른 시일 내에 본계약이 타결될 것으로 보인다"(2002년 1월 3일, 이근영 금감위원장).

그러나 2월 6일 산업은행에 도착한 GM의 수정 제안은 이 같은 기대와 낙관을 완전히 무너뜨렸다. GM은 우발채무를 이유로 24개 해외법인 중 9개 법인만 인수하고 대우자동차 자산인수 대금도 기존 12억 달러에서 8억 5,000만 달러로 낮춰줄 것을 요구했다.

GM의 주장대로라면 양해각서의 틀을 완전히 바꿔야 하는 것은 물론 새로운 형태의 매각 모델을 만들어야 할 판이었다.

GM의 선봉, 페리튼

GM은 지난 2000년 6월 대우자동차 국제입찰에서 탈락하고도 인수팀을 본사로 철수시키지 않았다. 5~6명의 실무자들은 여전히 서울에 남아 동향을 살피고 있었다.

당시 포드는 인수대금으로 70억 달러를 제시하며 대우자동차 매각 우선협상대상자로 선정됐다. 정부와 채권단은 포드로의 매각을 기정사실화하는 분위기였다. 실사가 끝나고 난 뒤 과연 인수가격을 얼마나 깎아주어야 하는지가 최대 관심사였다. GM 수뇌부는 포드의 실사가 한창 진행되던 8월에 디트로이트발 외신으로 "포드가 대우자동차를 인수하지 않을 가능성이 있으며 GM에게 기회가 돌아올 것"이라고 말했지만 당시 국내에선 아무도 이를 눈여겨보지 않았다.

하지만 예상을 뒤엎고 2000년 9월 15일 포드의 인수포기 발표가 나오자 GM은 기다렸다는 듯이 인수팀을 재가동하기 시작했다. 대우자동차 매각사무국이 GM 측과 다시 접촉을 갖게 된 시기는 그로부터 불과 닷새만인 9월 20일이었고 장소는 서울 힐튼호텔이었다.

GM의 선봉장은 예나 지금이나 페리튼 본부장이었다. 지난 20년 이상 서울과 도쿄를 오가며 아시아 전략을 수행해왔으며 GM그룹 전체로도 서열 100위 안에 드는 핵심 인물이다. 일본의 이스즈, 스즈키가 그의 손을 통해 GM 휘하로 결집했으며 대우자동차 인수작업의 플레이메이커 역시 페리튼 본부장이었다. GM이 협상팀을 계속 남겨둔 배경에는 페리튼 본부장의 탁월한 '예견력'이 작용했다는 후문이다.

페리튼 본부장은 전세계에 퍼져 있는 GM 네트워크를 통해 포드의 실사과정을 예의 주시하고 있었으며 대우자동차의 내부 사정에도 밝았기 때문에 포드의 인수가능성을 낮게 점쳤다고 한다. 결과적으로 "GM에게도 기회가 있을 것"이라는 GM 측의 기대는 현실화됐고, 종전보다 훨씬 유리하고도 압도적인 지위 아래 협상을 벌일 수 있는 발판이 마련됐다.

페리튼 본부장은 전세계 다국적 기업의 외국인 임원들 가운데 한국을 가장 잘 아는 인물로 손꼽힌다. 대우자동차와 인연을 맺게 된 것은 1978년으로 거슬러올라간다. GM은 1972년 신진자동차와 50 대 50으로 합작사를 설립하지만, 신진의 경영난으로 그 지분은 1976년 산업은행을 거쳐 1978년 대우그룹으로 넘어오게 된다.

GM과 대우의 첫 만남이 이뤄졌던 그해 페리튼 본부장은 GM코리아 사장 겸 대우자동차의 구매담당 이사로 서울에 파견됐다. 당시 김태구 전 대우자동차 사장이 그의 업무 파트너였다. 그는 1992년 대우가 GM과 결별할 때까지 줄곧 대(對)한국사업을 직접 챙겼으며, 1997년 김우중 회장이 대우자동차 지분을 GM에 매각하려할 때도 협상 파트너로 참여했다. 김 회장이 지분매각을 결심했을 때도 가장 먼저 찾은 사람이 페리튼 본부장이었다. 사정이 이렇다 보니 "김 회장 같은 인물을 제외하면 페리튼 본부장만큼 대우자동차를 잘 아는 사람도 없다"는 얘기가 나올 정도였다.

대우자동차나 채권단 입장에선 이런 인물을 협상 파트너로 만난 것 자체가 '불운' 했다고 볼 수도 있다. 협상에서 어느 한 쪽이 다른 상대를 잘 안다는 것은 정보와 전략의 불균형을 의미했고 그만큼 불리할 수밖에 없었다.

게다가 페리튼 본부장은 대우자동차뿐만 아니라 우리나라의 정치구조나 정책결정 시스템에서 일반 국민정서에 이르기까지 웬만한 시사평론가 뺨칠 정도의 식견을 갖고 있다는 것이 그를 만나본 사람들의 한결같은 얘기다. 대우자동차 채권단의 한 관계자는 다음과 같이 토로하기도 했다.

"청와대 실세가 누구인지, 주요 정책들의 결정 라인에 어떤 사람들이 포진하고 있는지를 훤하게 꿰뚫고 있기 때문에 그와 마주 앉으면 엄청난 부담을 느낀다."

페리튼 본부장은 한국어도 곧잘 한다. 평소 영어로 대화하지만 상대방의 영어실력이 조금 딸리면 그 자리에서 한국어로 설명할 수 있을 정도다. 또한 그는 커피, 술, 담배 등 몸에 영향을 주는 화학물질이 첨가된 음식물이나 기호품도 전혀 입에 대지 않는다. 역시 부드러운 분위기를 선호하는 '한국식' 협상관행에는 불리한 성향들이었다.

GM 측이 페리튼 본부장 한 사람을 주축으로 일사불란하게 움직였던 반면, 우리 측은 수많은 사람들이 교체 투입된 것도 협상을 어렵게 만든 요인으로 지적된다.

대우자동차 매각협상은 1999년 말 이헌재 금감위원장 주도로 이뤄지다가 2000년 들어서는 이근영 당시 산업은행장이 챙겼고 얼마 지나지 않아 대우계열 구조조정협의회가 발족되자 의장을 맡고 있던 오호근 씨가 매각업무를 맡게 됐다. 포드로의 매각이 무산된 이후에는 산업은행으로 업무가 넘어왔다. 산업은행 내에서도 박상배(현 부총재), 박순화, 이성근 이사로 협상주자들이 계속 바뀌어갔다.

페리튼 본부장 입장에서는 헷갈릴 법도 했지만 그는 사안에 따라 청와대, 금융감독위원회, 산업은행 등을 선별적으로 접촉할 정도로 상황을 장악하고 있었고 충분히 노련했다.

우리 측 실무자들이 '상부'의 명확한 지침이나 가이드라인도 없이 고심을 거듭하고 있을 때 페리튼 본부장은 미국 본사 이사회와의 강한 교감 속에서 대우자동차 협상전선을 주름잡을 수 있었다. 그것은 엄연한 협상력의 격차였고 매각조건의 불리함으로 나타났다.

【취|재|파|일】

앨런 페리튼과 GM 이사회

"부평공장 인수는 월가 주주들의 승인을 얻기 어렵습니다."

앨런 페리튼(GM 아태지역 신규사업 본부장)이 2001년 9월 초 채권단과 양해각서(MOU) 체결을 위한 막바지 협상을 벌이고 있을 때 한 얘기다. 채권단의 매각명분이나 대우자동차 근로자들의 정서를 생각하면 자신도 가급적 부평공장을 인수하고 싶지만 월가에 포진한 보드멤버들과 주주들을 설득하기 어렵다는 설명이었다.

우리 측 협상 관계자들의 얘기를 종합해보면 페리튼 본부장은 협상에선 강경할지 몰라도 기본적으로 '친한파(親韓派)'에 속한다고 볼 수 있다. 그만큼 한국을 잘 알고 한국을 '좋아한다'는 것이다.

사실 페리튼 본부장이 우리나라와 첫 인연을 맺은 것은 1978년 새한자동차(대우자동차의 전신)에 임원으로 파견됐을 때가 아니라 1965년으로 거슬러올라간다.

페리튼 본부장은 독실한 몰몬교 신자로 19세의 나이에 선교사 신분으로 우리나라를 찾았다. 서울 신림동과 대구 자갈마당 인근의 '달동네'에서 봉사와 구호를 곁들여 무려 3년 6개월이나 선교활동을 했다. 당시 여러모로 궁핍했던 사정을 기억하는 페리튼 본부장은 요즘도 한국 내 친구들을 만나면 "한국은 기적을 이룬 나라"라고 말한다고 한다.

그 같은 페리튼 본부장도 대우자동차 인수협상을 할 때는 남모를 고초를 많이 겪었다. 한국 정부나 채권단의 강경파들과 맞서는 것도 쉽지 않은 일이지만 무엇보다 GM 내 대우자동차 인수반대를 주장하는 세력들을 설득하는 것은 더 힘든 과정이었다.

"독일 오펠이나 지난 1999년 말 제휴를 맺은 이탈리아의 피아트, 미국의 단위 공장을 이끄는 경영진들은 대우자동차 인수를 강력하게 반대했습니다. 대우자동차가 살아나 미국과 유럽으로 수출을 늘리면 자신들의 실적이 타격을 입을 것으로 봤기 때문이지요"(GM 관계자).

이 때문에 페리튼 본부장은 지난 4년 간 협상에서 셀 수 없을 정도로 미국 본사에 호출을 당했으며 따발총처럼 쏟아질 이사회 멤버들의 질문에 대비해 며칠 밤을 새워 자료를 만들었다고 한다. 모든 협상책임자들이 그렇겠지만 페리튼 본부장도 이중 삼중으로 '포위' 된 가운데 고단한 게임을 벌여갔던 셈이다.

클린 에셋의 함정

원하는 바를 노골적으로 요구하지 않고도 얻어낼 수 있다면 최고의 협상력이라고 할 수 있을 것이다. 대우자동차 인수협상에서 GM이 보여준 능력을 이 정도로 평가하기에는 다소 논란이 있다. 상대방이 명시적으로 요구하지 않은 조건까지 다 들어줬다면 제로섬 게임의 속성을 갖고 있는 협상에서 우리 측은 치명적인 타격을 입었다는 얘기가 되기 때문이다. 그럼에도 불구하고 대우자동차 관계자들은 말한다.

"이번 협상의 전개과정을 지켜보면 많은 것들이 'GM'의 의도대로 진행됐다는 느낌을 지울 수 없다."

GM은 자신들의 묵시적인 요구를 '클린 에셋(Clean Asset, 투명 자산)'이라는 용어로 포장해 이를 관철시켰다. 그것은 GM이 교묘하게 얽어놓은 '함정'이었고 우리 측은 알면서도 그 '함정'을 피해갈 수 없었다. 하지만 클린 에셋을 고집하는 GM의 요구에는 많은 노림수가 담겨 있었다. GM은 우선 부실자산을 인수대상에서 걷어내고 싶었다. 우리 측이 일괄 매각의 논리로 내놓은 자산들 중 상당 부분을 배제하기 위해 클린 에셋을 들고나온 것이다.

문제는 우리 측 입장에서는 '반드시 매각해야 할' 자산들이었다는 점이다. 부평공장과 이집트 공장 등 일부 해외법인들이 대표적이었다. 뿐만 아니라 GM은 대우자동차의 회계장부를 신뢰하지 않았다. 군산공장과 창원공장은 진작부터 우량 자산으로 분류돼 있었지만 GM은 이들 공장의 장부조차도 믿을 수 없다는 태도를 보였다.

GM 외에는 대안을 찾기 어려웠던 채권단은 어쩔 수 없이 자산을 건전하게 바꾸는 방안을 모색할 수밖에 없었다. 우량자산만 떼어내 매각하는 것이 아니라 기존 자산을 양질의 자산으로 전환해 파는 방식이었다. 이것이 GM의 첫번째 노림수였다.

'자산 건전화'의 첫 단계는 회계장부를 투명하게 만드는 일이었지만 단기간에 될 일은 아니었다. 채권단은 마침내 대우자동차를 법정관리에 집어넣는 방안을 검토하기 시작했다.

2000년 11월 6일, 대우자동차가 1차 부도처리되자 산업은행의 최익종 대우팀장(현 현대팀장)이 기자 간담회를 열었다.

"대우자동차가 법정관리에 들어가면 GM에 매각하는 데 불리한 것 아닌가?"

"유리한 점도 있고 불리한 점도 있다. 세부내용은 말할 수 없다."

당시로서는 선뜻 이해하기 어려운 얘기였지만 지금 와서 보면 그 맥락을 짐작해볼 수 있다.

불리한 점이라면 채권단의 자금지원 동결로 가동률이 떨어지고 기업가치도 급속히 하락해 '제값 받기'가 어려워진다는 점을 들 수 있을 것이다. 그렇다면 유리한 대목은 무엇이었을까? 그것은 채권·채무가 동결되면서 적어도 국내 사업장에서는 우발채무 발생가능성이 사라진다는 것이었다. 채권자의 채권신고 절차를 통해 채무가 확정되는 효과가 있었다. 이것은 GM이 원하는 구도였고 '우량 자산'은 아니지만 '투명 자산'은 인수할 수 있다는 것을 의미했다.

물론 GM은 공식적으로는 대우자동차에 대한 법정관리를 요구한 적이 없다. 실무협상에서 우리나라의 법정관리 제도에 대한 다양한 문의를 하면서 '힌트'를 제공하는 정도였다. 또 대우자동차의 법정관리행은 구조조정을 둘러싼 노·사 간 대립과 추가 지원의 한계에 봉착한 채권단의 복잡한 사정이 작용한 것이기도 하다.

정부와 채권단은 법정관리만은 피해보자는 심산으로 마지막까지 구조조정에 대한 노조의 동의서를 기다렸지만 허사였다. 채권단은 또 당장 청산절차를 피하기 위해 법원으로부터 법정관리 개시 결정을 얻어내야 한다는 새로운 부담까지 떠안았다.

하지만 돌이켜보면 GM이 '클린 에셋' 인수를 고집함으로써 채권단이 가진 선택의 폭은 극히 제한될 수밖에 없었다. 매각을 위한 '기회비용'으로 매월 1,000억 원의 운영자금을 쏟아붓고 있었고 국내의 유일한 원매세력인 현대자동차도 등을 돌린 상태였다. 채권단은 당연히·현상 타파의 필요성을 느끼게 됐고 GM과의 협상전개를 위해서도 새로운 돌파구가 있어야 했다.

협상팀 관계자에 따르면 결국 "대우자동차의 법정관리행은 여러 가지 변수들이 복합적으로 밀어붙인 것이긴 하지만 GM의 노회한 우회전략이 먹혀든 하나의 사건"이라는 결론에 도달하게 된다. 그렇다면 왜 GM은 노골적으로 법정관리를 요구하지 않았을까. 그 이유는 법정관리 후 전개과정에서 잘 드러난다.

'클린 에셋'에 숨겨진 GM의 두번째 노림수는 대우자동차의 자발적인 구조조정과 경직된 노사관계의 해소였다. 이 경우 '클린 에셋'의 해석은 '투명 자산'에서 '우량 자산'으로 슬그머니 바뀌어진다.

GM은 이 부분 역시 우리 측에 명시적으로 요구한 적이 없다. GM의 표현은 답답할 정도로 간접적이었다. 2000년 12월 13일 GM의 릭 왜고너 사장은 〈로이터 통신〉을 통해 "대우자동차에는 여전히 관심이 있다. 그러나 대우자동차는 해결해야 할 문제들이 많다. 그 문제들이 언제 해결될지도 잘 모르겠다"고 말했다. 동시에 "시간이 지날수록 대우자동차의 가치는 떨어질 것"이라는 '경고'를 잊지 않았다.

GM은 대우자동차가 법정관리를 신청한 2000년 11월부터 다음해 5월까지 약 6개월 간 극도의 관망세를 유지했다. 협상도 거의 진행하지 않았다. 채권단은 법정관리 신청과 동시에 아서 앤더슨에 대우자동차 구조조정 용역을 맡겼다. 사실 구조조정의 윤곽은 누가 봐도 뻔한 것이었다. 경쟁력이 없는 과잉생산시설을 없애고 부실 해외법인들을 정리하는 것이었다. 부평공장 폐쇄설과 대규모 정리해고설이 나돈 것도 이 무렵이었다. 정리해고 부분은 누구도 섣불리 건드리기 어려운 '뜨거운 감자'였다. 인력 정리가 불가피하다는 사실은 모두가 인정했지만 방법과 규모가 문제였다.

GM은 정리해고 부분에 대해서도 '침묵' 했다. "대우자동차는 과잉생산설비를 해소해야 한다"는 정도의 얘기만 되풀이하고 있었다.

당시 대우자동차의 여건은 1997년 7월 '부도유예협약' 적용을 받았던 기아자동차에 비해 훨씬 더 나빴다. 당시 기아자동차는 부도유예 이후 법정관리를 신청(1998년 4월)하기 전까지 할인판매 등을 통해 4,000억 원 정도의 현금을 확보하고 있었으나 대우자동차는 신차 개발비는 고사하고 퇴직금조차 지급하지 못할 상황이었다. 기아자동차가 법정관리 중에 개발한 카니발, 카렌스 등은 국내에 레저카(RV) 열풍을 주도하며 조기 정상화의 일등공신으로 자리잡기도 했다. 그랬던 기아자동차도 현대자동차로 인수된 직후 2만여 명 정도의 감원이 이뤄졌다.

반면 자금이 완전 바닥난 대우자동차는 1999년 1월 이후 2년 동안 겨우 2,300명 정도를 줄이는 데 그친 상태였다. 마침내 대우자동차 최고경영자이자 법정관리인으로 추천된 이종대 회장은 2001년 1월 16일 정리해고의 칼을 빼들었다. 노동부 인천사무소에 2,794명을 강제 정리하겠다는 신고서를 제출한 것이다.

곧 노조의 전면파업이 시작됐고 2월 19일에는 부평공장에 경찰병력이 투입됐다. 3월에는 아서 앤더슨의 용역보고서가 나왔다. 충격적인 내용이었다.

"대우자동차가 살기 위해선 생산능력을 절반으로 줄여야 한다. 이를 위해 부평공장을 폐쇄하고 폴란드, 인도공장에서 손을 떼야 한다."

GM 측은 "그것 봐라"라는 듯 미소를 짓고 있었다. GM은 여전히 '클린 에셋'을 고집하고 있었고 이번엔 부속조항인 'GM 인수 후 대우자동차의 성공적인 정상화'를 강조하기 시작했다. 그러면서도 본격적인 실무협상에는 미온적이었다. 이미 실사도 2월 말에 모두 마무리된 상태였다. 채권단은 GM이 곧 최종 인수제안서를 낼 것으로 봤지만 GM은 계속 미적거렸다.

사실 당시 GM 본사의 사정은 그다지 좋지 못했다. GM은 2000년 말에 미국 올즈모빌과 영국 복스홀 공장을 폐쇄하고 무려 1만 6,000여 명의 인력을 감원했다. 당연히 '대우자동차 인수 무용론'이 월가를 중심으로 급속히 확산돼 나갔다. 게다가 월가의 주주들은 부평공장이 한바탕 홍역을 치르는 과정을 지켜보면서 노조를 더욱 겁냈다.

페리튼 본부장은 "부평공장 처리문제가 한국의 정치적 이슈라는 사실을 잘 알고 있다. 그 때문에 우리도 마음 속에 있는 말을 함부로 하기 어렵다"고 우리 측 협상단에 토로하기도 했다.

어쨌든 대우자동차 구조조정의 윤곽이 어느 정도 드러난 3월이 돼서도 GM은 최종 인수여부를 결정하지 않았다. GM은 '클린 에셋'을 앞세워 내심 원하는 바를 얻었지만 여전히 뭔가 부족하다는 느낌을 갖고 있었다. 자신들의 표현대로 '회사를 좀더 매력적으로 만드는 방안'을 우리 측에 원했지만 기대에 미치지는 못했다. 3개월이 더 지난 5월 말 GM이

제출한 인수제안서는 우리 측이 도저히 수용하기 어려운 조건들이 담기게 된다.

GM의 의심

GM은 1997년 이후 우리나라 자동차업계가 격변의 소용돌이에 빠졌을 때 '한국으로부터 두 번 배신을 당했다'고 생각하고 있다.

첫번째 '배신'은 1997년 말 거의 손아귀에 넣었던 쌍용자동차를 불과 한 달 만에 대우자동차 김우중 전 회장에게 빼앗겼을 때였고 두번째는 1999년 말 한국 정부와 진행해오던 대우자동차 매각이 국제 입찰로 전환됐을 때라고 한다.

이 때문에 GM은 우리 정부와 채권단에 대한 의심과 경계를 풀지 않았다. GM이 한때 쌍용자동차 인수를 추진했다는 것은 잘 알려지지 않은 사실이다. 하지만 GM은 1992년 대우자동차와 결별한 뒤 한국시장에 다시 진출하기를 강력히 원하고 있었고 한국 내 생산기지를 통해 아시아권 국가로의 수출을 확대하겠다는 전략을 수립해놓고 있었다.

GM은 1997년 여름부터 3조 5,000억 원의 부채를 감당하지 못하고 있던 쌍용자동차에 눈독을 들이기 시작했다. 쌍용자동차를 제외하고는 마땅한 제휴선을 찾기도 어려웠다. 현대자동차는 미쓰비시와 이미 제휴를 맺고 있었고 대우자동차와는 결별 이후 감정이 좋지 않았다. 기아자동차는 부도유예협약이 적용되면서 처리일정이 극히 불투명한 상태였다.

이에 페리튼 본부장과 김석준 쌍용 회장 측은 수차례 직접 협상을 가지면서 인수윤곽을 조율해나갔다. 쌍용자동차의 주주였던 독일 벤츠 사가 매각을 반대하고 있었지만 그렇다고 벤츠라고 한들 뾰족한 수를 갖고 있는 것도 아니었다. 벤츠는 자본금을 증액하자는 쌍용 측의 요구를 매번 '사양'하고 있었다. GM은 쌍용자동차를 인수하는 데 별다른 장애물이 없을 것으로 판단했다.

그러나 1997년 12월 대우 김우중 회장과 쌍용 김석준 회장의 전격적인 인수·합병 발표가 터져나왔다. GM으로서는 뒤통수를 얻어맞은 셈이었다. GM은 대우가 쌍용자동차에 관심을 보이기 시작한다는 사실은 감지하고는 있었지만 이처럼 빠른 속도로 해치울 줄은 상상도 하지 못했다.

GM은 일련의 흐름에 '보이지 않는 손'이 작용했다고 판단하기에 이르렀고 그 진원지로 김우중 회장의 대(對)정부 로비력을 지목했다. 빚더미에 올라앉은 쌍용자동차의 처리문제는 주거래은행인 조흥은행의 재가가 필요했고 조흥은행은 당시 재정경제원과 은행감독원의 직할통치를 받고 있다고 생각했기 때문이다.

GM이 당했다고 생각하는 두번째 사례는 대우자동차 매각절차가 당초의 '수의 계약' 방식에서 국제입찰로 전환된 것이었다. GM은 1999년 8월 대우차가 워크아웃(기업개선작업)에 들어가자 그해 12월 6일 이사회의 동의를 얻어 12월 13일 청와대, 금융감독위원회, 산업은행 등에 인수제안서를 제출하게 된다.

당시 이헌재 금감위원장은 "대우자동차는 소더비 경매식의 입찰방식으로는 안 된다. 금융시장 안정과 한국경제의 신인도 향상을 위해 해외에 조기매각하는 것이 바람직하다"며 GM과의 수의계약을 옹호하는 듯한 발언을 되풀이했다.

하지만 12월 말 포드가 돌연 인수의사를 표명하면서 대우자동차 매각

절차는 국제입찰로 바뀌게 된다. GM은 국제입찰이 대우자동차의 가치를 더욱 떨어뜨릴 것이라고 반발했지만 은인자중하던 현대자동차까지 입찰참여 가능성을 흘리고 나오자 흐름을 돌려놓기에는 역부족이었다. 물론 GM이 금감위 등 정부 관계자들과 수의계약 협상을 진행하면서 어떤 '언질'을 받았는지는 확인할 수 없다. 하지만 GM은 이사회 동의까지 얻어 인수제안서를 제출한데다 제안서의 내용까지 언론에 공개되면서 한국 정부에 강한 불만을 갖게 됐다.

두 차례에 걸친 '배신감' 탓이었는지 GM은 2000년 9월 포드의 대우자동차 인수포기 직후 채권단과 만나 배타적 협상권을 요구하게 된다. 왜 '배타적 협상권'을 요구했을까. GM은 기본적으로 우리 정부나 채권단을 믿지 못하겠다는 입장이었다. 특히 "지금은 한국 정부가 우리와 협상을 벌이지만 결국 현대자동차에 대우자동차를 맡기려는 것 아니냐?"는 의구심을 강하게 갖고 있었다.

우리 측 협상관계자들은 "현대자동차가 전혀 인수의지를 갖고 있지 않기 때문에 걱정할 필요가 없다"고 설득했지만 GM은 막무가내였다. 이 문제는 또 대우자동차 처리의 양대 주체였던 오호근 대우계열 구조조정협의회 의장과 엄낙용 산업은행 총재의 마찰로 비화됐다. 오 의장이 GM 측의 입장을 수용하기로 하고 산업은행에 이를 통보하자 엄 총재가 거부한 것이다.

엄 총재는 "섣불리 배타적 협상권을 줬다가 포드와 같은 꼴이 되면 나중에 누가 책임지느냐?"며 대우자동차 매각사무국 측을 힐난했다. 가뜩이나 매각실패 책임론에 시달리고 있던 오 의장은 산업은행과 불편한 관계가 되자 매각작업에서 아예 손을 떼겠다는 입장을 밝히기에 이른다. 하지만 결국 10월 3일 체결된 비공개 양해각서에는 GM의 배타적 협상권을 우회적으로 보장하는 내용이 담겨 있었다. GM의 '의심'을 어떤 형태로든 해소해주지 않고는 협상을 한 발짝도 진전시킬 수 없었기 때문이다.

변하지 않는 인수구도

"대우자동차의 가치는 시간이 지날수록 떨어질 것이다."

지난 2년 5개월 간 GM이 기회 있을 때마다 되풀이해온 말이다. 한때 협상의 기선을 제압하기 위한 압박용으로 해석되기도 했던 이 주장은 '시간이 지나면서' 점차 사실로 입증됐다.

GM은 지난 1999년 말 우리 정부와 대우자동차 인수협상을 수의계약 형태로 추진할 때 대우자동차의 가치를 55억 달러 정도로 보았다. 몇 가지 전제를 붙인 것이긴 하지만 당시에는 '합리적인 가격'으로 받아들여졌다. 대우자동차가 국제입찰로 전환돼 2000년 6월 GM 측이 제출한 인수제안서에는 가치가 15억 달러가량 하락했다. 포드에 밀려 입찰에 탈락하고도 GM은 자신들이 써낸 가격이 적정선이라고 주장했다.

그러다가 포드가 돌연 대우자동차 인수를 포기하자 대우자동차의 가치는 아예 땅바닥으로 뚝 떨어졌다. 가격은 더 이상 문제가 될 수 없었다.

인수조건

2001년 5월 29일 서울 메리어트 호텔. 김석환 대우자동차 사장, 한대우

산업은행 대우팀장 등이 상기된 표정으로 호텔에 들어섰다. GM의 최종 인수제안서 설명을 듣기 위한 자리였다. 실사가 끝난 뒤 무려 4개월이나 뜸을 들인 GM이 대우자동차가 4월에 영업이익을 내고 구조조정도 어느 정도 마무리하자 인수제안서를 제출키로 한 것이다. 2000년 9월 이후 비공식적으로 수차례 만나왔던 낯익은 얼굴들이었지만 긴장감이 감돌았다. 페리튼 본부장의 간단한 인삿말이 시작됐다.

"대우자동차 인수는 GM에게도 좋은 기회입니다. GM은 대우자동차를 자랑스런 'GM 가족'의 일원으로 맞아들일 준비가 돼 있으며 상호 이익이 되는 방향으로 발전시킬 계획도 갖고 있습니다."

이렇듯 처음 분위기는 우호적이었다. 그러나 GM 실무자들이 구체적인 인수내용을 브리핑하기 시작했을 때 우리 측 대우자동차 매각 실무진들은 경악을 금치 못했다.

인수조건은 국제입찰 때 GM 측이 제시했던 것보다 훨씬 나빴을뿐더러 상식적으로도 납득이 가지 않는 내용들이었다. 이 때 GM 측이 내민 대우자동차 자산 인수대금은 10억 달러에도 미치지 못한 것으로 알려졌다. 당시 대우자동차의 총자산은 200억 달러를 넘고 있었다.

"쇼크 그 자체였습니다. 좋은 조건을 내지는 않을 것으로 짐작은 했지만 그 정도일 줄은 몰랐습니다"(매각사무국 관계자).

GM 측의 브리핑이 끝난 뒤 우리 측은 아무런 말없이 호텔을 빠져나왔다. "아무리 협상 초기라도 인수제안서를 이따위로 내는 법이 어디 있느냐? 협상을 깨자는 것 아니냐?"는 격앙된 반응들이 터져나왔다.

그로부터 8월까지 협상은 다시 교착상태에 빠졌다. 6월 10일부터 13일까지 홍콩에서 별도의 접촉을 갖기도 했지만 별다른 진전을 보지 못했다. 우리 측이 내심 생각했던 매각조건과 GM 측의 인수조건은 너무도 격차가 컸다.

　정부와 산업은행은 선뜻 협상의 가이드라인을 정하지 못했다. 협상 '무용론'도 제기됐다. 그러나 대우자동차 매각은 GM 외엔 대안이 없었다. 일각에서 제기된 '공기업화'는 대우자동차 처리의 불투명성을 그대로 방치한다는 점에서 설득력이 부족했다. GM 역시 대우자동차의 영업이익이 흑자로 전환된 것을 반겼다. 월가 주주들의 우려를 일정 부분 해소할 수 있었기 때문이다. 지리한 밀고 당기기가 이어진 끝에 양측은 일단 양해각서를 맺기로 했다. 물론 구속력없는 양해각서였다. 9월 21일 체결된 양해각서의 내용은 다음과 같다.

　"GM과 채권단은 각각 4억 달러 및 2억 달러를 출자해 신설법인을 설립한다. 신설법인은 대우자동차 자산(부채 제외) 인수대금으로 12억 달러의 우선주를 발행해 채권단에 지급한다. 대우자동차 부채도 8조 원어치 인수한다. 부평공장은 일단 매각대상에서 제외하되 생산위탁 계약을 맺어 6년 후 인수를 검토한다."

　채권단은 GM 측과 20억 달러에 합의했다고 보도자료를 뿌렸다. 그러나 실제 GM 측이 내는 돈은 4억 달러에 불과했다. '20억 달러'라는 문구에는 헐값 매각시비를 두려워한 채권단의 고심이 배어 있었다. GM은 국제입찰 때 스스로 매긴 가격의 10분의 1 수준에서 대우자동차 인수구도를 이끌어냈다. 부평공장도 인수대상에서 제외시켰다. 부평공장이 빠진 대우자동차 매각은 '절름발이 매각'이었다.

　양측은 부평공장이 지닌 의미를 잘 알고 있었다. 우리 측은 부평공장을 팔기 위해 총력전을 폈지만 GM은 한사코 이를 거부했다. 부평공장이 신설회사에 편입되면 "기업가치가 더 떨어진다"는 논리였다. 6년 간 위탁생산은 양측이 어떻게든 양해각서를 마무리하기 위해 상호 절충 끝에 탄생한 기형적인 방안이었다.

결과적으로 채권단은 그해 5월 GM 측이 제시한 가격보다 훨씬 나은 조건을 이끌어냈지만 부평공장 매각에 실패함으로써 또 다른 부담을 안게 됐다. 동시에 본계약 협상 때 "시간이 지났다"는 이유로 GM 측이 또다시 가혹한 조건을 내밀 것이라는 '예감'에 몸서리를 쳤다.

그 예감은 2001년 12월부터 2002년 2월까지 GM 측이 태풍처럼 휘몰아친 '판 흔들기'에서 정확하게 들어맞았다.

산업은행의 반격

2002년 3월 15일 오전 5시, 한대우 산업은행 대우팀장은 여명이 밝아오기 직전, 서울 남산 힐튼호텔을 나섰다. 밤샘 협상에 지친 몸은 물먹은 스펀지처럼 무거웠지만 집으로 향하는 발걸음은 모처럼 가벼웠다. GM 측과 본계약 타결의 최대 쟁점이었던 대우자동차 자산매각 가격과 부평공장 처리문제를 한꺼번에 마무리지었기 때문이었다.

집으로 향하는 한 팀장의 머릿속에는 지난 닷새 동안 벌어졌던 치열한 협상이 주마등처럼 스쳐지나갔다.

한 팀장을 비롯해 김석환 대우자동차 사장 등이 GM 측의 닉 라일리 신설법인 사장 내정자, 페리튼 본부장과 힐튼호텔에서 만난 것은 3월 11일이었다.

먼저 포문을 연 것은 GM 측이었다. 해외법인의 우발채무를 전면 사후보장해주고 자산 인수가격을 깎아달라고 요구했다. 지난 2월 6일의 최종 인수제안서 내용을 되풀이한 수준이었다. 페리튼 본부장은 "이 조건이 수용되지 않으면 GM 이사회가 대우자동차 인수를 허락하지 않을 것"이라는 강경발언을 쏟아냈다.

대우자동차 매각 협상팀은 중대 기로에 봉착했다. 이제 와서 협상을 깰 수는 없는 일. 하지만 GM은 완고했고 더 이상 우리 측의 카드는 없었다.

채권단은 일단 양해각서의 조건 유지를 전제로 우발채무를 부분적으로 보증해줄 수 있다는 절충안을 제시했다. 그러나 GM 측은 가격인하에 대한 고집을 꺾지 않았다.

3월 14일 마침내 산업은행은 GM 측에 최후통첩을 날리기로 결정했다. "양해각서의 기본 틀을 흔들면 본계약 체결을 포기하겠다"는 내용이었다. 세부 조건들을 밀고 당기기보다는 일괄타결을 노린 승부수였다.

이번에는 GM 측이 흔들리기 시작했다. '유일한 원매자'라는 자신들의 독점적 지위가 더 이상 위력을 발휘하기는 어렵다고 판단하기에 이르렀다. 협상이 깨지면 채권단도 부담이지만 GM 측이 입게 될 타격도 만만치 않았다. GM은 이미 신설법인 사장까지 내정한 상태였고 지난 2년 5개월 동안 1,000만 달러가 넘는 인수비용을 지출하고 있었다.

GM은 가격부문을 양보해 양해각서 원안대로 대우자동차 자산인수대금을 12억 달러에 합의할 수밖에 없었다. 대신 인수범위 축소와 우발채무 부분 해소방안은 자신들의 의견대로 관철시켰다. 하지만 그것으로 끝난 것이 아니었다. 채권단은 부평공장 조기 인수를 들고 나왔다. 2001년 9월 양해각서 체결협상 때도 쟁점이 됐던 문제였다.

GM 측은 반발했지만 결국 물러설 수밖에 없었다. 생산성, 품질, 노사관계 등 몇 가지 전제조건이 충족될 경우 3년 내 조기인수하는 방안에 합의했다. 2000년 9월 이후 줄곧 수세에 몰려온 채권단의 '벼랑 끝 승부수'가 작렬하는 순간이었다. 산업은행이 압도적인 화력을 믿고 '적진' 깊숙히 들어온 GM에 후퇴를 거듭하다가 한순간에 돌아서 전세를 역전시킨 것이었다. 산업은행은 '돌아서기에는 너무 깊이 들어온' GM의 약점을 간파했고 이를 최대한 활용했다.

물론 GM이 일방적으로 손해를 본 것은 결코 아니었다. GM은 고작 4억 달러를 들여 그 어느 나라보다 폐쇄성이 강한 한국 자동차시장의 일각을 무너뜨렸다. 막판의 산업은행 반격은 분명 '평가' 받을 일이지만 그렇다고 GM 측이 얻어낸 수확을 과소평가할 수는 없다. 어쩌면 자신들의 양보가 한국 시장에 새로 진입하는 GM의 이미지에 도움이 될 것이라는 판단도 작용했을지 모른다.

돌이켜보면 대우자동차 매각은 정건용 산업은행 총재가 얘기한 대로 "칼자루는 GM이 쥐고 칼날은 우리가 쥐고 있는 상황"으로 요약할 수 있다. 말 그대로 '짜증나고 괴로운 과정'이었고 '아무리 잘 해야 욕 안 먹으면 다행'인 상황이었다.

1999년 워크아웃 당시 대우자동차의 회계 시스템은 엉망이었고 '세계경영'을 앞세운 글로벌 네트워크는 붕괴 일보 직전이었다. 내부 구조조정도 외부의 강제적인 힘이 없이는 거의 불가능할 정도였다. 이미 오래 전에 생존능력을 상실했던 기업을 지금까지 끌고온 것은 대우자동차가 쌓아놓은 국내외 기반을 그대로 고사시킬 수 없다는 판단이 작용한 때문이지만 우리가 치러야 할 대가는 참으로 컸다.

대우자동차는 한때 GM과 포드의 글로벌 경쟁을 틈타 좀더 '좋은 조건'으로 매각될 수도 있었지만 때 맞춰 터진 포드의 '타이어 리콜' 사태로 행운은 더 이상 찾아오지 않았다.

많은 전문가들은 대우자동차를 제때 팔았더라면 이 지경까지는 오지 않았을 것이라고 지적한다. 하지만 그들 중 상당수는 과거 대우의 세계경영이 맹위를 떨칠 때는 침묵했던 사람들이고 오히려 적극 옹호하기까지 했었다. 과거를 회상하는 것은 의미없고 미래를 예단하는 것 또한 속절없는 일이다.

서울대 주우진 교수(경영학)는 대우자동차 매각의 본질을 다음과 같이 정리하고 있다.

"대우자동차는 이제 GM의 품으로 안기지만 여전히 한국 속의 기업이다. 하청기지로 전락하든 동북아의 전략기지로 비상하든 이제 대우자동차의 운명은 스스로 결정될 것임에 틀림없다. 이것은 대우자동차에 또 다른 시련이자 기회가 될 것이다."

5. 인간 김우중

1. 사기꾼 대 모험가

2. 김우중 회장의 편지

3. 대우맨들

4. 대우계열사, 그 이후

1 사기꾼 대 모험가

'준(準) 사기꾼'이었던가, 아니면 시대를 정면돌파해 나간 모험가였던 가. 대우의 성장과 몰락은 한 마디로 김우중 회장의 흥망성쇠 과정과 일치한다고 해도 과언이 아니다.

그와 대우를 한 마디로 말하라면 '중심은 아닌, 그래서 변방이며', '1등은 아닌, 그래서 차순위의 질서를 추구했던' 야만지대의 정복자였다고 할 수 있다.

냉전체제가 무너지면서 신천지로 떠오른 동유럽과 중앙아시아를 정신없이 질주했던 김우중과 그의 군단이 도달한 곳은 그러나 불행히도 젖과 꿀이 흐르는 땅이 아니었다. 오직 개도국 전체를 함몰시켰던 세계적인 금융위기와 처절한 미국 금융자본의 논리만이 운명의 덫을 놓고 기다리고 있었다.

폭군

부록 '대우 사장단회의 풍경'에서 알 수 있듯이 그는 마치 폭군처럼 도도하고 일방적이었다. "한 마디로 말해봐. 도대체 뭐가 어떻다는 거야?"라는 질책은 '폭군' 김우중을 적나라하게 보여주고 있다. 물론 이런 측면은 개발연대형 인간, 예를 들어 박정희나 정주영 등에서도 동시에 나타나는 성향이다.

그리고 이런 평가에 대해 그의 측근들은 적잖이 반발한다. 항상 직원들과 대화할 줄 아는 회장이었고 어떤 기업주보다 참모들의 얘기를 경청했다는 것이다. 표면적으로는 맞는 얘기다. 1990년대 초반 동유럽 진출을 결정할 때도 앞서 유럽에 나가 있던 연구원들과 끼니를 걸러가면서 머리를 맞대고 의논했다. 또한 어떤 회장들보다 많은 회의를 주재한 것도 사실이다.

그러나 결국 모든 사업의 최종 결정은 김 회장의 몫이었고 누구나 그 점을 인정했다. 대우가 실패한 이후 수많은 의문점들이 해소되지 않고 있는 것에 대해 한 전임 임원은 다음과 같이 말했다.

"한 마디로 모든 일을 김 회장 스스로 다 챙겼기 때문이다. 동유럽 진출에 대해 속도를 조절해야 한다는 목소리도 있었지만 결국은 김 회장의 뜻대로 이뤄진 것 아닌가?"

김우중이 가진 또 하나의 장기는 정치적 흥정과 타협이었다. 대통령 선거마다 '대항마'를 띄우고 그것으로 절묘한 정치적 흥정과 타협을 해나갔다. 대통령 당선자 김영삼이 "뭐야, 그 사람 사기꾼 아니야!"라고 고함질렀다는 얘기는 김 회장의 정치적 계산 속이 때론 정치 9단을 능가했다는 것을 보여주고 있다.

폭군은 결국 고독한 기업가의 다른 면인지도 모른다. 옥포 대우조선이 자금난과 노사분규에 휩싸였던 1년 6개월 동안 현장에서 숙식하며 위기를 벗어날 때 김 회장은 '혼자'였다. 참모들은 그의 분신이었을 뿐이었다. 김 회장의 현장 경영은 언제나 1인 경영을 의미했다.

1992년 미국 자동차회사 GM과 결별한 뒤 부평공장의 17평짜리 사원 기숙사에 상주하며 신모델 개발에 열을 올릴 때도 마찬가지였다. 그는 언제나 혼자였다.

상인

대구 피난시절 그가 신문을 팔았던 이야기는 너무도 유명하다. 스스로 《세상은 넓고 할 일은 많다》에서 이 대목을 자세히 기술하기도 했다.

경쟁자를 물리칠 수 있는 방법을 고민한 김우중이 고심 끝에 발견한 수단은 거스름돈을 미리 종이에 싸서 준비해두는 것이었다. 여기에도 성이 차지 않았던 그는 신용거래 방식을 고안해낸다. 신문을 먼저 돌리고 대금은 나중에 회수키로 한 것이다.

돈을 떼이는 경우도 있었지만 소년 김우중은 결국 대구 방천시장 신문 판매권을 석권할 수 있었다. 바로 이 노하우로 대우의 32년을 지탱해왔던 것이었다.

한때 국내는 물론 해외에도 정평이 나 있었던 그의 금융기법은 이 당시부터 하나하나 체득해온 것으로 볼 수 있다.

"김우중 회장은 기업가라기보다는 타고난 장사꾼으로 평가해야 한다"고 주장하는 사람들도 있다.

그는 대학 졸업 후 첫 직장이었던 한성실업에서 무역관련 업무를 익혔고 대우실업을 창업한 직후 샘플 원단만을 들고 동남아로 뛰어나가 1주일 만에 30만 달러어치를 수주하는 수완을 발휘한다. 1970년에는 미국 정부가 한국에 대해서도 섬유수입할당제를 실시할 것이란 정보를 입수하고 미국 시장에 봉제물량을 대량으로 쏟아내기도 했다. 그 결과 시장점유율을 높여 그해 8월 말 한국에 할당된 양의 30%를 장악함으로써 대우실업은 국내 최대의 섬유수출업체로 급부상하게 된다.

이런 과정들은 '상인'으로서의 김우중으로 부족함 없이 성장하게 했지만 이 신화 같은 일들로 인해 결국 최고의 상품보다는 최고의 상술을 택하게 됨으로써 종국에는 김우중 자신의 길을 스스로 파국으로 이끌었다고 해도 과언은 아닐 것이다.

이 '미리 판다'는 상술은 나중에 대우그룹의 치명적 약점, 다시 말해 외상매출의 누적과 결과적으로 부채과다를 불러온 주원인이 된다.

4무(無)

그의 평생 친구인 석진강 변호사는 김우중 회장을 '4무(無)'로 표현한 적이 있다. 무주(無酒), 무색(無色), 무유(無遊), 무가(無家)를 일컫는 것이다. 한 마디로 워커홀릭, 즉 '일 중독증' 환자라고 표현하는 사람들도 있다.

그가 좋아하는 음식은 가장 빨리 나오는 비빔밥과 설렁탕이었다. 일분 일초가 아까운 그에겐 해외출장 때도 식사의 절반은 샌드위치였다.

음식과 관련된 일화 하나를 소개한다.

김 회장이 1980년대 후반 캐나다에 출장을 갔다. 수행 임직원들과 함께 들른 한국식당에서 김 회장은 이날도 가장 빨리 나오는 비빔밥을 시켰다. 물론 참석자들도 그를 따라 비빔밥을 시켰다. 이 때 말단직원 한 명이 대구탕을 주문한 것이다. 임원들은 안절부절 못할 수밖에.

결국 일찍 식사를 끝낸 '높은 분'들이 지켜보는 가운데 이 '말단'은 가격도 몇 배나 비싼 대구탕을 천천히 먹어치웠다. 김 회장이 질문을 던졌다.

"자네는 왜 대구탕을 시켰나?"

"이 동네 대구가 세계적으로 유명합니다."

혼쭐이 난 것은 그 말단직원이 아니라 이 지역을 맡고 있던 임원이었다. 그렇게 유명한 상품이라면 이를 상품화해 수입을 하던가 수출을 하겠다는 생각을 해야지 뭐하고 있느냐는 것이었다.

김 회장은 또한 술을 거의 입에 대지 않았으며 그 흔한 스캔들 하나 없었다는 점에서 '무주', '무색'은 설명이 가능하다. 그는 골프도 치지 않았다. 이유는 시간이 너무 많이 든다는 점 때문이었다.

그의 일 중독증에 대해 작가 최인호 씨는 "김 회장은 쉬고 있을 때 안절부절 못하고 완전히 무기력한 사람처럼 보인다"고 말했다.

김 회장 스스로도 "나는 도대체 가만히 있지를 못하고 일을 벌이는 편이다. 세상에서 가장 어려운 일이 아무것도 하지 않고 가만히 있는 것이라고 생각한다"고 말한 적이 있다. 비서실 직원들은 그래서 김 회장의 여가시간을 위해 만나볼 사람을 섭외하는 데 정신이 없었을 정도였다.

그렇다면 김우중의 취미는 무엇이었을까. 비서실 출신 모 부장은 "항상 홍콩 무협영화와 권투경기를 녹화해 준비해뒀다가 빈 시간에 틀어드리곤 했다"고 말했다. 한 마디로 김우중은 빠른 시간에 승부가 나는 것을 좋아했다고 보면 맞을 것이라고 이 직원은 설명했다.

무가(無家)는 가족을 돌보지 않는다는 것을 말하는데, 이에 대해서는 세간의 평가가 약간 잘못된 부분이 있다. 그는 가족을 끔찍히 생각했다는 게 주변에서 보아온 사람들의 의견이다.

그 가족을 늘 곁에 두고 보아왔던 모 인사는 "김우중의 가족사랑은 유별났다. 가족 대소사는 빼놓지 않고 챙기려고 애썼다. 비록 10분을 머물지라도 항상 들렀다 갈 정도였다"고 말했다. 그는 자식들이 어렸을 때 아들과 조카들을 직접 데리고 영화 〈람보 1〉을 보러가기도 했다. 그리고 아이들이 중학교에 들어갈 때까지는 항상 이들을 불러 크리스마스 파티를 열어주기도 했다는 게 가족들의 전언이다.

그의 친척 가운데 한 인사는 "가족들에게는 자상하면서도 권위있는 사람으로 기억되고 있다"고 전했다.

그러나 김우중은 집안 사람들에게 항상 "가족은 가족이고 회사는 회사다"는 말을 강조하곤 했다. 대우그룹 회장의 조카들이 작은 어머니가 운영하는 회사인 힐튼호텔에서 받을 수 있는 혜택은 '무료 주차권' 밖에 없다는 말까지 들었을 정도다.

자수성가한 그룹의 총수였지만 여기에 친인척들이 끼어들 틈이 없었던 것은 분명해보인다. 또한 자식들에게 회사를 물려줄 생각은 전혀 없다는 말도 잊지 않았다.

큰아들 선재씨가 미국에서 교통사고로 사망했을 때도 마찬가지다. 백기승 전 대우그룹 홍보실장은 "웬만한 그룹에서 총수 부인이 오면 지사에서 나가 마중나가는 것이 상례지만, 큰 아들이 직접 마중나가다가 사고로 사망했다"고 말했다.

전략가

김우중은 기업가가 아니었다는 평가도 있다. 창업보다는 기업인수(M&A)가 많았기 때문에 나온 말이다. 1973년부터 적자투성이었던 동남전기(대우전자)와 한국기계, 대한조선공사(대우중공업 조선부문), 새한자동차를 차례로 인수해갔다. 부실업체를 떠안은 대신 반대급부로 거액의 은행돈을 빌릴 수 있게 된 것도 사실이다.

물론 수출과 중공업을 중시하던 박정희 정권의 상당한 지원이 뒷받침된 것이다. 서울역 앞 양동에 세웠던 교통센터가 화재를 당하자, 그 부지를 대우에 넘긴 것도 박정희였고, 한국기계(현 대우종합기계) 인수도 박대통령의 지시에 따른 것으로 알려져 있다.

이 같은 전략가로서의 자질이 최고조로 발휘되었던 것은 1989년이었다. 세계 조선경기가 급락, 대우중공업은 엄청난 적자를 안게 됐다. 김우중은 5개 계열사를 매각하고 대우센터 빌딩까지 내놓을 정도로 어려운 상황이었다.

김우중은 이 위기를 기회로 활용했다. 계열사 매각의 조건으로 정부로부터 수천억 원에 이르는 협조융자를 얻어내 대우중공업을 살려놓는다. 그리고 한때 세계 조선 수주 1위로 대우중공업을 끌어올렸다. 조선경기만 회복되면 중공업이 엄청난 돈을 끌어모아 그룹의 캐시카우가 될 수 있다는 점을 꿰뚫어보고 이를 살리기 위해 정부와 협상을 성공시켰던 것이다. 그 후 대우중공업은 대우그룹의 세계경영에 자금줄 역할을 하게 된다.

팽창 본능

대우의 세계경영이 구체화된 것은 냉전이 끝나면서부터였다. 무인지경에 돌진해 들어가지 않고선 한국 기업은 잘해야 2위일 수밖에 없을 것이라는 판단에서였다. 옳은 생각이었다.

권영철 전 (주)대우 전무에 따르면 "중국, 우즈베키스탄, 루마니아, 폴란드에 이어 결국에는 프랑스의 톰슨과 르노까지 인수한다"는 계획이었다.

그러나 유라시아 대륙을 관통하는 이 원대한 계획은 아시아 외환위기, 러시아 모라토리엄 위기가 겹치면서 물거품으로 돌아갔다. 마치 몽골 제국의 칭기즈칸이 진군과 정복에서는 타고난 영웅이었지만 제국을 유지하는 시스템을 갖추지 못해 한순간에 무너져내린 것과 다를 바 없었다.

김우중 회장은 그 도전정신 때문에 망했다고 얘기하는 사람들이 가끔 있다. 무모한 도전이 화를 불렀다는 것이다. 그 가운데서도 김 회장을 거꾸러뜨리는 데 치명적인 원인을 제공한 것은 바로 미국에 대한 도전이었다.

미국이 김 회장의 세계경영을 곱게 바라보지 않았다는 것은 거의 정설이다. 외환위기 이후 IMF가 우리 정부에 손봐야 할 한국 대기업으로 대우를 지목했다는 설까지 나돌았을 정도였다. 냉전 붕괴의 과실을 김 회장이 따먹으려 달려든 '죄과'였다.

김 회장의 동유럽 진출방식은 공장 한두 개를 짓는 것이 아니라 국가 전체의 부흥계획을 통째로 들고 들어가는 패키지 방식이었다. 미국 입장에서는 신흥 시장으로 불리는 동유럽을 자국이 원하는 방식으로 개발, 미국의 경제 시스템 내에 두고 싶어했을 게 자명했지만, 김 회장은 이와는 다른 독특한 방식을 들이댄 것이다. 특히 김 회장이 국내에서 익힌 정경유착의 효율성을 그대로 적용하면서 급속도로 동유럽을 장악하는 과정은 미국인들을 깜짝 놀라게 하기에 충분했을 것이다.

김 회장의 미국에 대한 도전은 1980년대 중반으로 거슬러올라간다. 그 시절 김 회장을 측근에서 보좌했던 한 인사의 증언이다.

"당시 미국은 이란에 대해 금수조치를 취하고 있었다. 이란은 바다 앞에 떠 있는 미국의 항공모함을 공격하고 싶어 안달이 나 있는 상황이었다. 그리고 여러 국가에 구축함을 구입하고자 한다는 희망을 피력했다. 그러나 어떤 국가도 미국의 심기를 건드리려 하지 않았다. 그 때 김 회장이 나선 것이다."

김 회장은 이란에 구축함을 팔기로 결심한 것이다. 김 회장은 이집트 등을 통해 우회수출하는 방법을 모색했다. 성사 직전까지 가는 듯했다.

"그러나 김 회장의 야심찬 계획은 결국 미국에 발각돼 수포로 돌아가고 말았다. 아마 미국과의 악연은 이 때 시작된 것 같다"고 이 인사는 증언했다.

김 회장의 과감한 도전은 여기에 그치지 않았다.

1990년대 들어와서는 이라크의 사담 후세인을 지원하려다 발각되기도 했다. 이라크가 금수조치에서 벗어날 수 있는 비방을 담은 밀서를 전달하고자 했다. 그러나 결국 파견된 밀사가 CIA의 정보망에 걸려들고 말았다.

당시 밀사역할을 했던 A씨는 "미국은 이 때 이미 김 회장을 이상한 눈으로 보기 시작한 것 같다. 대우 패망과 관련된 음모론은 상당한 진실을 내포하고 있다"고 말했다.

미국과의 정면충돌은 물론 GM과의 관계에서 비롯됐다. 합작관계가 유지되던 1989년 김 회장은 GM의 반대를 무릅쓰고 일본 스즈키를 끌어들여 창원 경자동차공장을 세웠다. 그리고 1980년대 후반 르망 수출문제로 GM과 의견이 엇갈리자 1992년에는 GM을 몰아내고 대우자동차 경영권을 장악했다. 그 후 폴란드 FSO와 우크라이나 공장 인수전에서도 GM을 눌렀다.

미국이 적성국가로 분류한 리비아와 이란에도 버젓이 공장을 지었다. 외환 위기 이후에도 마찬가지였다. IMF의 서슬이 시퍼렇던 1998년 당시 김우중은 경제 회생을 위해 구조조정보다는 고용을 늘리는 데 중점을 둬야 한다고 주장했다.

한 마디로 축소를 강요했던 미국식 처방에 정면으로 도전한 것이다. 그리고 경상흑자 500억 달러 달성을 통해 위기를 돌파해야 한다고 주장했다. 미국의 입장에서는 어이없는 돈키호테 정도로 생각했을 것이 분명하다.

또 하나의 사례는 김우중이 추진했던 한국, 일본, 중국, 대만, 북한 등이 참가하는 아시아 5개국 민간협의체 프로젝트였다. 이 프로젝트의 목적은 그다지 단순하지 않았다는 게 대우 측 설명이다. 백기승 전 대우그룹 홍보실장은 다음과 같이 말했다.

"이 프로젝트에는 ASEAN이 옵서버로 참가하기로 결정된 상황이었다. 따라서 이 프로젝트가 제대로 진행됐더라면 미국에 버금가는 시장이 하나로 뭉치는 효과가 있었을 것이다."

그러나 1998년 초 김우중이 전경련 회장에 취임하자 미국의 눈치를 본 일본이 한 발짝 물러나면서 이 계획은 빛을 잃기 시작했다.

방랑자

김 회장은 1년 중 3분의 2를 해외에서 보냈다. 시쳇말로 역마살이 끼었다. 게다가 지금은 그나마 도피자 신세다. 외국 친구들이 그의 생활을 돌봐준다고 한다. 그는 지금 한적한 시골에서 회고록을 구상하고 있는 것으로 전해진다. '회고' 한다는 것이 왠지 앞만 보고 달려나간 김 회장에겐 그다지 어울리지 않는 일인 듯도 싶다.

정치인

김 회장이 정치판에 직접 뛰어들려고 했다는 것은 정설이다. 그러나 타고난 장사꾼이었던 그가 과연 진심으로 정치에 뛰어들려고 했을까. 김 회장을 잘 안다고 주장하는 사람들도 이 대목에서는 상반된 의견을 내놓는다.

가장 뜨거운 논쟁을 불렀던 1992년 대선 때도 김 회장의 행보는 종종 이중적인 성향을 띠었다. 정주영 회장을 견제하고 정 회장의 표를 갉아먹기 위해 진심으로 출마하려 했다는 유력한 증언도 있지만, 그것이야말로 김 회장의 '장삿속 계산'일 뿐이라는 반론도 있다.

정 회장과 김 회장의 사이가 극도로 나빴다는 것은 잘 알려진 사실이다. 대우가 벌이는 사업 대부분이 현대그룹과 중복되었다는 것을 생각하면 현대와 대우의 관계를 짐작하고도 남을 것이다. 그러나 김 회장의 직접 출마 또는 제3의 인물을 밀고 있다는 등의 소문들이 전부 김 회장의 노련한 계산 속이라는 주장도 만만치 않다.

이런 주장에 따르면 김 회장은 새 정권(1992년의 경우 김영삼 정권)과 크게 한판 거래한 일들이 있었고 이 거래를 성사시키기 위해 '정치참여'라는 양동작전을 폈다는 것이다.

그래서 나중에 국정원장을 지내기도 했던 L씨를 대통령으로 미는 시늉을 했고 막판에 그를 낙마시키는 데 협조하는 조건으로 김영삼으로부터 대우에 대한 상당한 지원을 약속받았다는 것이다.

한 관계자의 증언에 따르면 김 회장은 결국 대선 막판에 유성의 한 호텔에서 김영삼과 독대했고 여기서 L씨를 낙마시키는 데 협조하기로 했다. 그 대신 대우에 대한 지원을 약속받았는데, 김영삼이 당선 이후 직접 재무부 관계자를 불러 대우그룹에 대해 보고서를 올릴 것을 지시하기도 했다는 것이다.

이러한 증언을 감안한다면 김 회장의 정치적 행보는 결국 대우그룹을 살리기 위한 빅딜의 한 수단이었을 가능성이 높다고 해야 할 것이다.

2 김우중 회장의 편지

대우 임직원에게 보내는 편지

김우중 회장이 대우 사람들에게 보낸 마지막 편지 한 통을 소개한다. 편지 내용의 일부는 당시 언론에 보도되기도 했지만 이 자리를 통해 전문을 공개한다. 김 회장의 대외문건은 초안을 다듬는 사람이 있었지만, 언제나 김 회장이 토씨까지 직접 다듬는 것으로 알려져 있다.

이 편지도 마찬가지였을 것이다. 이 편지는 대우그룹 사내 인터넷망을 통해 공개됐다. 물론 김 회장 본인은 이미 서울에 없었다. 청와대의 모 인사로부터 "당분간 귀국하지 말았으면 좋겠다"는 말을 듣고 장기 외유가 불가피하다는 결정을 내리고 난 다음이었을 것이다.

당시만 해도 김 회장이 이처럼 오랜 기간 도피자 생활을 해야 할 것이라고는 아무도 생각하지 않았다. 김 회장이 교양인이라는 점을 감안하고 편지를 읽는 것이 좋을지도 모른다. 김 회장 본인이 다양한 문화·예술 분야의 사람들과 교류했을뿐더러 시쳇말로 무식한 사람이 아니었다. 김 회장의 마지막 편지를 읽어보자.

대우가족 여러분께

한없이 미안함을 가슴에 담고 오늘 저는 대우가족 여러분께 마지막 작별 인사를 드리고자 합니다.

존경하는 대우 임직원 여러분. 그리고 끝없는 사랑을 베풀어주신 가족, 친지 여러분.

그 동안의 성원에 진심으로 머리 숙여 감사드립니다. 여러분이 보여주신 열정과 노력, 그리고 가족들의 따뜻한 격려와 배려를 저는 결코 잊지 않을 것입니다. 여러분과 고락을 함께 한 지난 시절을 진실한 정이자 값진 보람으로 마음 속 깊이 간직하겠습니다.

지금까지 우리가 소명처럼 추구했던 창조, 도전, 희생의 여정이 이 순간 못내 가슴에 맺혀옵니다. 대우가 살아온 지난 세월에는 국가와 명예와 미래를 지향하는 꿈이 항상 그림자처럼 드리워져 있었습니다. 그러나 그 자랑스러웠던 여정은 오늘에 이르러 국가경제의 짐으로 남게 되었으며 우리의 명예는 날개가 꺾이고 말았습니다.

여러분과 함께 했던 꿈과 이상 또한 이제 가늠 수 없는 고독이 되어 제 여생의 반려로 남게 되었습니다.

구조조정의 긴 터널을 지나오는 동안 빚어진 경영자원의 동원과 배분에 대한 주의 소홀, 용인되지 않은 방식으로 접근하려 했던 위기관리 등 예기치 못한 상황에서 초래된 경영상의 판단오류는 지금도 가슴 아프게 느껴집니다. 하지만 그 책임에서 벗어나려는 작은 몸짓조차 저는 하지 않겠습니다. 대우의 밝고 새로운 미래를 위해서라면 지나온 어두운 과거는 제 스스로 짊어질 생각입니다.

이제는 뜬 구름이 된 제 여생 동안 그 모든 것을 면류관 삼아 온몸으로 아프게 느끼며 살아가게 될 것입니다.

그 동안 험난한 고비를 힘들게 헤쳐오면서 부득이 대우가족 여러분께 한 마디 위로나 해명의 말조차 전할 수 없었습니다. 그러나 이제 와서 이를 변명할 염치가 저에게는 없습니다. 차라리 그간 전하지 못한 많은 사연들을 그대로 제 가슴 속에 묻어둔 채, 그 안타까운 심정만 대우가족에 대한 영원한 빚으로 남겨놓겠습니다. 이제 우리가 헤어져야 할 시간입니다.

헤어짐을 앞두고 스스로 말을 아끼려 하지만 이미 비워져 공허함이 맴도는 제 가슴 속에는 그래도 여러분을 향해 아낄 수 없는 한 마디가 너무도 크게 자리하고 있습니다. 대우가족 여러분께 가슴으로부터 배어나오는 절실한 심경을 담아 진심으로 미안하다는 말을 전하고자 합니다. 지나온 시절 오로지 대의만을 생각하며 여러분께 강조해온 희생의 덕목을 생각하니 그 미안함이 더욱 큰 부담으로 남습니다.

존경하는 대우가족 여러분. 비록 제가 떠나더라도 대우만큼은 우리 경제를 위한 값진 재산이 되어야 합니다. 대우는 여러분의 보람과 긍지가 담긴 소중한 직장입니다.

제가 기억 속에 묻히는 이 순간을 계기로 대우와 임직원 여러분이 과거로부터 자유로워지고 이제 새로운 기업환경이 여러분의 앞날을 보장해주게 되기를 간절한 마음으로 기대하겠습니다.

새로 선임될 유능한 경영진들과 힘을 합쳐 대우를 희망찬 회사로 재탄생시켜주시기를 간곡히 부탁드립니다.

대우와 모든 대우가족의 앞날에 무궁한 영광이 함께 하기를 기원합니다.

1999.11

김우중

대 국민 성명서

김 회장은 1999년 7월 19일 구조조정 계획을 발표하고 바로 이틀 뒤인 21일 대통령에게 편지를 보냈다. 그러나 시장의 불안은 해소되지 않았다. 고위 경제관료들은 대우를 희롱하고 이제 마지막 처리절차만을 논의하는 상황으로 밀려갔다.

언론 보도 역시 호의적이지 않았다. 언론들은 대우문제를 새삼 깨닫기라도 한듯 죽어가는 들소를 향해 집요하게 달려드는 하이에나들처럼 비판적 논조의 기사를 내보냈다.

지금 우리가 읽게 되는 글은 김 회장 이름으로 발표된 일종의 대 국민 성명서다. 기업인이 대중을 상대로 성명서를 낸다는 것부터가 이상한 일이지만 김 회장은 대통령에게 편지를 보낸 사흘 뒤 이 성명서를 발표했다.

구조조정의 확실한 이행을 다짐한다는 제목의 이 성명서는 수신인도 없다. 아니 수신인이 있을 수도 없는, 기업인이 시장에 보내는 성명서를 우리는 지금부터 읽어볼 차례다.

구조조정의 확실한 이행을 다짐합니다

예기치 못한 IMF 사태를 맞아 저희 대우그룹은 지금까지 경험하지 못한 많은 애로를 겪고 있습니다.

그 동안 대우는 대규모 외자유치에 초점을 맞춰 나름대로 성실하게 구조조정을 추진하고자 했지만 당초 계획했던 GM과의 자동차사업 합작에 의한 외자유치 협상이 지난해 9월 돌연 연기됨으로써 상대적으로 그 추진 속도가 1년 이상 늦어지는 결과를 가져왔습니다. 이로 인해 시장에서는 대우에 대한 신뢰가 저하되는 상황이 생겨나 구조조정 노력 및 정상적인 경영활동에 큰 차질이 빚어지게 되었습니다. 그 동안 다양한 노력에도 불구하고 결과적으로 대우 문제로 심려를 끼쳐드리게 된 점을 대단히 송구스럽게 생각합니다.

저희 대우는 지난 12월 구조조정 계획을 수립한 이후 이를 성실하게 실행하기 위해 최선의 노력을 다해왔습니다. 그러나 그 발표 이후 대우에 대한 신뢰성 저하와 시중의 악성 루머 등으로 인해 금년 6월 말에 이르는 단기간 동안 약 6조 원에 해당되는 CP를 금융시장에서 회수당함으로써 단기적인 자금 유동성 문제에 직면하게 되었습니다.

이에 따라 그룹의 근본적인 정상화를 도모하기 위해 지난 7월 19일, 대우그룹이 보유하고 있는 주식 및 부동산 전부와 저의 재산을 담보로 제공하여 유동성 문제를 개선하는 구조조정 가속화 실천방안을 마련했습니다. 앞으로 대우는 채권단과 적극적인 협조를 통해 당면한 유동성 문제를 조기에 안정시키고 이를 바탕으로 하반기 구조조정 계획을 투명하고 객관적인 절차에 따라 금년 말까지 확고하게 마무리 하도록 할 것입니다.

대우는 지난 4월 19일 발표한 구조혁신방안과 7월 19일 발표한 구조조정 가속화 실천방안을 결연한 의지로 성실하게 실행할 것임을 다시 한번 약속드리면서 이를 위해 다음과 같이 그 입장을 밝히고자 합니다.

먼저 지난 7월 19일 발표한 구조조정 가속화 실천방안에 의한 담보제공자산을 '재무구조개선약정'에 수정·반영함으로써 시장에서의 신뢰를 구축하고 이를 토대로 이미 발표한 구조조정계획을 철저히 이행하도록 할 것입니다. 이와 함께 당초의 자구노력 및 구조조정계획에 대한 실현 가능성을 높이기 위해 채권금융기관과 협의하여 사업분리, 자산매각, 계열사 분리 등을 추진해나가도록 하겠습니다.

또한 대우그룹의 해외부채 현황 등 모든 경영실상을 국내외 채권금융기관에 적극 밝혀 경영의 투명성을 제고할 것입니다.

아울러 외국 채권금융기관과의 협의를 위해 자문기관을 위촉하고 그 차입금의 상환에 차질이 없도록 할 것이며, 대우의 구조조정 경과도 외국 채권금융기관에 적극 홍보하겠습니다.

최근 항간에서는 저희 대우의 국내외 차입금에 대해 여러 가지 얘기가 나오고 있습니다. 이 기회를 빌어 대우의 국내외 차입금에 대해서도 정확한 상황을 밝혀드리고자 합니다.

금년 6월 말 현재 대우그룹의 국내차입금은 본사에서 외화차입한 31억 달러(시설재 외화대출 13억 달러 포함)를 포함하여 49조 원이며, 실제 현지법인의 외화차입금은 68억 4,000만 달러입니다. 이 가운데 외국계 금융기관으로부터의 차입은 45억 8,000달러 수준이며, 해외공장 시설재의 현지은행 중장기차입을 제외한 단기차입금은 27억 1,000만 달러에 불과합니다. 따라서 일부 보도내용처럼 대우가 현재 과도한 해외차입금을 갖고 있지는 않다는 사실을 말씀드리고자 합니다.

저는 지금까지 한 평생 기업경영을 통해 조금이라도 국가경제 발전에 이바지하고자 노력해왔습니다. 이제 다시 한 번 그 초심(初心)으로 돌아가 무욕(無慾)의 자세로 혼신의 힘을 다해 대우그룹의 경영을 조기에 정상화함으로써 국가경제에 미치는 부담을 없애고 명예롭게 퇴진할 수 있도록 제 모든 것을 바쳐 최선의 노력을 다해나가겠습니다.

1999. 7. 25
김우중

〈한국경제신문〉에 보내온 편지

이 편지는 김우중 회장이 〈한국경제신문〉의 정규재 경제부장에게 보내온 것이다. 정 부장의 편지에 대한 답신의 형태를 띠고 있다. 정 부장은 김 회장 앞으로 한 통의 편지를 보낸 적이 있었다. "낭인 생활을 끝내고 귀국하는 것이 좋지 않겠는가, 그리고 그 동안의 경과에 대해 허심탄회하게 대화의 시간(인터뷰)이라도 가질 수 있도록 해달라"는 요지의 편지를 측근 인사를 통해 전달한 것이었다.

그에 대한 답신이 바로 이 편지다. 인터뷰를 갖는 대신 사신의 형식을 빌어 김 회장의 심경을 피력한 것이기도 했다. 이 답장은 김 회장의 오랜 측근 인사를 통해 전달되어왔다. 그 측근 인사는 지금도 대우그룹과 김 회장을 위해 고생을 하고 있고 국내에서는 사실상 김 회장의 대리인으로 활동하고 있다.

그런데 이 편지를 공개하는 데는 몇 가지 전제조건이 있었다. 우선 김 회장이 직접 이 편지를 손으로 쓴 것은 아니고 측근 인사가 김 회장을 만나 구술을 받아 정리한, 그리고 재구성한 내용이라는 점을 분명히 해달라는 것이었다. 그래서 김 회장의 생각과 다소 다른 내용이 포함되었을 수도 있다는 점을 확실히 해달라는 것이었다.

취재팀으로서는 이 조건을 받아들일 수밖에 없었다. 무엇보다 김 회장은 도피 중이고 대우와 관련된 재판이 진행 중이기 때문에 법적인 책임문제가 제기될 수도 있었다. 이 편지가 공개되자 실제로 많은 분들이 김 회장에 대한 여러 가지 질문들을 해왔다. 그 중에는 국가권력기구도 포함되어 있었다.

처음부터 정치적 관심이 많은 사안이기도 했다. 다른 신문사들은 "우리에게도 편지를 공개하라"며 김 회장의 측근들을 들볶았다. 〈한국경제신문〉 취재팀에 편지를 전달한 측근 인사들은 하나같이 "나는 모르는 일, 〈한국경제신문〉에 물어보라"며 발을 뺐다.

김 회장의 측근 인사가 이 편지를 취재팀에게 전달한 것은 시내 조용한 일식당에서였다. 처음부터 "나는 모르는 일로 해달라"는 저쪽의 부탁이 오간 다음이었다.

이 편지를 그대로 옮겨 싣는다. 김 회장의 육성을 들어보자.

정규재 부장님

많은 분들에게 걱정과 염려만을 끼쳐드린 채 낯선 이국의 하늘 밑에서 비탄과 회환, 그리고 투병(鬪病)의 세월을 걸어온 지 어언 2년여가 흘러가고 있습니다. "죽기보다 사는 것이 더욱 용기를 필요로 한다"는 말의 의미를 절감하며 살아온 시간들이었습니다.

과정이야 어떻든 결과적으로 많은 고통과 혼란이 초래된 점, 국민들 앞에 엎드려

사죄한들 가셔지기야 하겠습니까만은 절망의 가슴은 또다시 송구스러움에 나락으로 떨어지고 맙니다.

정 부장님을 비롯하신 모든 분들께서 대우사태와 관련하여 진실을 찾아주기 위해 애써주시는 점, 너무도 큰 은혜로 생각하며 격려의 전언은 저에게 큰 위로가 되어 가슴에 남아 있습니다.

하지만 아직도 수많은 경영진과 직원들이 이 문제로부터 자유롭지 못한 상황에서 저 하나만 빠져나와 있는 현실은 정말 가슴을 찢는 자괴와 고통으로 저를 힘들게 하고 있습니다.

그룹의 해체라는 믿기지 않는 일을 당해야 했던 저 개인의 참담함과 분노는 차치하더라도, 오로지 수출 한국의 기치 하나로 청춘을 불사르며 피와 땀의 노력을 아끼지 않고 묵묵히 소임을 다해온 이들이 시대의 범법자로 매도되며 영어(囹圄)의 고통을 당하고 있는 모습을 그저 바라볼 수밖에 없는 현실에서, 제가 그들을 위해 해줄 수 있는 것이 무엇인지를 놓고 참으로 번뇌하지 않을 수 없습니다. 대우의 공과(功過)가 정당하게 평가되지 않고 오로지 매도 일변도로, 모든 추악한 비난만이 저를 위시한 대우 임직원에게 쏟아지고 있는 현실이 이젠 슬프기만 할 따름입니다.

제가 국제적 사기한(國際的 詐欺漢)이고 대우그룹이 범죄집단이었다면 어떻게 지금도 대우가 만든 마티즈 자동차가 로마 시내를 가장 많이 질주하고 있고, 전세계의 바다 위를 대우가 만든 수백 척의 배들이 항해를 하고 있겠으며, 대우가 건설한 아프리카, 중동의 그 많은 고속도로 위로 차들이 질주할 수 있겠습니까.

분명한 것은, 대우의 성쇠(盛衰)에 관한 진실이 언젠가는 밝혀질 것이며 진실이 영구히 덮혀지지 않는다는 사실을 우리는 경험으로 알고 있습니다. 때문에 저는 오늘 참을 수 없는 감정을 드러내기보다 절제된 행동으로 모든 것을 기억하며 기다리고자 합니다.

정 부장님.

"번영은 친구를 만들고 역경은 친구를 시험한다"는 말이 있습니다.

저는 부장님과 <한국경제신문>의 모든 분들이 이 고난의 시절에 덮여진 진실을 찾기 위해 애쓰시며 보여주신 염려와 도움을 참된 우정으로 깊이 새길 것입니다.

하지만 저는 대우 해체의 진실을 찾으려는 여러분들의 노력이 제 개인의 명예나 과거 따위의 복원에 도움을 주기 바라지 않습니다. 저는 이미 제 자신에 관한 모든 미련이나 원망은 버린지 오래되었습니다.

결과는 비록 참담하였지만, 저와 수많은 대우가족들은 한 평생 '국가와 경제의 발전'이라는 일념 이외의 어떠한 사심도 탐하지 않으며 살아온 사람들입니다.

혹독한 비난과 매도의 세월을 지나면서조차 나라를 생각하는 저와 대우가족의 마음에는 변함이 없을 것입니다. 그러기에 여러분의 노고가 우리 경제의 자성과 경종을 울리며 새로운 기회와 활력을 찾는 출발점으로 기여해주기를 진심으로 기대하며, 난관과 장애 속에서라도 더욱 객관과 균형의 시각을 견지해주시기를 주제넘게 부탁드리고자 합니다.

정 부장님과 <한국경제신문> 모두의 큰 발전을 기원드립니다.

김우중

3 대우맨들

남겨진 사람들

대우가 패망하면서 대우가족들은 새로운 길을 걸어야 했다. 예상치 못했던 시련의 시작이었다. 꿈은 산산조각 났고 희망은 사라져갔다. 가치관의 혼란이 앞서 찾아왔고 뒤이어 냉혹한 현실이 다가왔다. 불패신화의 주인공 김우중 회장은 훌쩍 떠나버렸다.

사장들은 줄줄이 재판정에 섰고 임직원들은 상심을 보듬고 흩어졌다. 여론도 대우에 등을 돌렸다. 앞만 보고 뛰었기에 좌절은 더욱 컸다. 대우에 몸담았다는 이유만으로도 사람들의 이상한 눈길을 받아야 했다. 10만 대우인이 겪었던 고통은 하나하나가 긴 소설 같은 것이었다. 그러나 상처도 조금씩은 아물어가고 있다.

일부 계열사이긴 하지만 '대우'라는 이름을 다시 일으키고 있고 소모임이긴 하지만 새로운 만남의 장도 열리고 있다. 대우를 떠난 사람 중에는 다른 기업으로 간 사람도 있고 가장 힘든 직업 중의 하나라는 보험설계사로 전업한 이들도 적지 않다. 다시는 월급쟁이를 하지 않겠다며 어렵사리 자기 사업을 시작한 사람도 있다.

대우 패망으로 가장 큰 고통을 받았던 이들은 재판을 받고 있는 사람들이라고 할 수 있다. 일부는 감옥살이까지 해야 했다. 삶의 터전을 잃은 것도 억울한데 패망의 책임까지 떠맡았다. (주)대우 강병호 전 사장, 대우자동차 김태구 전 총괄 사장, (주)대우 이상훈 전 전무는 나중에 석방돼 풀려나기는 했으나 구속되고 재판받느라 몸과 마음이 만신창이가 됐다.

(주)대우 장병주 전 사장은 위암 수술 여파로 건강이 급속히 악화돼 병보석으로 풀려났다. 대우전자 전주범 전 사장도 보석으로 나왔다. 대우중공업 신영균, 추호석 전 사장은 불구속으로 재판을 받았다.

이들 모두는 분식회계와 외화도피로 범죄자가 되어 있었다. 청춘을 바치고 열심히 일한, 그리고 마지막 순간에는 부도를 막느라 허겁지겁 내달린 결과였다. 재판 과정에서 이들은 엄존했던 현실과 냉엄한 법리 사이의 심연을 뼈저리게 느끼고 있다. 이들은 영국 런던에 있는 대우 비밀계좌인 BFC에 수출대금 수조 원을 입금한 탓에 특정경제범죄가중처벌법상 재산 국외도피 혐의로 1심에서 중형을 선고받았다.

(주)대우의 전·현직 임원 7명은 수출대금 미회수 등의 수법으로 201억 달러를 해외로 유출한 혐의로 총 26조 4,180억 원의 추징금을 선고받았다. 수만 명에 이르는 종업원을 이끌면서 세계를 무대로 브랜드를 팔아왔던 이들이 졸지에 외화도피범이며 사기꾼으로 낙인찍힌 순간이었다.

본사 지급보증으로 해외법인이 차입한 자금을 상환하기 위한 자금이었다고 주장해보지만 법정은 등을 돌렸다. 책임 소재와 형평성에 대한 논란도 있었다. 운도 나빴다. 하필 대우가 망하는 시점에 사장을 맡았던 것이 불찰이었다. 어떤 사람은 마지막 순간에 그 자리에 없었다는 이유만으로 유유히 빠져나갔다. 운명은 엇갈렸다.

(주)대우 장병주 전 사장은 회장을 대신해 누군가 책임을 져야 한다는 점을 겸허하게 받아들였다. 김 회장의 최측근으로, 대우 몰락 과정에서 끝까지 발버둥친 그였기에 회한 또한 남달랐다.

취재팀이 지난 2001년 7월 서울구치소로 장 사장을 면회갔을 때, 그는 "대우를 살릴 기회가 몇 차례 있었는데…"라는 말만 되풀이했다. 얼굴엔 후회의 여운이 가득했다. 그리고 대우의 기업가치에 대한 미련 또한 컸다.

장 사장은 "대우는 공(功)도 있고 과(過)도 있다. 김 회장을 파렴치범으로 모는 것은 잘못"이라며 그의 상관을 옹호했다. 그는 "시간이 흐르면 진실과 거짓이 만천하에 밝혀질 것"이라고 말하기도 했다. 재판을 받고 있는 이들은 한결같이 외부와의 접촉을 자제하면서 독서로 소일을 하고 있다.

피고인들 중엔 대우가 자랑하는 '런던스쿨' 인맥이 많은 점도 이색적이다. 강병호, 추호석 사장, 이상훈 전무. 한때는 다양한 금융 수완을 발휘하며 세계경영의 병참기지 역할을 수행했지만, 지금은 바로 그 때문에 무거운 짐을 지고 있다.

추호석 사장은 김우중 회장 비서출신으로 (주)대우 전무 시절 대우중공업 사장으로 발탁돼 화제를 모았었다. 추 사장은 변호사들의 만류에도 불구하고 자신의 책임 범위에서 일어난 일이라면 책임을 져야 마땅하다는 주장을 끝까지 지켜 검찰조차 당혹해할 정도였다. 불구속 상태에서 재판을 받았던 추 사장은 검색 엔진 벤처회사인 '코리아와이즈넷'의 전문경영인으로 활동하고 있다.

합리적이라는 평가를 받았던 강병호 사장은 성경을 읽으면서 수감생활을 이겨냈다고 한다.

누구보다 회장의 뜻을 묵묵히 따랐던 김태구 대우자동차 전 총괄 사장은 질풍노도처럼 세계로 뻗어나갔던 자동차사업을 중간에 접게 된 점을 못내 애통해하고 있다.

구속되거나 실형을 언도받지는 않았지만 김 회장을 도와 대우를 이끌었던 다른 경영인들도 마음이 편할 리는 없다. 경기고 동문으로 수십 년 동안 김 회장과 동고동락했던 (주)대우 이경훈 전 회장은 "후배들이 겪는 고통을 보면 정말 가슴 아프다"고 말한다. 미국, 중국 등 해외시장 전문가인 이 회장은 서울대 국제지역원 초빙교수로 강단에 서는 것을 그나마 위안으로 삼고 있다. 또 효성 사외이사로서 경영 노하우를 전하고 있다.

(주)대우 서형석 전 회장은 공식 직함없이 조용히 세월만 보내고 있다. 이들 원로들에 대해서는 김 회장의 독단을 제대로 견제하지 못했다는 비판도 없지 않다. 대우맨 중에는 그룹 전체가 그토록 무기력하게 쓰러진 데는 김 회장은 물론 측근들이 상황을 잘못 판단했기 때문이라고 보는 이들이 많다.

대우가 해체될 때 구조조정본부를 이끌었던 정주호 전 사장은 대우 몰락 직후인 1999년 12월 대우자동차 사장직을 맡아 10개월 동안 일선 경영인으로 활동했다. 당시에는 구설수도 적지 않았다. 정 사장은 국내 생활에 염증을 느끼면서 지금은 미국으로 건너가 생활하고 있다.

대우가 망하기 직전에 대우를 떠난 사장들은 지금도 기업경영 일선에서 활발히 움직이고 있다. 김 회장의 경기고 2년 후배로 대우그룹 총괄회장을 지냈던 윤영석 씨는 1998년 한국중공업 사장으로 발탁됐고 한국중공업이 두산에 매각된 이후에도 회사를 그대로 이끌었다.

'탱크주의' 모델로 유명한 배순훈 전 대우전자 회장은 1998년 초 김대중 정부 첫 정보통신부 장관을 역임한 후, 현재는 '리눅스원' 회장직을 맡고 있다. 배 회장은 대우가 패망한 직후 김 회장을 신랄하게 비판해 골수 대우맨들로부터 격분을 자아내기도 했다. 어쨌든 그는 결과적으로 살아남았다.

"김 회장은 독재경영을 해왔다. 급성장할 때는 효율적이지만 세계 경제흐름이 바뀐 마당에는 스타일을 바꿔야 한다. 성공한 사람은 성공사례에 집착하는 경향이 있다. 주변 참모들은 자신이 없어 반대하기 어렵다."

배 회장은 이에 앞선 1998년 말 대우전자와 삼성자동차 간 빅딜을 비판해 장관 취임 10개월 만에 중도하차하기도 했다. 배 회장이 빅딜을 실패로 몰아갔던 대우전자의 부실문제에 대해서는 어떤 답변을 준비하고 있는지 궁금하다.

김창희 전 대우증권 사장도 수차례 검찰조사를 받는 등 홍역을 치르고 현재는 뚜렷한 활동없이 조용히 지내고 있다. 김 회장을 가까이에서 보좌했던 서재경 부사장은 벤처사업을 시작했다가 사업을 접고 새로운 일을 구상하고 있다.

어떻게 이들 사장단의 이름만 있겠는가. 그룹의 전임직원들이 겪은 고통은 이루 말할 수 없는 것이기도 했다. 어떤 간부는 우울증이 생겨 병원치료를 받기도 했다고 털어놓았다. 대우맨들은 대부분 지금도 "대우가 망한 생각만 하면 울화가 치민다"는 말을 하곤 한다.

대우패망으로 동반추락한 사람들이 대우맨만은 아니다. 거래기업들은 물론이고 특히 대우 감사인이었던 공인회계사들은 법적인 책임을 추궁받고 있다. 산동회계법인은 700명에 이르렀던 직원이 모두 공중분해 됐고 간판만 남아 있다.

일부 파트너들은 민사는 물론 형사재판까지 받고 있다. 전문가로서의 사회적 지위는 망가졌다. 산동의 한 간부는 평생을 쌓아온 전문가로서의 경력이 너무도 허망하게 무너졌다며 가슴을 쳤다. 한동안 우울증에 시달렸다는 그는 "정말이지 허무하다"는 말을 입에 달아놓고 살고 있다.

대우는 망했지만 전문성을 살려 계속 대우 경영진으로 일하는 이들도 적지 않다. 이들은 대우라는 이름을 되살려내고 있다. 조선이나 자동차는 화려한 부활의 날개짓이 한창이다.

대우패망으로 이득을 본 사람도 적지 않다. 대우가 해체되면서 대우그룹이 소유하고 있던 위장 계열사들도 공중으로 떴고, 대우가 차명으로 관리하던 각종 자산도 소유권이 그대로 넘어가는 현상이 빚어지기도 했다. 검찰이나 예금보험공사의 노력에도 불구하고 차명으로 보유했던 부동산 상당수가 이름을 빌려준 사람에게 넘어갔다고 말하는 사람도 적지 않다.

대우의 경영진들은 요즘 전·현직 대우 임원들의 모임인 '우인회(宇人會)'를 통해 서로 살아가는 근황정보를 나눈다. 자주 모임에 얼굴을 나타내는 사람은 적은 편이지만, 그나마 대우출신 경영진들의 모임터로는 유일한 역할을 담당하고 있는 곳이다.

또한 젊은 대우맨들이 주축이 되어 대우가족의 진실규명과 명예회복을 위한 '하이대우(www.hidaewoo.com)', '대우러브(www.daewoolove.com)' 등의 인터넷 사이트를 만들어 지나간 역사의 파편들을 모으고 있다.

골수 대우맨 백기승 씨 인터뷰

대우 구조조정본부에서 홍보이사를 지냈던 백기승(46, 현 코콤 포터노 밸리 부사장) 씨는 자타가 공인하는 골수 대우맨이다. 대우가 망한 이후에도 스스로는 대우를 버리지 않고 있다.

백 부사장은 지금도 김우중 회장의 경영철학과 대우의 운영방식이 옳았다고 말한다. 분식회계 등 탈법행위는 자금줄이 막힌 상황에서 불가피했다고 설명한다. 그래서 그는 김 회장을 양심범이라고 주장하고 대우를 죽인 것은 "잘못된 선택"이라고 목소리를 높인다. 남들이 보기에는 흘러간 물로 물레방아를 돌리려는 듯한 일이지만 그는 신념을 갖고 대우정신의 재건을 위해 뛰고 있다.

그는 2000년 8월 《신화는 만들 수 있어도 역사는 바꿀 수 없다》는 책을 펴내기도 했다. 사실 아직도 김 회장이 정치적으로 일종의 사기를 당했다고 생각하는 사람들도 많다. 백기승 씨가 바로 그런 사람들 중의 하나다. 그의 말을 들어보자.

김 회장을 어떻게 평가하나.

"김 회장은 나라를 사랑했다. 세계경영을 통해 우리 경제에 모티브를 제공하려고 했다. 임직원들에게 도전과 시련을 강조한 것도 이런 배경에서다. 김 회장이 무슨 말을 하면 황당하게 받아들이는 사람들이 적지 않았다. 현 정부 신흥관료들의 자존심을 건드리기도 했을 것이다. 그만한 경영인이 없다고 본다. 김 회장을 여전히 존경한다. 또 재기하셔야 한다."

대우패망 원인을 어떻게 보나.

"대우는 언제나 어렵다는 얘기를 들었다. 부실기업을 인수할 때마다 대우 자금사정이 좋지 않다는 소문이 돌았다. 그 때마다 수출지원책을 통해 자금 위기를 벗어났다. 대우는 생산물량의 80%를 수출했다. 금융 노하우도 수출과 관련된 것들이다. 외환위기 직후 수출하고 받은 환어음(DA)을 할인받지 못해 수십억 달러의 자금이 묶인 상황에서 버틸 기업은 많지 않았을 것이다."

대우 패망 교훈은.

"미래의 사업 리스크를 과소평가한 점을 교훈으로 삼아야 할 것이다. 다만 산업정책적인 배려가 있었다면 대우도 살고 우리 경제도 지금보다 훨씬 생기가 있었을 것이다. 형평성 문제를 제기할 수도 있지만 정부가 현대건설에 자금을 지원해 살린 것은 잘했다고 생각한다. 대우도 충분히 그럴 수 있었다. 대우 뒤처리 과정에서 금감위가 이렇다 할 공문 한 장 보내온 적이 없었던 것은 지적해두고 싶다. 사건만 있지, 이를 뒷받침할 실체가 아무 것도 없다."

김 회장이 취재팀에게 편지를 보내오기도 했었는데…. 언제쯤 귀국할 것으로 보나.

"회장은 어두운 과거를 스스로 짊어질 분이다. 대우의 공과를 사심없이 논의할 분위기가 되면 돌아오지 않을 이유가 없다. 그 때까지 김 회장의 명예를 지켜드리고자 한다."

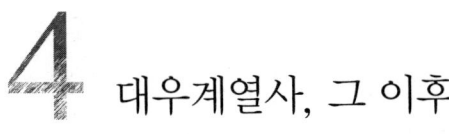

4 대우계열사, 그 이후

대우 계열사들은 대부분 1999년 8월 워크아웃에 들어갔다. 사실상 부도 상태에서 은행관리에 들어간 것이나 마찬가지였다. 엄청난 부채를 안고 있던 대우 계열사들의 워크아웃은 쉽지 않았다. 계열사 간 잦은 자금거래로 채권·채무관계는 복잡하게 얽혀 있었고 해외채권 처리와 광범위한 해외사업장 유지 문제도 골칫거리였다.

대우 계열사 처리는 국책은행인 산업은행과 2000년 초 발족된 대우계열 구조조정위원회(의장 오호근)가 맡았다. 대우사태로 금융시장의 불안이 고조되고 제2의 경제위기가 온다는 위기감이 팽배했기 때문에 정부와 채권단은 대우사태를 조기에 진정시키는 데 총력을 기울였다. 방법은 계열사별 분리 대응이었다. 대우자동차와 관련된 회사들은 매각을 추진하고 나머지 회사들에 대해서는 부채탕감, 기업분할, 출자전환 등의 방법이 동원됐다.

그 결과 일부 회사는 비교적 단시일 내에 정상을 되찾았고 '새주인'을 맞이하기도 했다. 공적자금이 투입된 결과이기도 했지만 대우가 어느 정도의 생존능력은 갖고 있음이 입증된 셈이다.

대우중공업

2000년 10월 대우조선해양과 대우종합기계, 배드컴퍼니(대우중공업) 등 3사로 분할됐다. 조선과 종합기계 등 우량 사업부문을 회생시키기 위한 것이었다.

채권단은 분할과 함께 대우조선해양에 1조 1,714억 원, 대우종합기계에 7,470억 원을 각각 출자 전환했으며 6조 원가량의 부채는 배드컴퍼니에 남겨 청산절차를 밟고 있다. 대우조선해양과 대우종합기계는 워크아웃에 들어간 12개 계열사 가운데 1, 2위로 나란히 워크아웃을 졸업했다. 최대주주인 산업은행은 기업가치를 극대화한 뒤 국내외에서 원매자를 물색한다는 방침이다.

우선 대우조선해양은 12개 계열사 가운데 최초로 2001년 8월 23일 워크아웃을 졸업했다. 매출액이 3조 원대에 이르는 대기업 중에는 처음이었다. 대우조선해양은 2001년에 차입금 가운데 4,000여억 원을 상환했다. 2002년까지 차입금 비율을 50% 이하로 낮춰 사실상 무차입 경영을 실현한다는 계획이다.

대우조선해양의 워크아웃 졸업은 채권단과 경영자, 그리고 직원들이 회사 회생을 위해 단결한 결과라는 평가를 받고 있다. 회사 경영진은 워크아웃 초기 그룹 계열사 회의석상에서 "당신들은 누구 편이냐?"는 핀

잔을 들을 정도로 대우그룹과의 관계를 매몰차게 끊어갔다. 일부 비자금을 회사 회생의 용도로 사용하기도 할 정도였다. 채권단은 이 같은 경영진을 적극 지원했다.

계열사에 대한 지원만 없었더라면 진작 '우량' 회사로 발돋움했을 것이라고 확신한 채권단은 기업분할과 동시에 1조 1,714억 원의 부채를 출자로 전환했다. 회사분할은 대우중공업이 다른 11개 계열사를 위해 제공한 각종 지급보증의무로부터 대우조선해양을 자유롭게 만드는 묘책으로 작용했다. 채권단과 경영진의 이 같은 노력에 직원들은 3년 연속 무분규로 단체협상을 타결시키는 등 조기 회생에 적극 협력했다.

이를 통해 대우조선해양은 2001년 한 해 동안 원가절감, 부동산 매각 등을 통해 1,700억 원 이상의 자구안을 계획대로 실천했다. 때마침 조선경기가 살아나고 원화가치가 떨어진 것도 매출액의 상당부분을 해외에 의존하고 있던 대우조선해양에는 호재로 작용했다. 특히 2001년 상반기엔 2년 6개월치 일감을 확보해놓으면서 수익성 위주의 경영을 펼칠 수 있는 발판을 마련했다. 2001년 수주액은 31억 달러. 매출과 순이익은 각각 3조 155억 원 및 1,600억 원에 달했다. 신용도 역시 급속하게 회복, 세계 최대 금융그룹인 씨티은행과 금융거래를 재개할 수 있게 됐다.

대우조선해양은 어떤 기업과 비교하더라도 초우량 회사라는 점에서 가장 좋은 조건으로 외자를 유치한다는 전략을 세우고 있다.

대우종합기계는 2001년 11월 30일 워크아웃을 졸업했다. 2001년 매출액 1조 5,402억 원과 당기순이익 842억 원을 달성함으로써 채권단의 지원 없이 독자적인 경영이 가능하다는 판단이 내려졌다.

대우종합기계는 워크아웃 졸업 이후 신규지원된 자금을 2002년까지 상환한다는 계획에 따라 2001년 12월 766억 원을 상환, 부채비율을

332%에서 244%로 낮췄다. 동시에 한국철도차량 지분 매각, 인력 40% 감축 등 강력한 구조조정을 통해 슬림화를 이뤄냈다.

대우종합기계는 향후 한국항공우주산업 지분 매각과 영등포 공장부지, 대전사옥 등 부동산 매각을 통해 2,500억~3,000억 원 규모의 자금을 추가 조달할 수 있을 것으로 전망된다.

㈜대우

2000년 말 건설부문인 대우건설과 무역부문인 대우인터내셔널로 분할됐다. 분할회사들은 채권단의 출자전환을 통해 상당분의 채무조정을 받으면서 현금 유동성과 영업력을 어느 정도 회복했고 2001년 말 또 한 차례의 출자전환으로 양질의 재무구조를 갖추었다.

대우건설은 최근 국내 시공능력 평가에서 3위에 선정될 정도로 외형 및 영업이익이 빠른 속도로 늘어나고 있다. 2001년 영업이익은 2,154억 원으로 전년도 마이너스 18억 원의 적자구조를 말끔하게 털어냈다. 순이익은 1,465억 원, 누적수주액은 전년 동기보다 10% 이상 늘어난 3조 3,000억 원이었다.

대우건설은 또 2001년 11월에 리비아로부터 미수금 4차분인 907만 달러를 수령하는 등 총 3,700만 달러를 받아내는 데 성공했다. 리비아 미수금 총액은 2억 3,060만 달러로 20개월에 걸쳐 매월 950만 달러 상당의 미수금을 수령할 예정이다.

대우건설은 분할 이후 나이지리아에서 2억 3,000만 달러 규모의 가스 플랜트 건설공사를 수주하고 싱가포르에서는 1억 4,000만 달러 상당의 고속도로 공사를 수주하는 등 아프리카, 중남미, 동남아시장 등에서 해외건설 수주활동을 활발하게 전개하고 있다.

대우인터내셔널도 2001년에 1,034억 원의 영업이익을 올리고 3,027억 원의 차입금을 상환하는 등 나름대로 견조한 실적을 올렸다.

2002년 상반기에는 3조 3,763억 원의 매출과 202억 원의 당기순이익을 올려 분할 이후 처음으로 흑자를 냈다. 차입금 감소에 따라 이자부담이 줄어들고 페루 유전, 오만 LNG 등의 투자사업에서 100억 원 이상의 수익이 발생한 데 힘입은 것이다.

두 회사는 2002년 내 워크아웃 졸업이 예정돼 있다.

대우전자

2001년 10월 29일 임시주총을 열어 주식을 7 대 1로 병합하는 감자(減資, 자본금 감소)안을 의결해 정상화를 위한 발판을 마련했다. 이어서 채권단의 출자전환, 해외매각 등의 절차를 추진했다. 하지만 감자에 반대하는 소액주주운동본부 측이 주총에 절차상 하자가 있었다며 표결에 불참하고 법원에 주총결의 무효 가처분신청을 내 어려움을 겪기도 했다. 결국 임시주총에서 결의했던 감자에 대해 하자를 주장하는 신청인들의 주장이 법원에서 기각돼 결의된 일정대로 감자가 진행됐다.

대우전자는 2001년 12월 6일 3,300억 원(6,600만 주)의 유상증자를 성공적으로 마쳤다. 유상증자는 제3자 배정방식으로 채권단의 출자전환에 따른 차입금 상계방식으로 이뤄졌다. 채권단의 출자물량은 전체 지분의 73.59%에 달하는 규모로 MOU(양해각서) 약정상 특별한 경우를 제외하고 2004년까지 매각이 제한된다. 출자전환으로 여전히 자본잠식 상태를 벗어나진 못했지만 재무구조가 개선되는 효과를 거뒀다.

출자후 최대주주는 한국자산관리공사로 1,100만 8,571주, 12.27%의 지분을 갖게 됐다. 외환은행, 한빛은행(현 우리은행), 서울보증보험도 10% 이상 대주주로 남게 됐다. 2001년 11월 29일부터 매매가 정지됐던 대우전자 주식은 12월 26일부터 거래가 재개됐다.

대우전자는 워크아웃 중인데도 불구하고 2001년 10월 세계 최초로 세제 없이 물로만 빨래하는 세탁기 '마이더스'를 개발, 출시하기도 했다. 이 제품은 세탁기 내에 특수 전기분해 장치를 설치해 수돗물을 이온수로 변화시켜 옷가지에 묻은 오염물질을 분해, 세탁, 살균하는 방식으로 작동한다. 세제 사용에 따른 환경오염과 피부질환 문제들이 해소되고 헹굼 횟수가 적어 세탁 때 쓰이는 물의 양이 기존 세탁기보다 절약된다. 대우전자는 이 제품과 관련 산업자원부의 NT(신기술) 인증을 획득한 데 이어 미국 특허를 따내고 세계 60여개국에 특허를 출원해놓고 있다.

2001년 11월엔 〈아시아 위크〉지에 대우전자의 노사관계가 한국 노조의 변화를 이끄는 대표적인 성공사례로 소개돼 주목을 받기도 했다. 11월 9일자 '협력만이 우리가 나아갈 길이다(United We Stand)'라는 특집 기사를 통해 대우전자 노조가 40%의 인력감축에 자발적으로 동의하는 등 워크아웃조기 졸업을 위해 적극 협력하고 있다고 전했다. 〈아시아 위크〉는 대우전자의 노사협력 사례는 다른 업체의 커다란 본보기가 됐으며 2000년보다 3배가량 많은 1,500여 업체가 2001년 노사협력안을 채택하는 변화를 가져왔다고 평가했다.

그러나 대우전자는 2001년 10월부터 본격화된 하이마트와의 분쟁으로 적지 않은 애로를 겪기도 했다. 1998년 하이마트가 대우전자에서 분리되면서 떠안게 된 4,576억 원의 채무(하이마트 측 주장)가 논쟁의 골자다. 현재 1,200여 억 원을 갚고 원금은 3,300억 원이 남은 상태. 이외 과거 이자분 1,700억 원과 앞으로 발생할 이자를 갚아야 하느냐가 쟁점이었다.

대우전자는 2001년 12월 12일 법원의 승인을 받아 하이마트의 일부 자산을 가압류한 데 이어 12월 24일 하이마트를 상대로 "채권원금과 이자 5,400억 원 가량 중 3,500억 원을 우선 상환하라"며 채무이행 청구소송을 서울지법 서부지원에 냈다. 빚 상환문제를 둘러싼 대우전자와 하이마트 간의 분쟁은 끝내 법정소송으로 비화되었다.

결국 이 문제는 2002년 7월 법원의 강제조정으로 일단락됐다. 서울지법은 하이마트에 대해 채무원금 3,300억 원과 이자 300억 원을 대우전자에 지급하고 대우전자는 고소·고발을 취하하도록 결정을 내렸다.

대우전자는 10월 중 백색가전과 영상사업 등 우량사업부문을 떼어내 '대우모터공업'으로 이전, 간판을 바꿔달고 본격적인 회생작업에 들어갈 예정이다.

대우전자부품

채권금융기관협의회는 2000년 11월 1일 알루코 컨소시엄과 주식양수도 계약을 체결했다. 코스닥 등록기업인 알루코와 벤처캐피털인 한국기술투자로 이뤄진 알루코 컨소시엄이 대우전자부품 국제입찰에 참여, 153억 9,000만 원에 낙찰받았기 때문이다.

이에 따라 알루코 컨소시엄은 대우전자부품 경영진을 새롭게 구성하는 등 인수작업에 들어갔다. 우선 대우전자부품 총발행주식의 24.42%

에 해당하는 대우중공업과 (주)대우의 보유 주식 226만 5,000주를 넘겨받기 위해 인수대금 가운데 40%를 한빛, 조흥은행을 비롯한 채권단에 지불했다. 또 사명을 파츠닉으로 바꾸고 CI(기업이미지통합) 작업을 진행했다. 하지만 계약일로부터 3개월 후에 지급키로 한 나머지 60%가 양측의 협상과정에서 불거진 문제로 인해 알루코의 파츠닉 인수는 2002년 3월에야 성사됐다.

알루코는 자기 덩치의 10배에 가까운 거래소 상장기업을 인수한다는 점에서 주목을 받았다. 전자소자, 영상부품 등을 생산하는 대우전자부품에 원재료인 전해콘덴서용 알루미늄박(얇은 막)을 공급하는 하청업체인 알루코가 원청업체를 사들인 것이다. 또 1986년까지 대우전자부품에 근무했던 알루코 박주영 회장(54)이 14년 만에 친정에 해당하는 회사를 인수했다는 점에서도 화제를 모았다. 박주영 회장은 1970년 대우전자부품의 전신인 대한전선에 입사해 16년 동안 대우전자부품과 인연을 맺은 대우전자부품 출신이다.

박 회장은 1986년 대우전자부품을 나와 알미늄코리아를 세워 대우전자부품에 콘덴서 제조재료로 쓰이는 알루미늄박을 공급하기 시작했고 2000년 1월 회사이름을 알미늄코리아에서 알루코로 바꿨다. 그는 대우전자부품 인수계약을 맺어왔던 사람이다.

대우전자부품은 경영진이 새로 선임된 이후에도 정리해고와 같은 인위적인 감원을 실시하지 않았다. 노동조합은 회사 측의 이 같은 고용안정 조치에 대한 화답으로 2001년도 단체교섭 위임 및 향후 5년 간 단체협약을 무교섭으로 진행할 것을 선언했다.

1989년 '45일 간의 파업'에 이어 1990년대 들어 안성공장을 폐쇄하는 쓰라린 경험을 겪기도 했던 대우전자부품은 1990년대 중반부터 "회사가 있어야 노조도 있다"는 인식이 확산되면서 투쟁적 노사관계가 변하기 시작했다. 이에 따라 회사와 노조는 노사협력을 회사 경영의 최우선 목표로 설정했다. 이어 '한마음 운동', '더 좋은 회사 만들기', '노사 공동다짐' 등의 캠페인을 통해 실천적 노사문화를 만들어내는 데 주력하고 있다.

오리온전기

2000년 1월부터 11월까지 추진했던 매각작업이 불발된 이후 현재 CRV(기업구조조정 투자회사) 설립을 위한 자산관리회사(AMC) 선정작업이 진행되고 있다. 그러나 구조조정에 대한 노조의 반발 등으로 앞날은 여전히 불투명한 상태다.

TV 및 모니터용 브라운관 생산업체인 오리온전기는 1999년 모기업의 몰락과 대우전자에 대한 매출 감소, 시장상황의 침체로 워크아웃에 들어간 이후 곧장 매각이 추진됐다. 외환은행과 대우증권은 공개입찰을 통해 대만의 CPT를 우선협상 대상자로 매각협상을 벌였으나 대만 CPT가 청산가치에 근거한 제안서를 제출함에 따라 2000년 11월 매각을 포기했다.

이후 채권단은 출자전환과 CRV 설립을 통해 회사를 회생시키기로 했다. 한국기업평가의 실사결과 계속기업가치는 8,190억 원인데 반해 청산가치는 4,628억 원밖에 되지 않았기 때문이다. 회생시킨 후 매각을 다시 추진하겠다는 계획이다.

2001년에 1,940억 원의 영업손실과 3,092억 원의 당기순손실을 기록, 총 3,269억 원의 자본잠식 상태다. 다만 CRV를 통한 구조조정이 착실하게 진행되고 있어 영업에는 별다른 지장이 없다.

2002년 6월에는 2003년 양산을 목표로 차세대 제품인 유기EL(OLED) 생산라인 구축을 발표하기도 했다. 구미 제3공장에 220억 원을 투자해 월 50만 개까지 생산능력을 갖추기로 한 것이다.

대우통신

단위공장별로 추진해오던 분할매각이 여의치않자, 기업분할로 방향을 틀었다. 사업구조를 핵심사업과 비핵심사업으로 분리, 핵심사업은 살리고 비핵심사업은 매각 또는 청산하겠다는 구상이었다.

이에 2000년 11월 정보통신 부문이 먼저 떨어져나왔다. 미국 씨티그룹 계열 CVC가 주도하는 컨소시엄이 영업양수도 방식으로 인수하면서 회사명도 머큐리로 바꾸었다. 사업영역은 대우통신 시절의 네트워크 전송장비, 광섬유, 광케이블, 전자교환기 개발 등을 그대로 가져왔으며 인력 1,000명의 고용승계도 이뤄졌다.

대우통신 시절과 달리진 것이 있다면 외자유치를 통해 외국계 기업으로 변모하면서 투명하고 정확한 선진 경영 스타일이 도입됐다는 점이다.

머큐리는 높은 기술력과 더불어 CVC의 선진경영 기법의 접목을 통해 차세대 영상이동통신(IMT-2000), 네트워크 광케이블 교환 시스템 사업을 중심으로 세계적인 IT(정보기술) 업체로 도약한다는 전략이다. 2002년 매출목표액은 4,000억 원으로 책정됐다.

또 2002년 1월 분할된 PC 사업부문인 대우컴퓨터는 같은 해 7월, 서울이동통신에 인수됐다. 대우컴퓨터 지분 40.75%를 총 24억 9,999만 원에 사들인 서울이동통신은 인터넷 비즈니스 확대를 위한 것이라고 인수배경을 설명했다.

그러나 자동차사업 부문의 분할은 여러 가지 사정으로 여의치않은 상태다. 대우통신은 2002년 1월 초 임시 주주총회를 열고 자동차 사업부문을 3개로 분할하는 안을 승인했다. 주력인 부산공장은 인적 분할을 통해 대우정밀로 분할하고 보령공장과 구미공장은 물적 분할을 통해 대우파워트레인 및 대우프라스틱으로 각각 분할하기로 했다. 대우정밀은 같은 해 3월 11일 재상장돼 일흘 연속 상한가 행진을 벌이기도 했다.

그러나 채권단과 거래기업 등의 이해관계가 복잡하게 얽히면서 이같은 분할안이 좀처럼 자리를 잡지 못하고 있다. 스웬텍이라는 미국기업이 대우통신으로부터 받은 수입품에 하자가 발생했다며 미 법원에 1,000만 달러의 소송을 제기했는가 하면 채권금융기관인 교보생명은 대우통신, 대우정밀, 대우파워트레인, 대우프라스틱 등 4개사를 상대로 회사분할 무효소송을 제기하면서 우리은행 등 채권단에 432억 원의 원금을 돌려줄 것을 요구하고 있다.

2002년 5월에는 한때 같은 계열사였던 경남기업이 분할무효소송을 제기해놓은 상태다.

경남기업

경남기업은 2001년 12월 감자를 완료한 데 이어 1,200억 원 상당의 채권단 출자전환으로 빠른 회복세를 보이고 있다.

경남기업은 2001년에 4,157억 원의 매출과 200억 원의 순이익을 올리면서 부채비율을 전년도 492%에서 184%로 대폭 낮췄다. 또 워크아웃 이후 채권단으로부터 추가자금 지원없이 자체 자금으로 정상적인 경영을 펼치고 있다.

2002년 상반기 역시 1,768억 원의 매출에 104억 원의 순이익을 기록, 워크아웃 조기 졸업을 바라보게 됐다.

2002년 7월 현재 수주잔고는 6,400억 원으로 4~5년치 일감을 밀 확보해놓았다.

대우증권

대우 계열사들 중 일찌감치 워크아웃을 벗어나 큰 폭의 이익을 내고 있다. 대우증권은 2000년 5월 산업은행이 유상증자에 참여해 최대주주(지분율 32%)가 되면서 산업은행 휘하의 '공기업' 신분을 유지하고 있다. 산업은행은 2002년 중 매각을 목표로 국내업체들과 협상을 벌이고 있다.

대우증권은 산업은행 출자이후 신인도가 빠른 속도로 회복되면서 예전의 영업력을 완전히 회복했다는 평을 듣고 있다.

1999회계년도에 1조 원이 넘는 손실을 기록하기도 했지만 2000, 2001 회계년도에 들어서는 착실하게 이익을 내고 있는 중이다. 대우증권 인수를 노리는 업체로는 국민은행이 있으며 우리금융과의 지분 맞교환 방식의 제휴도 거론되고 있다.

한때 살로먼스미스바니(SSB) 등 외국계 증권사들도 인수를 시도했지만 조건이 맞지 않아 무산됐다.

쌍용자동차

창사 이래 처음으로 2001년 경상이익을 흑자로 전환시키며 본격적인 기업회생 작업을 진행하고 있다. 특히 디젤 차 인기에 따른 렉스턴과 무쏘, 코란도 판매 호조로 채권단과 맺은 기업개선 약정을 상회하는 영업실적을 기록하며 회생 전망을 밝게 해주고 있다. 채권단은 2차 출자전환 등을 통해 주가를 부양한 이후 외자유치를 추진한다는 전략이다.

쌍용자동차는 지난 1998년 대우그룹에 인수된 이후 2년도 안 돼 대우 계열사들과 함께 워크아웃에 들어갔다. 1999년 4.65대 1로 감자된 후 채권단이 1,160억 원을 출자전환해 60.9%의 지분을 확보함으로써 대주주가 됐다. 대주주였던 대우자동차와 김우중 씨의 지분이 12.5%로 줄어들면서 대우에서 계열분리됐다. 채권단은 이자를 2~4%로 감면해주고 단기대출금을 중장기 대출로 전환시켜줬다.

이 과정에서 정부는 쌍용자동차의 독자생존 가능성이 없다고 판단, 대우자동차와 함께 쌍용자동차의 일괄매각을 추진했으나 GM, 포드 등 원매자들이 인수를 거부해 독자회생의 길을 걷게 됐다. 쌍용자동차는 2000년 대우자동차와 일괄매각이 실패로 돌아가자 강력한 구조조정에 들어갔다.

대형버스 설비와 구리 산업단지 매각 등을 통해 모두 637억 원의 자구실적을 올렸고 부품공용화 등을 통해 원가개선에 박차를 가했다. 또 사무직의 생산직 전환 등 인력구조조정 작업도 병행했으며 2001년 말에는 노조가 임금인상 억제에 동의함으로써 회생을 지원하기도 했다.

수익성 개선을 위해 대우자동차에 넘겨줬던 애프터 서비스 부문을 되찾아왔고 대우자동차판매와의 협상을 통해 판매수수료율을 21%에서

14%로 크게 낮췄다. 아울러 독자판매 및 수출 네트워크는 물론 독자 연구개발 기능까지 갖추게 됐다. 2001년에는 워크아웃 중임에도 불구하고 신차 렉스턴을 출시하는 저력을 보여줬다. 이를 통해 몇 년 간은 독자생존이 가능하다는 평가도 받고 있다.

2002년 상반기에는 1조 6,961억 원의 매출과 1,204억 원의 순이익을 기록, 탄탄한 실적을 올리기도 했다.

그러나 과다한 부채는 여전히 문제로 남아 있다. 채권단은 2002년 초 1조 1,922억 원의 부채를 출자전환했지만 8,685억 원에 달하는 차입금은 부담스러운 수준이다. 또 장기적으로는 매각 이외의 대안이 없지만 쌍용에 눈독을 들이는 업체가 별로 없어 보인다는 점도 문제다.

쌍용자동차 채권단은 매각주간사로 삼정KPMG를 선정하고 매각제안서를 작성하고 있다. 2002년 가을부터 본격적인 매각작업을 추진한다는 계획이다. 쌍용자동차의 수익성이 회복되고 있고 쌍용이 생산하는 코란도, 무쏘, 렉스턴의 인기가 꾸준하다는 점에서 매각이 가능하지 않겠느냐는 관측도 나오고 있다.

부 록

이제 우리는 김우중 회장의 모습이 들어 있는 몇 개의 장면을 독자들에게 소개하고자 한다. 김우중 회장이 그룹 사장단회의를 주재하는 장면, 그리고 일방적으로 강의를 하는 장면들이 여기에 포함되어 있다.

이들 장면은 김 회장이 과연 어떤 사람인지에 대한 몇몇 단서들을 제공해줄 수 있을 것이다. 때로는 폭군처럼 군림하는 회장이기도 하고, 때로는 바람 앞에 흔들리는 촛불처럼 연약한 모습을 보여주는 인간 김우중의 진면목들이다. 질풍노도처럼 부하들을 몰아가지만 때로는 따뜻한 인간애를 무한정으로 펼쳐보이는 김우중의 모습을 우리는 만날 수 있다.

사장단회의 풍경 1 (1998. 7. 9)

대우 사장단회의에서 김우중 회장은 좌중을 압도했다. 김 회장 앞에서 머뭇거리는 답변을 했다간 호된 꾸중을 듣게 된다. 그래서 대우 계열사 사장들은 회장 앞에 서면 한없이 작은 존재가 됐다.

1998년 7월 9일 경기도 용인에 있는 고등기술연구원에서 열린 사장단회의에서도 여느 때와 다름없이 사장의 긴 훈시가 이어진다.

김 회장이 보기에는 사장들이 부족한 게 많았다. 당연히 말이 길어질 수밖에 없었다. 이날도 사장들은 2시간여 동안 회장의 말씀을 들어야 했다. 다소 독선적으로 비치는 김 회장이 주재하는 그룹 사장단회의 모습을 여과없이 전한다. 취재팀은 대우그룹 관계자로부터 회의를 녹취한 몇 개의 테이프를 건네받았다.

우리는 이날 회의에서 대재벌의 사장단회의 풍경을 한 편의 활동사진처럼 보게 된다. 회의는 이한구 대우경제연구소장(현 한나라당 의원)의 하반기 경제전망 발표로부터 시작된다.

이한구 소장 하반기 경제전망 발표

김 회장 한 마디로 얘기해봐. 나는 무슨 얘기인지 못 알아듣겠어.
이한구 한 마디로 얘기할 정도로 상황이 간단하지 않습니다.
김 회장 뭐, 그럼 얘기하지 말아야지.
이한구 표준 시나리오대로 한다면, 금년의 경우 마이너스 5% 성장은 불가피하다고 봅니다. 그 이하로 내려갈 가능성이 크고요. 내년 또한 마이너스 성장 가능성이 큽니다.
김 회장 1998년 상반기는 경제성장률이 얼마야?

이한구 숫자는 확실히 나와 있지는 않지만, 4분의 1분기는 -3.8%였고, 4분의 2분기는 -4.4%로 예상하고 있습니다. 그리고 하반기에 가서는 4분의 3분기가 -4.7%, 4분의 4분기는 -7.5%까지 내려갈 것으로 보고 있습니다.

김 회장 하반기가 상반기보다 더 나쁘다….

이한구 예, 더 나쁠 것으로 봅니다.

김 회장 그건 왜 그래?

이한구 구조조정이 대충 4분의 3분기까지 되는데, 그 때까지는 정부가 사력을 다해 자금을 풀고, 무엇을 하든지 메워줄 것입니다. 그런데 4분의 4분기가 되면 일단 그것이 끝나는 것이니까, 정부의 남은 힘이 없습니다. 그래서 수요를 진작시킬 여력이 없고요. 구조조정 뒤에 요번 퇴출된 기업이나 은행들과 거래하는 기업들도 줄줄이 무너질 것으로 보입니다.

김 회장 그럼 하반기는 상반기보다 수출이 많이 줄어든다고 보나?

이한구 예. 하반기 때 수출증가율이 제로가 되면 다행이다, 이렇게 봅니다. 내년 이후에도 아시아 경제회복이 쉽지 않을 것이기 때문에 결과적으로 내수 시장은 2004년까지는 5% 성장이 불가능하고요. 그리고 작년 정도의 경제 규모로 돌아가는 데 2001년까지는 기다려야 된다고 봅니다. 그리고 규모도 규모지만 구조가 많이 바뀔 것이기 때문에 우리가 여기에 초점을 맞춰 전략을 잘 짜야 합니다.

김 회장 (구조가) 어떻게 바뀌는데?

이한구 외국자본도 많이 들어올 것이고, 돈 빌리는 것도 그 사람들에게서밖에 빌릴 수 없고, 또 그 사람들의 경쟁하는 패턴이 달라질 것이기 때문에 시장 전반의 경제패턴이 외국 스타일로 많이 바뀔 것입니다. 그리고 강자가 빨리 올라가 붙고, 약자들이 순식간에 도태되는 그런 과정에서 거래선들의 상태가 굉장히 불안정해지는 그런 모습들이 보여질 것으로 생각이 되고요.

　　　소비시장도 내수시장의 경우 양극화되면서 중산층이 상당히 붕괴되지 않을까 생각합니다. 양극화가 되면 제품구성도 로엔드(Low-End)로 갈 건지

하이엔드(High-End)로 갈지 확실하게 정립해서 접근해야지, 예전의 중산층을 주요 타깃으로 어정쩡하게 들어가던 그런 접근방법은 잘못되지 않았느냐, 그런 생각을 합니다. 규제도 많이 완화될 것입니다. 옛날에는 규제 때문에 안 됐던 게 많았는데 이제는 없어질 것으로 보고 있습니다.

이한구 소장이 진땀을 빼는 모습이 역력한 장면을 우리는 지금 보고 있다. 이한구 소장의 달변은 김 회장의 직설적이고 공격적인 질문에 번번이 부딪혀 곤욕을 치르고 있다. 김 회장의 어법은 철저히 "그래서…"로 연결되어 있다.

"그래서 어떻다는 거야, 어떻게 해야 한다는 거야?"라는 김 회장의 질문은 언제나 회의장을 싸늘하게 몰아갔고 회의에 참석한 사장들은 그 때마다 이마의 땀을 훔쳤다. 단순히 고상하고 품위 있는 이야기가 오갈 것이라고 기대했던 독자들로서는 사장단회의 장면을 보면서 재벌 사장단회의가 녹록치 않음을 새삼 느끼게 될 것이다.

이한구 소장이 김 회장의 날카로운 질문에 겨우겨우 대답하던 순간, 김 회장은 갑작스레 질문의 칼끝을 다른 곳으로 돌렸다.

김 회장 시간도 없고 하니 그만 하고 다음 순서 빨리 해봐!

김 회장이 짜증섞인 목소리로 다음 순서를 재촉했다. 사회를 겸하고 있는 (주)대우의 장병주 사장이 얼른 말을 받았다.

장병주 ((주)대우 사장) 무역 파트에서 '수출실적 및 하반기 전망'에 대해 보고 드리겠습니다. 자동차 실적에 대해서는 나중에 별도로 자세하게 보고 드릴 계획입니다.

김욱한 (구조조정본부 사장) 가족사 사업계획상 나타난 수입규모와 예상수치를 정리해보았습니다. 당초 수입규모는 7% 늘어나는 것으로 사업계획에 잡았었는데, 각 사의 수입절감 노력으로 1998년 예상액은 8%가 감소될 것으로 예상되고 있습니다.

김 회장 뭐야?

김욱한 별도 자료배포는 하지 않았고, 각 계열사에서 수입을 어떻게 할 것인지 예상수치를 뽑아놓은 것입니다.

김 회장 자본재에 대해 말한다고 하더니….

김욱한 일단 전체적으로 말씀 드린 후 자본재에 대해 자세히 말씀 드리겠습니다.

시설투자현황 설명

김 회장 한 마디로 얘기해서 뭐야? 지금 얘기한 게.

김욱한 간단하게 얘기해서 시설투자 예상액이 줄어든 것은 사실이나, 1998년 예상액이 기대한 것보다 미미하기 때문에 각사에서 투자계획을 한 번 점검해달라는 얘기입니다.

김 회장 시설재 외자수입이 얼마나 되는데?

김욱한 2억 4,300만 달러입니다.

김 회장 작년에는?

김욱한 2억 8,100만 달러였습니다.

김 회장 무슨 소리야? 그것밖에 안 돼?

김욱한 맞습니다. 이것은 각사에서 받아서 정리한 것이고, 아직 점검(검증)은 하지 않은 단계입니다.

김 회장 아니, 작년에 2억 8,000만 달러밖에 안 된다니, 말도 안 되는 소리 아냐?

김욱한 다시 점검하겠습니다.

정주호(대우자판 사장) 대우자판에서 말씀 드리겠습니다. 자료가 자꾸 유출이 되면 안 되고 해서 파워포인트로 작성했는데 잘 보이지 않아서 제가 큰 소리로 말씀 드리겠습니다.

김 회장 그런데 안 보이는 자료를 왜 비치는 거냐 이 말이야. 도대체 무슨 일들을 그렇게 하고 있느냐 이거야. 할려면 어제라도 사장이 직접 와서 봐야 될 것 아니야.

정주호 죄송합니다.

김 회장 아침부터 각사 사장들이 와서 이렇게 하는데, 이게 도대체 뭐야. 일들을 도대체 어떻게 하고 있는거야.

김 회장의 질타가 이어졌고 회의장은 쥐죽은 듯 조용해졌다. 정주호 사장이 자동차 판매실적을 보고했다.

손태일(대우 전무) 이번에는 대우자동차 수출부문의 '1998년 상반기 실적'을 보고 드리겠습니다. 별지로 나눠 드린 자료를 참고바랍니다.

김 회장 자동차 수출은 이렇게 잘 되었다고 그랬는데 수출금액은 왜 4%밖에 안 늘었어?

손태일 우선 수출단가가 떨어졌고….

김 회장 단가도 그렇지만 이렇게 차이날 리가 없는데.

손태일 저희들이 완성차를 주로 하고 있기 때문에 완성차만을 말씀 드린 거구요. 다음에 전과 달리 조립수출이 마이너스 신장을 하고 있습니다. 작년에 비해 해외공장에 납품하는 CKD가 많이 줄었습니다. 그 영향으로 해서 금액은 신장률이 적은 것으로 돼 있습니다.

김 회장 이게 잘못됐든지, 뭐가 있는 거 같은데.

사장들이 회의자료를 앞뒤로 넘겨가며 부지런히 숫자를 맞추느라 회의장은 일순 조용해졌다. 으레 침묵을 가르는 것은 김 회장이기 마련이었다.

김 회장 지금까지 한 것을 대략 보니까, 우선 회사별로 수출을 이렇게 하겠다 하는 점에 문제가 있는 것 같아. 당초 목표에서부터 잘못 잡은 데도 있고.

목표야 어찌됐든 간에 작년에 비해 얼마가 늘었느냐 하는 것이 중요하다 이 거야. 이렇게 따져야 하는데 "목표 달성했다, 진척률이다" 하는 건 아무 의미가 없다 이거야.

예를 들어 전자의 경우, 작년에 17억 달러에서 올해 20억 달러를 해서 19% 늘어나게 한 것은 좋은데, 금년의 실적이 작년 상반기 실적보다 줄었다 이거야. 나한테 보고할 때는 많이 늘어나는 것처럼 보고하더니 말이야, 이게 뭐냐 이거지. 이런 것이 상당히 문제인 것 같고. 그리고 각 사별로 이렇게 수출하겠다고 한 숫자 자체가 문제가 많은 것 같아.

어찌됐건 작년보다 올해 수출실적이 무조건 늘어야지. 내가 작년 말부터 수출 드라이브를 말해왔고, 작년보다 엄청나게 늘어나야 하는데, 안 늘고 있다는 게 문제가 많다 이거지. 그러니까 내가 다시 한번 점검을 해야 되겠어. 어떻게 된 것인지.

다음에 기전, 정밀, 자동차부품 같은 데는 좀더 신경을 써서 적극적으로 수출을 해야지. 최근 오리온에 가서 봤는데, 작년보다 23%나 줄었다 이거지. 이게 병든 거야. 시장이 좋을 때는 잘 하는데, 시장이 나빠졌을 때 대처하는 능력이 상당히 부족하다 이거지. 이런 것을 잘 해결해야 하는 게 상당히 문제야. 하여간 다시 점검을 해야 되겠어. 전자하고 오리온전기 문제가 있지만, 전자는 다시 한번 봐야 되겠어. 왜 안 늘어나는 거야? 안 늘어나는 이유가 뭐야?

박창병(전자 부사장) 전자 전 사장이 해외출장 중입니다.

김 회장 그러면 네가 대신 말해봐.

박창병 전자 전체 수출비중은 조금 늘고 있습니다.

김 회장 여기 상반기…, 줄었잖아. 작년에 8억 2,600에서 금년엔 7억 1,200이니까.

박창병 전체적으로는 늘고 있습니다. 미주와 유럽 지역은 활발하게 늘고 있는데, 동남아시아와 CIS 지역은 떨어지고 있습니다.

김 회장 무슨 소리하고 있어? 늘어야 되는데 줄어드는 이유가 뭐냐 이거야. 왜 줄어드는지도 모르면서 앉아서 관리하고 있으니까, 회사가 큰 일 아니냐. 지난 번에도 판매를 강화시키라고 말했는데, 계획해서, 만들어서 해야지. 유리는 별도로 안 나가나?

김영남(한국전기초자 부사장) 나갑니다.

김 회장 여기 안 잡혀 있나?

김영남 지금 유리가 나가는 곳이 삼성전관의 해외공장 다섯 군데입니다. 멕시코, 브라질, 말레이시아, 중국 심천, 독일 베를린 공장 등에 내보내고 있습니다.

김 회장 삼성전관에 내보내면 삼성 실적에 들어가나?

김영남 예.

김 회장 그럼 너희들은 우리 실적으로는 하나도 안 하나?

김영남 그 부분은 그렇게 돼서 안 하지만, 베트남 오리온-하넬의 경우에는 저희 실적으로 잡히고 있습니다.

김 회장 그럼 누구한테 올라가나? 너희로 나가냐, (주)대우로 나가냐?

장병주 (주)대우로는 안 잡히는 것으로 알고 있습니다.

김영남 지금까지는 오리온으로 했다가 6월부터는….

김 회장 너희는 삼성쪽으로 수출을 얼마나 하는데?

김영남 멕시코, 브라질의 경우에는 옛날부터 해왔는데 나머지는 한두 달 전부터 시작한 곳입니다. 왜냐하면, 저희가 가서 새로 규격에 맞추어 채용을 하고 하기 때문에…. 필립스 대만전관과 중국공장에 이달부터 개시가 됐구요.

김 회장 그런데 그것은 누구 이름으로 나가나?

김영남 그런 부분은 (주)대우로 넘기고 있습니다.

김 회장 그전에는 어디 이름으로 나갔어?

장병주 그전에는 오리온 이름으로 나갔습니다.

손태일 그전에는 별로 실적이 없었습니다. 금년 2~3월부터 시작을 했기 때문에….

김 회장 하여튼 지금부터 수출 외에는 방법이 없으니까 각사가 수출을 늘리는 쪽으로 드라이브를 걸어야지. 자동차는 6월 등록실적이 아직 안 나왔나?

김 회장은 꼬치꼬치 캐묻고 있었다. 듣기 좋은 강론만 늘어놓는 허수아비가 아니었다. 그룹 사장단의 그 누구보다 계열사별 현황을 소상히 알고 있는 김 회장이었다. 사장들은 오늘도 진땀깨나 흘리고 있다. 전자분야에서 전기초자로 다시 자동차로 이어지는 김 회장의 질문.

정주호 11일에 나오는데요.
김 회장 아침에 광고 보니까 아토스가 상반기에 가장 많이 팔렸다고 나오던데….
정주호 우리는 4월부터 팔았고 거기는 1월부터 팔았는데, 지금 판매 대수는 저희가 더 많습니다. 그런데 광고가….
김 회장 아니, 그럼 3개월 실적만으로는 우리가 더 많을 것 아니야?
정주호 예, 그렇습니다.
김 회장 그러면 그런 거 가지고 광고로 되받아쳐서 약을 올려야지. 만약 우리가 적더라도 3월부터 현대가 얼마고, 우리가 얼마고 하는 것을 광고로 박으라고. 그렇게 이슈가 되어야 얘기가 자꾸 되는 거지.
정주호 저희가 3기통, 4기통하는 것도….
김 회장 그래, 그것도 나오던데. 그것도 계속 박고….
정주호 회장님 광고 보셨는지 모르겠는데, '광수생각' 이라는 만화가 지금 장안에서 가장 인기가 많습니다.
김 회장 그러니까 그런 이슈를 계속 만들어야지. 현대가 1월부터 등록 대수가 얼마고…. 우리는 3월부터 팔았어, 4월부터 팔았어?
정주호 4월부터 팔았습니다.
김 회장 그러니까 작년 1월부터 6월까지 숫자가 얼마고, 올해 4월부터 숫자가 얼마고, 4~6월까지 등록 대수를 2개 비교해서 내주고…. 자꾸 그렇게 말이 나올 수 있도록 하라 이거야. 만화를 그리든, 뭘 하든지 간에 해주라 이거지.

정주호 예, 알겠습니다. 그리고 요즘 현대하고 어려운 게, 이번 달까지 등록실적이 자꾸 지니까, 마켓셰어를 1등하지 않으면 안 된다는 것을 정주영 회장께서 자꾸 말씀하시나 보던데요. 대우한테는 지면 안 된다고 해서요. 그래서 부분적으로는 브릿지를 하고 있습니다. 가격도….

김 회장 그러니까 등록 대수가 중요한 것이니까, 그 사람들이 따라 먹으면, 따라 먹을 수밖에 없지, 어떻게 해…. 자꾸 이슈가 돼서 현대하고 비슷하게 간다는 것만 인식이 돼도, 당연히 판매에 도움이 된다 이거야.

일반적으로 현대가 국내에도 많이 팔고, 수출도 많이 하고 있는 것으로 인식하고 있다 이거야. 우리가 현대하고 비슷하게 간다는 일반 인식만 갖추어져도 판매에 굉장한 도움을 줄 수 있다는 것을 전체적으로 알아야지…. 왜냐면 자동차 하면 다 현대 생각하지, 대우자동차가 그렇게 많이 팔린다고 생각 안 한다 이거야. 따라 먹으면 더 좋겠지만, 우선 비슷하게 간다고 하는 인식만 심어주는 것도 좋다 이거야. 그래야 당신들 장사하는 데 도움이 되지.

정주호 그런 인식은 세 가지를 바꾸어야 되는데요. 우선 제품인데, 제품은 일단 됐고. 다음은 서비스인데, 서비스도 저희가 괜찮고. 다음은 중고차 가격입니다. 지금 우리 회사에 대한 고객들의 인식이 많이 바뀌었는데, 중고차 가격이 조금 안 바뀌었습니다. 그런데 요즘은 중고차 가격도 저희가 조금 괜찮습니다. 전반적으로 괜찮아질 것입니다.

김 회장 그 동안 자동차 도와줄려고 다른 회사에서 다들 고생도 많이 하고, 돈도 많이 깨지면서까지 협조도 많이 해줬는데, 계속해서 그렇게 할 수는 없지 않느냐 이거야. 근본적인 대책을 세워야지.

정주호 예.

회장님 다음 해봐.

권오택(그룹 인사담당 상무) 인사에서 몇 가지 보고 드리겠습니다.

주요 연수과정 인원배정 설명

김 회장 그러니까 10월에 시험(MBA)을 보는거야?

권오택 입학허가 시험 일종인데, 두 개 다 영어시험입니다.

김 회장 내가 볼 때는 과정이 너무 길어. 너무 질질 끌지 말고, 빨리 끝나게 해야지. 유학 간다고 괜히 들떠서 일도 안 하고, 빈둥거리게 하지 말라 이거지. 자기들이 정 하고 싶으면 준비해서 개인적으로 할 것 아니야. 그렇게 해서 영어시험 몇 점 이상 된 사람만 신청해서 만들면, 금방 일이 시작되게 해야지.

권오택 예, 그렇게 진행하겠습니다. 연봉제 도입 추진일정에 대해 말씀 드리겠습니다.

김 회장 (MBA) 가는 사람 월급 조정했나?

권오택 월급은 지금….

김 회장 아니, 학비 말이야. 줄어든 만큼 조정이 되어야 할 것 아니야? 옛날에 비해서.

김용섭(대우 인력개발원장) 저희가 대학에 주는 것 말씀하십니까?

김 회장 아니, 학교 가면 얼마씩 돈 주는 것 있을 것 아니야? 월급 말고도 주는 것 있을 것 아니야?

김용섭 예, 있습니다.

김 회장 이거 바뀌어져야 할 것 아니야? 한번 봐야지.

권오택 정리해서 보고 드리겠습니다. 연봉제 말씀 드리겠습니다.

연봉제 도입 추진일정 설명

김 회장 연봉제는 말이야, 증권은 했는데 왜 딴 데는 안 되는 거야?

권오택 증권이 조금 앞서서 연구를 시작했었습니다.

김 회장 연구를 시작했던 간에, 상당히 답답한데, 뭐가 이렇게 복잡하냐 이거지. 왜 이렇게 복잡해? 한번 얘기를 해봐.

권오택 연봉제는 단순히 급여지급을 간단하게 하는 그런 측면도 있지만, 연봉제 시행 후에 직원들을 어떻게 평가하고, 그 평가결과를 연봉에 어떻게 반영하느냐 하는 것이 중요한 과제가 됩니다.

김 회장 그러니까, 그런 것은 (실시)하면서 하는 거지, 어떻게 정확하게 만들고 할 수 있느냐 이거야. 근로자들도 단체협약에서 연봉제 이야기하고 있는 판에 니들이 지금 뭐냐 이거야. 일을 할려고 하는 거야, 안 할려고 하는 거야? 왜 안 하는 거야, 연봉제 안 하는 이유가 뭐야? 추 사장, 중공업은 어떻게 하고 있어?

추호석(대우중공업 기계부문 사장) 지금 회장님 말씀대로 연봉제 하는 게, 개인의 실적이나 업무에 대한 기여 등을 평가하여 같은 직급이라도, 먼저 회사에 들어와서 일을 하고 있더라도 바뀌어질 수 있습니다. 그래서 진행하면서 하는 방법도 있고요, 안 그러면 처음부터 가급적 정확한 평가기준을 각 조직에 맞게 준비를 하는 방법이 있습니다. 저희들은 우선 그룹에서 전사적으로 시행 안 한다고 하면, 과장급 이상부터 시행을 할려고 그랬습니다. 금년에 준비를 해서….

김 회장 글쎄 과장 이상이고 뭐고, 빨리 시작을 하면 되잖아. 근로자 이상도 하는데, 왜 과장 이상만 해? 다 하면 되지….

추호석 지금 현재 받고 있는 것을 똑같은 금액으로 연봉제 하는 것은 어렵지 않은데요….

김 회장 우선 근로자들이 지금 단체협약 네고하는 게 이익 내에서 딱 된다 이거야. 그러면 우리도 해야지. 근로자들을 설득시킬 수 있지 말이야. 회사들이 지금 어떻게 할려는지 나는 내용을 모르겠어. 근로자들 예를 들어서 복지후생과목이 100개가 있어. 이번에 그것 빼면 20% 차이가 난다는 것 아니야. 그렇게 거기서는 과감하게 하고 있는데 직원들도 못하고 있는데, 어떻게 되는 거야. 말만 하겠다 그러는지, 직원도 못하겠다는 것은 안 하겠다고 하는 거하고 똑같은 얘기 아니야. 블루칼라들도 다 하겠다고, 다 되는 것처럼 보고를 듣고 있는데, 직원도 못하면서 무슨 다른 일을 하느냐 이거야.

권오택 평가를 하는 게….

김 회장 그럼, (주)대우는 왜 못하고 있는 거야?

장병주 회장님 말씀대로 일단 월급 줄은 것 합쳐서, 일부 안 줘도 될 것 빼버리고, 연봉으로 만들어 지급하면서 앞으로 평가를 어떻게 할 것인지 개선방안을 만들고 하는 방법이 있는데….

김 회장 아니, 연봉제로 가면, 쓸데없이 주는 것 다 치우라 이거지. 다 치워버리고 월급하고 보너스만 합쳐가지고, 일단 가면서 방법을 생각해봐야지. 지금 정리를 어떻게 하느냐 이거지. 나는 딴 회사도 마찬가지인데 어떤 생각을 하고 있는지 알 수가 없다 이거야. 내가 요전번에 듣기로는 단체협약하면서 다 없앤다는 것 아니야. 뭐, 추석에 얼마 받고 하는 것을 전부 없애고, 월급하고 보너스만 가지고 그런 방향으로 단체협약에서 네고하고 있다고 알고 있고, 그런 것이 잘 돼서 곧 될 것 같다고 얘기 듣고 있는데…. 지금 잘못됐다 이거지. 강 사장 얘기해봐, 자동차는 직원들 연봉제는 어떻게 되고 있는 거야?

강병호(대우자동차 사장) 복리후생비 깎고 하는 것들….

김 회장 누구한테 얘기 들어보니까 잘 되고 있다고 하던데.

김태구 사원들도 일단 복리후생비를 금년에 없애자 이런 얘기 아닙니까? 기능직들 다 없애면 사원들도 다 같이 없어지니까, 급여수준 차이는 마찬가지입니다. 사원들은 연봉제를 해야 깎여지고, 기능직은 복리후생비를 깎아야 깎여지고, 그런 게 아닙니다. 다만 각사에서 뭐가 문제냐 하면, 연봉으로 각자 얼마, 이런 것도 중요하지만, 우선 첫번째로 시행할 때 우열을 가려서 각각에게 다른 급여를 줘야 된다는 것 아닙니까? 우열을 만들려면 기준도 있어야 하고….

김 회장 글쎄, 그렇게 되면 더 복잡해진다 이거지. 연봉제는 미니멈으로 잡아놓으면 된다 이거야. 미니멈으로 돌아가면 베너핏(Benefit) 없이 모두 미니멈이 될 수 있다 이거야. 그렇게 놓고 나서 잘 하는 사람은 더 주면 되는 것 아니냐. 그러면 끝나는 건데 왜들 이렇게 복잡하게 생각하냐 이거지. 7월 말이 됐건 8월 말이 됐건 다 시행하라 이거지. 무조건. 월급하고 보너스만 가지고 일단 시작하고, 각사별로 베너핏은 9월 말이 됐든 10월 말이 됐든, 금방금방 바꿔주라 이거지.

서형석(대우 총괄 사장) 다 안 된다는 것은 아닙니다만, 그런 것도 좋은데….

김 회장 내가 생각하는 것은 두 가지야. 앞으로 정리해고할 것이냐, 안 할 것이냐…. 우리는 일단 정리해고 안 한다는 가정 하에서 가고 있다 이거야. 사실상 우리나라의 급여체계가 우리나라 경쟁력에 맞도록 안 돼 있다 이거야. 전체 국민소득에 맞도록 안 돼 있어.

우리나라 인건비가 앞으로 50% 이상 떨어진다고, 앞으로 그렇지 않으면 못간다고. 갈 수가 없으니까 갈 수 있는 방향을 찾아서 가야지. 환율이 떨어지고, 인플레가 되든 간에 어떤 형태로든 그렇게 갈 수밖에 없어. 이한구 소장 얘기대로 환율이 2,000원대 간다던 것이 1,200원대로 다시 돌아가고 있지 않느냐 이거야. 이런 점을 감안해서 해야지. 우리가 15% 떨어졌다고 하는 것은 우선, 우리가 받는 베너핏이 일단 나와야 되겠지. 근로자들은 다 합해보니까 20% 정도 되더라구. 그러면 근로자가 없는 (주)대우나 이런 회사들도 20%가 다 되느냐, 이런 것을 분석을 해야 되겠지.

나는 그렇게 안 된다고 봐. 되는 데 있고 안 되는 데 있고, 다 틀리다고 보는데, 근로자들의 베너핏을 20% 깎았으면 우리는 더 깎아야지. 근로자만 그렇게 깎고, 우리는 15% 깎고 하면 갈 수 있느냐, 못 가는 거지. 그러면 근로자들도 15% 깎던지 대책을 세워놓고 해야지, 근로자들만 20% 깎고 우리는 15% 깎으면 말이 되느냐 이거지. 더 깎으면 깎았지, 덜 깎으면 명분상으로 안 될 거라 이거야.

나는 그렇게 다 준비돼서 하는 줄 알았는데, 그런 게 안 된다면 말이 안 되지 않느냐? 도대체 방향을 어떻게 잡고 있는지 정신없이 말이야. 한 번 말이 나올 때만 하고 말이야. 김 부사장?

김용섭 예.

김 회장 뭐가 되면 되고, 안 되면 안 되고, 명확히 해야지. 왜 그래? 권 상무도 내가 오래 됐으니까 바꾸라고 그랬는데, 왜 안 바꾸냐 이거야. 분명히 말하는데 앞으로 몇 달 동안만 참지, 안 그러면 전부 거꾸로 다 바꿀거야. 좀 젊은 사람들이 올라와서 방법을 세우고 그래야지. 이렇게 해서 회사를 어떻게 끌고간다는 얘기야? 기본방향이 명확해야지. (밖에서) 얘기하는 것하고 전혀 다르면 어떻게 하냐 이거지. 우리 여기서 까놓고 얘기하자구.

김 회장은 장황하게 연봉제에 대한 지시사항을 되풀이 강조했다. 정리해고는 없다는 대목이 눈에 띄는데, 실제로 김 회장은 근로자들에게는 다른 어떤 그룹 회장보다 애정을 많이 갖고 있었던 것으로 알려지고 있다.

"정리해고는 안 된다"는 그의 주장은 그룹 사장단회의에서 뿐만 아니고 공사석을 막론하고 지론처럼 되풀이된다. 문제는 그 다음이다. "해고가 없다면 그 대신 최대한 열심히 일해야 한다"는 채찍질이 이어지게 마련이다.

김 회장 내 이런 얘기 안 할려고 했는데 당신들, 우선 8시 출근이 안 되고 있어. 사장들이 8시에 엘리베이터 앞에서 당신들 직원이 8시 출근하는지, 안 하는지 한 번 보라구. 8시 출근이라는 것은 10분 전에 와서 준비해서 일하는 게 8시라 이거야. 직원들이 8시에 출근하는지 안 하는지도 모르면서, 무슨 회사가 되겠느냐 이거지. 요새 저녁 6~7시에 나가면 전부 밥 먹는다 이거야. 당신들 분명하게 얘기해보라구. 나는 잘 모르겠는데. 가급적 이런 얘기 안 하고 좋게좋게 얘기할려고 애를 쓰는데, 사회 전반적으로 그러면 우리라도 잘 해가지고 따라오게 하는 뭔가 의식이 있어야지.

앞으로 각사들 자금을 어떻게 쓰고 있는지 보고 싶다 이거야. 내주부터 시작할 테니까, 이번 주에 다들 따져보라고. 일단 돈 꾸어쓰는 것은 사채다, CP(기업어음)다, 모두 합쳐서 이자율 얼마에, 몇 년짜리인지 코스트를 따져봐. 내가 요전 번에 얘기했잖아. 그게 대출항목에서부터 이자율까지 다 나와 있나?

각사 사장들이 전부 다 해서 한 번 보고하라구. 작년 상반기에 비교해서 올 상반기에 이자를 얼마나 더 물고 있는지 각사별로 따져서 한번 보고하고. 6월 말이 됐으니까 대략적인 숫자들이 다 나왔을 것 아니야? 1주일이 지났으니까 대략적인 숫자들을 뽑아보라구. 돈이 남았는지 안 남았는지, 내가 한번 봐야 되겠다 이거지.

제일 중요한 것은 돈이 남았나, 안 남았나 하는 것이고. 두번째는 대출항목별로 돈을 어떻게 꿔쓰고 있는지 봤으면 좋겠다 이거야. 매일 비싼 이자만 가져다 쓰는 것인지. 그리고 부채에 대한 명세 같은 것들도 다 포함해서 설명할 수 있도록 자금담당하고, 사장하고 같이 보고하라구. 내주 중에 한번 봤으면 해.

그리고 회사에 대한 상황을 설명해달라 이거지. 하반기에 어떻게 되고, 내년도 상반기, 하반기는 어떻게 되고, 지금 큰 문제는 뭐가 있고, 크게 나누어서 설명을 하라 이거지. 내년부터는 회사가 각자 다를 것이니까 어떻게 하겠다는 것인지 설명을 해달라 이거지.

다음에 7월 1일자로 재평가 들어가라고 했는데, 재평가 들어갔나? 공장 가진 사람들은 각 공장별로 능력이 얼마고, 가동률이 얼마고 하는 것에 대한 기본적인 숫자들을 얘기해달라 이거지.

고용현황도 있을 것 아니야. 뭐가 남는다든지 모자란다든지, 임시직으로 대체하고 있다든가, 외국사람을 쓰고 있다든가 뭐 있을 것 아니야? 자기 자신들이 구상하고 있는 게 있을 것 아니야? 내주부터라도 시작할테니까 준비들 하라구. 앞으로 할 게 또 뭐 있어? 시간이 벌써 10시 30분인데, 몇 시까지 하기로 돼 있어?

김욱한 10시까지 하기로 돼 있습니다.

김 회장 벌써 30분이나 지났잖아.

김욱한 다른 큰 사항은 없습니다.

김 회장의 세세한 지시가 이어지고 이제 회의는 거의 끝나가고 있다. 그러나 언제나 그렇듯이 이것으로 회의가 끝나는 것은 아니었다. 김 회장이 자리를 고쳐잡고 회의자료를 들추며 다시 질문을 시작했다.

김 회장 '전경련 임직원 공통 직명 권장안'이란 건 또 뭐야?

권오택 참고로 보고 드리려고 준비한 사항인데요. 전경련에서 사외이사 제도나 이사 법적책임 문제가 거론되니까, '이사'라는 명칭을 이사회의 맴버인 경우에만 쓰자는 안이 기본적이고요. 해외쪽 하고 접촉이 많아지니까 미국이나 유럽쪽에서 임원들을 부르는 호칭하고 접근시키자는 취지에서 준비한 안입니다. 내용의 요지는 '이사', '이사대우'를 '상무보'라 부르자는 것이 전경련의 안이고, 영문명칭은 대부분 '바이스 프레지던트(Vice President)'로 부르고, 이를 구분해서 '시니어 엑스큐티브(Senior Executive)나 '엑스큐티브(Executive)'로 구분해서 부르자는 안입니다.

김 회장 이렇게 부르자 이거지?

권오택 예, 지금 타 그룹에서는 SK와 LG에서 바로 시행할 것 같고요, 삼성하고 현대는 아직은 두고보자는 입장인 것 같습니다. 우리 그룹의 경우는 조금 다른데, 우리는 이사대우를 이사부장으로 하고 있습니다. 직원 신분인데, 다른 그룹의 이사대우와는 성격이 조금 다릅니다. 같이 간다 하더라도 이사부장을 상무보로 하기에는 어렵지 않겠나 보고 있습니다.

김 회장 다음 공정거래위 관계는?

김욱한 공정거래위 관계는 기술회의 끝나고 관계회사 모임이 있으니까 생략하겠습니다. 단지 보안관리 규정은 비서실 구조조정 이후에 제가 맡고 있는 조직의 보안감사를 해봤더니 문제점이 있어, 이런 것은 고쳐서 시행해야 되겠다 해서 방안을 만들어보았습니다. 참고가 되셨으면 하고, 각 회사에서 이런 점도 있다 해서 알려주시면 반영하겠습니다.

그리고 정희자 회장님께서 심혈을 기울여 만든 아트선재센터 개관식이 오늘 4시 30분부터 거행됩니다. 여기 모이신 사장님들이 다 참석을 해주셨으면 좋겠는데, 경호 및 주차문제가 있어 오늘 4시에 대우센터 앞에서 버스 편으로 같이 가시는 것으로 하겠습니다.

김 회장 내가 보기에는 5시 30분에 영부인 온다니까, 그 때까지는 아무도 못 들어간데요. 괜히 쓸데없이 갈 것 없다 이거야.

김욱한 그래서 4시에 떠나서 4시 30분 안에만 도착하면 됩니다.

김 회장 그래서?

김욱한 식전행사가 있습니다.

김 회장 행사? 행사가 언제 있어?

김욱한 4시 30분부터 5시까지 있습니다.

김 회장 다시 한번 확인해봐.

서형석 밖에서 하는 것은 상관없습니다. 행사장 안에 들어가는 사람은 비표가 있어야 하지만.

김 회장 내가 듣기로는 5시 30분부터 시작해서 6시 넘어야 본 행사가 시작된다니까 오늘은 쓸데없는 사람은 갈 필요가 없지. 그거 뭐하러 가!

김욱한 정 회장께서 모두 참석했으면 좋겠다는 말씀이 계셨습니다. 또 문화계를 비롯해서 관·정·재·학계 인사가 200여 명 넘게 오니까, 영접할 사람이 필요할 것 같습니다.

김 회장 시작하기 전에 정확하게 물어봐서 조치해. 기술회의도 있고 하니까 간단하게 몇 가지만 얘기했으면 해.

이로써 김 회장의 어전회의는 거의 끝나가고 있었다. 이제 김 회장의 마지막 지시사항이 이어질 순서였다. 김 회장은 과연 어떤 말로 회의를 끝낼 것인가. 이어지는 김 회장의 짧은 강의에 주목해보자. 김 회장이 밖에서가 아니라 내부에서 행한 '말씀'이기 때문에 당시 김 회장이 어떤 생각을 하고 있었는지에 대해 가장 잘 알 수 있는 자료이기도 하다.

김 회장은 대우그룹의 회생방안에서부터 전경련 개혁방안, 중소기업 문제 등에 이르기까지 광범위한 주제들에 대해 자신의 생각을 거침없이 쏟아내고 있다. 비록 스스로 패망의 길로 들어선 김 회장이지만, 그의 주장과 분석들은 지금에 와서 다시 들여다봐도 일리가 있는 말이 결코 적지 않다. 독자 여러분들도 경청해보시기를 바란다.

이어지는 김 회장의 당부. 조금 길지만 들어둘 만한 이야기도 많다.

김 회장 우선 내가 후회한 것이, 우리끼리니까 얘기를 하는데 전경련 회장을 맡아서 그 동안 보니까, 난 사실 아시다시피 외국에 하도 많이 다녀서 국내 사정을 잘 몰랐는데, 참 암담한 현실이라고. 내가 보면 총체적으로 이런 난국을 극복해서 무엇인가를 하겠다고 하는 그런 의지가 전반적으로 없다 이거지.

그리고 정부도 마찬가지지만, 다른 어느 때보다도 내가 보기에는 기업들이 많이 혁신(Innovation)해서 다 잘 앞서가고 있는데도 불구하고, 그 동안 기업의 사장들이나 연구소장들을 만나 회의 같은 것을 하면서 보면 정말로 너무 무책임한 것 같은 느낌을 받아요. 사실상으로 그 얘기는 무엇이냐 하면, 어떻게 해야 될지 전체적으로 자신감의 상실인 것 같아요, 내가 보기에는. 그러니까 핑계가 많고 안 되는 쪽으로 가다보니까, 암담한 거지. 결과적으로 보면, 그래서 내가 보기에는 열심히 하지 않는다 이거지. 그래서 이것을 앞으로 어떻게, 무슨 바람을 넣어서 이것을 하도록 만들어서 전체적으로 움직이도록 해가느냐 하는 것이 상당히 문제인 것 같아요, 내가 보기에.

그러니까 지금 보면, 우리가 IMF 같은 현실을 만회하는데, 만회하는 책임이 정말 내가 보기에는 국민들도 마찬가지고, 국민들도 자기 분수껏 살지 않고, 돈을 많이 썼기 때문에, 그런 문제가 나왔겠지만, 국민도 그렇고, 정부도 그렇고, 금융권은 더 심하고. 내가 보기에는 지금 제일 문제가 금융권인 것 같아요. 언론도 마찬가지로 자기만 잘난 것처럼 얘기하지만, 앞으로 크게 조정이 돼야 하겠다, 학계도 마찬가지고. 그러니까 내가 보기에는 기업은 물론, 모든 사람이 책임져야 되는데 똘똘 뭉쳐서 기업이 잘못해서 된 것처럼 자꾸 얘기해서 가고 있는데, 이것은 정부가 각 분야에서 공통적으로 책임져야 되지 않겠느냐… .

 그리고 구조조정이라는 것을 구태여 얘기한다면, 지금 현재 은행이 하고 있고, 기업도 시작하고 있는데, 이런 것이 여기만 될 것이 아니라 모든 분야에 구조조정이 결과적으로 이루어져야 되지 않겠느냐… . 그게 안 되면 전부가 못 가는 거다 이거지. 그러니까 개인 집에서부터, 생각에서부터 다 바뀌어서, 뭔가 변화하는 이런 모습이 나타나야 되겠다… . 그렇게 되려면 결과적으로 국민 전체적으로 되어야 할 텐데, 이것이 앞으로 갈 거냐 하는 것은 상당히 문제가 많은 것 같아요. 차근차근히 시간을 가지고 오랫동안 해야 되지 않겠느냐 이렇게 생각합니다

 그렇기 때문에 예를 들어 얘기해서, 인상이 내가 정부에 반발이나 하고, 정부정책에 반대하는 것처럼 보였는데, 사실 그런 것은 아니라고. 나는 정부가 일단 방향은 제대로 잡아서, 우선 알다시피, 하나하나 지금 해가는 것을 보면, 그 방법 이외에 대책은 없다고 봐요. 그런데 그 방법을 시행하는 과정에서 어떻게 이것을 잘 해갈 것이냐 하는 목적으로, 합리적으로 모든 것을 분야별로 할 것이 아니라, 총체적으로 봐서 모든 분야가 하나씩 구조개혁해가는 쪽으로 가야 되지 않겠느냐… . 이렇게 나는 생각이 됩니다.

 그렇기 때문에 내가 보기에는 우선 그전에 기독교에서인가, 가톨릭에서 얘기하는 "내 탓이요"라는 것. 우리 정부가 자기는 아니고, 남이 다 잘못한 것처럼 생각하지만, 우선 내가 생각하기에는 자기 스스로가 변화해야 되지 않겠나… . 자기 탓이라고 생각하는 것으로 시작해서 우리도 전경련도 마찬가지인데, 우리가 무엇을 잘못했느냐는 것을 시인해야 될 것 같다고… . 나는 그렇게 전경련에서 얘기했다고.

 그와 마찬가지로 회사도 마찬가지라고 봐요. 옳은 눈으로 자기가 되돌아봐서, 자기 위치라든가 자기 생각을 정말로 깊이 생각해서 앞으로 방향을 잡아야지, 그것을 하지 않고는 내가 보기에는 힘들지 않겠나… . 그러니까 우선 자기 혁신을 보여주어야 밑의 사람한테도 그렇고, 다 신뢰감을 받아서

거기서부터 변화의 접근이 시도되지 않겠느냐…. 그리고 정부에 대해서도 마찬가지로, 정부가 하는 것에 대해서 비판만 할 것이 아니라 대안도 제시하고, 또 우리가 잘못한 것은 잘못했다고 얘기도 하고, 설득하는 것도 한 번만이 아니라, 열 번, 스무 번 설득해서라도 잘 돼가는 방향으로 해야지, 비판만 하고 그냥 가서는 힘들지 않겠느냐 생각이 됩니다.

또 이렇게 보면 다들 일하는 것 자체가 내 생각에는 그래요. 좀더 잘 할 수 있는데 덜 한다 이거지. 그러니까 더 잘 할 수 있는 방향으로. 만나면 매일 그런 얘기를 하는데, 좀 잘 해야 되지 않겠느냐…. 어떤 때는 회의감을 느끼고, 어떤 때는 놀라기도 하고 말이야. 정말로 이렇게 되면, 나중에 실망해서 어떻게 대처해야 되고, 어떻게 해야 될 것이냐에 대해 자기 스스로 굉장히 고민을 해야 되지 않겠느냐는 생각도 들더라고…. 그래서 하여간에 어떻게 보면, 나만 그러는 건지, 가치기준의 혼동…, 예를 들어서 얘기하는.

내가 이렇게 얘기하면, 평균적으로 얘기해야지 너무 일방적으로 얘기한다고 하는 사람도 있더라구요. 평균적인 것이 어떤 것인지 말이야, 우리나라의 평균이. 예를 들어 얘기하면, 어떤 선을 그어놓고, 그 선이 평균인데도 불구하고, 사람에 따라서는 평균이라는 것이, 평균이 올라가고 내려가고…. 나 같은 경우에는 평균을 위에 놓고 보는 거지. 숫자를 놓고 보면 그런데, 평균이라는 것이 어느 선이 평균인지…. 우리가 그만큼 디프레스되어 있으면, 평균이 자꾸 내려갈 것이고…. 그러니까 어떻게 봐야 될지, 어디에 척도를 놓고 봐야 될지, 내가 그것을 잘 모르겠더라구요. 그것을 고민을 해야 되지 않겠느냐…. 그러니까 결과적으로 보면, 자꾸 잘못된다는 얘기만 자꾸 하니까, 주눅만 들고, 그래서 결과적으로 어디까지 어떻게 갈 것인지, 참 굉장히 걱정이 된다고….

내 생각에, 전경련이라는 것이 이제는 오너들의 이익을 대변하는 단체…. 그렇게 돼서는 앞으로 절대 컨센서스를 얻어서 갈 수가 없을 것 같아요. 그러니까 우리나라의 경제를 잘 하는 쪽으로 맞춰가야 오너들도 좋아지는 것이지. 그래서 그런 방향에서 검토하라고 지시를 했고, 앞으로 내년에 정식으로 취임을 하면, 전경련에 대한 기본 입장이 우선 되어야 하지 않겠느냐….

그 동안 5대 그룹 회의라고 했는데, 금년 말까지 정리를 해서 전경련에 나오는 많은 회사와 같이 얘기해서, 전경련의 입장을 정리해야 되지 않겠느냐…. 지금 내가 생각하는 대로 얘기하면 아마 깜짝 놀랄 거예요. 그런데 그것을 매달 조금씩 얘기하면서 하도록…. 예를 들어 얘기하면, 대기업들은 이렇게 어려울 때는 정리해고를 하지 말자고…. 이런 얘기는 누구도 하지 못했을 거라고…. 그런데 나는 그 얘기를 해서, 다들…. 현대만, 자동차만 어려워서, 자기가 하는 일이 아니고, 자기 삼촌이 하는 일이니까, 얘기하기 곤란하니까, 얘기 좀 해달라고 할 정도로, 그렇게 동의를 한다 이거지.

왜 그런 얘기를 하냐면, 정리해고해서 실업률이 늘어나면, 사회불안이 오고, 사회불안이 오면, 경제가 불안정해지니까. 그것이 다 우리한테 오는 거다 이거지. 그러니까 정리해고하고 싶으면, 경기가 좋아졌을 때 하라 이거예요. 경기를 좋게 만들어놓고 해야지, 지금 대기업들이 사업 내놓기 시작하면, 전부 다 내놓을 거다 이거예요. 그러면 결과적으로 그것을 다 흡수해서 갈 수 없다고 본다고….

내가 보기에는 제일 쉬운 방법은 사람 내보내면 좋지…. 그렇지만 내보낸다고 해서, 대기업 내보내고, 중소기업 내보내고 하면, 실업이 몇백만 명 되어서, 내가 보기에는, 우리가 예를 들어 얘기해서, 매일 관리혁명하라고 해서 하고, 우리가 1990년대부터 시작을 했는데, 지금 1998년이니까 8년하고도 이 모양인데, 지금은 내가 보기에는, 우리는 절반 인원만 가지고도 충분히 할 수 있다고요. 그러면 지금 당신네들이 월급 주는 것을 얼마 주는지 따져보라고…. 반은 일 안 하고 시킨다고 보고, 반이 없을 때 되어간다고 보면, 인건비를 얼마나 지급하는지 생각해보라고…. 우리가 얘기했을 때 제대로 혁명적으로 갔으면, 지금 아마 우리는…. 그렇기 때문에 우리가 지금까지 해왔기 때문에, 우리는 남들보다 낫지. 낫긴 낫지만, 그래도 과연 우리가, 한 번 생각을 해보라 이거예요. 그 때 우리가 정말 혁명적으로 관리를 해왔냐 이거예요. 그것을 8년 동안 계속해왔다면, 지금 이 꼴이 아니지…. 지금 엄청난 다른 모습을 보여줬겠죠.

그래서 앞으로 부실기업들 정리를 했으면, 그게 파급효과가 어떻게 나왔는지, 가동률 같은 것 어떻게 할 것인지, 수출은 어떻게 늘릴 것인지, 대통령하고도 얘기를 해서 정식으로 됐다고…. 나하고 재무장관이 위원장이고, 경제수석을 간사로 해서 대통령 월례회의를 하려고 하는데, 이것을 하면서 아주 까놓고, 욕을 먹더라도 현실적인 얘기를 좀 많이 해서, 겉돌게는 하지 않을 거라고…. 전경련 관두면 관두었지, 겉돌게는 하지 않고 할 얘기는 해야 되겠다…. 이렇게 생각하고, 고용문제도 그렇고, 금융문제도 그렇고, 구조조정도 앞으로 어떻게 원활하게 해야 될지, 그리고 요즘 얘기하는 외자유치 문제, 그리고 지난 번 구라파 들러서 얘기를 했고, 이번에 미국 가서, 딱 하루 가서 얘기를 했는데, 내가 생각하는 대로 하자 하니까, 다 하겠다고 하더라고….

그러니까 리딩 뱅크 문제는 곧 해결될 거예요. 금년 안에 무슨 일이 있어도 두 개는 만들어낸다고…. 그래서 은행이 독립이 되고, 리딩해서 나가도록 말이야. 이것을 꼭 해나갈려고 합니다.

그리고 요즘 내가 조사하는 것이, 금융기관의 부실이 말이야, 이것이 어디서 생겼느냐, 근본적으로 따져봐야겠다…. 자꾸 기업에다 뒤집어씌우는데, 내가 생각해보면, 기업이라는 것이 망하면, 그 자산이라든가 공장의 시설이 다 있다 이거예요. 빚을 졌으면, 기업들이라는 것이 자산을 다 가지고 있기 때문에, 다 손해 나는 것은 없을 거다 이거예요. 그러니까 그 동안에 5년이라면 5년, 10년이라면 10년 동안, 은행 일을 해본 사람들, 샘플케이스로 스터디를 해보면, 왜 이렇게 부실이 많이 생기고, 그 동안에 돈을 많이 벌었을 텐데, 돈 가지고 무엇을 했고 하는 것을 뒤집어봐야지. 뒤집어보지 않고는…. 알아야지, 누가 잘못한 것인지 나올 텐데….

어쨌든 오늘 얘기 들어보면, 우리가 수출도 1등이고, 자동차 국내도 1등이고, 자동차 수출도 1등이고, 좋은 얘기가 많이 나와서, 우리가 할 수 없다는 것이 하나씩 깨져서, 지금 현실화되어가는데, 내가 판단을 해보면, 다른 회사들과 우리가 비교를 해서, 그 동안에 그 사람들은 선전을 잘 해서, 이미지를 잘 해서, 자기들이 잘 한 것처럼 했는데, 숫자상으로 연결재무제표도 나오고, 숫자상으로 투명성이 보장돼서, 외국 감사받아서 나오면, 우리 회사들이 전부 다른 회사들보다 훨씬 좋아질 것이라고 본다고…. 그러니까 이것 자체는 우리가 빚도 많고, 나쁜 것처럼 인식돼 왔는데, 가면 갈수록, 숫자상으로 나타나서 좋아지지 않겠느냐…. 그리고 대우를 보는 눈도 많이 달라지지 않겠느냐 보는데, 이런 것은 우리만 할 것이 아니라, 여러분도 자신을 가지고 굳혀나가는, 이런 작업을 많이 해야 될 것이라고 보고….

그리고 아침에 이한구 소장이 얘기했는데, 나는 사실 보면, 잘 될 수 있다고 봅니다. 오늘 얘기한 것처럼, 우리가 하기 나름이지. 이것을 어떻게 앞으로 해나가느냐 하는 것은, 한 한두 달 해외여행을 많이 줄이고, 전체적으로 달려들어서 연구소 사람들하고, 그리고 우리 전경련에서 회의도 하면서, 우리나라 전체를 놓고, 우리가 어떻게 살아가야 되고, 앞으로 희망이 있는지 없는지, 기본은 우리가 어떻게 살아야 되는지, 이런 것을 하기 위해서 3~4개월 동안 틀어박혀서, 전경련에서 시간을 반 이상 할애해서, 무엇인가 될 수 있다는 자신감을, 어떤 방법을 찾아내야 되지 않겠느냐…. 우리가 머리를 짜서…. 그냥 갈 수는 없지 않겠느냐….

내가 보기에 우리는 뭐냐, 과잉투자… 과잉투자는 왜 하게 되었느냐, 정부가 무엇 하나 해준다 하면 전부 달려들어서, 우선 참여해야 된다…. 예를 들어 통신 같은 것도 한다 하니까 다 달려들어서 했다 이거예요. 과잉투자 한 거지. 그 다음에 과당경쟁이다 이거지. 과잉투자에다 투자를 더했으니까 코스트가 비싸진다 이거지. 과당경쟁하다 보니까 이익이 안 난다 이거지. 그런 상황에서 과(過)이자, 세 배 이상의 이자를 내니, 기업들이 돈을 벌 수 없다 이거지.

김 회장의 말씀이 계속 이어진다. 훈시라고 해야 옳을지도 모른다. 벌써 회의 예정시간이 한 시간이나 지나고 있다.

김 회장 사실 따지고 보면, 기본적으로 보면 그렇지만, 우리는 된 것이, 수출 오리엔티드되어서 수출하다 보니까, 우리는 남들보다 낫고. 수출 안 한 데는 폼잡다가 터진거지, 전부가 다. 국내만 열심히 한 데는 터지기 시작한 거지. 내가 예를 들어 얘기하면, 연초에 500억 달러 경상수지 흑자를 낸다고 하니까, 우리 직원들도 믿지 않았겠지만, 세상에 믿는 사람이 거의 없었다고. 안 되는 얘기지. 꿈 같은 얘기지. 어떻게 되느냐고 말이야. 또 어떤 사람들은 구조조정하라고 하니까, 안 할려고 한다고 관리들이 말하고 말이야.

그런데 오늘 현재로 보면, 저번 회의에서 대통령께서도 말씀하시더라고. 김 회장이 500억 달러 얘기할 때 자기도 안 된다고 생각했고, 또 된다는 사람들이 없어서 그렇게 생각했었는데, 지내놓고 보니까, 오늘 현재를 생각하면 될 수 있는 가능성이 있다고 말씀을 하던데, 그게 보는 시각의 차이다 이거지.

자신을 가지고, 된다고 보면 되는 것이고, 또 안 된다고 생각하고 보면, 깜깜한 거지. 결과적으로 시각의 차이인데, 지금도 나는 마찬가지라고 봐요. 요즘 사람들 오면 얘기를 하지만, 하여간에 경상수지 흑자가 230억 달러 정도 상반기에 났으니까, 그것도 내가 생각한 것처럼, 수출이 20% 늘었으면, 훨씬 한 300억 달러 정도 더 났겠지. 그런데 경상수지 흑자가 수입에서만 나고, 수출에서 안 난 것이 여러 가지 이유가 있겠지만, 은행이 경영을 못해서 난 것이 대부분일 거라고. 내가 보기에는.

그래서 하반기는, 아까는 수출이 줄어들 것이라고 했는데(이한구 소장), 내가 보기에는 수출이 줄지 않고, 하반기에는 상반기보다 나아지지 않겠느냐…. 나는 이렇게 보는 게, 그 동안 중소기업들이 완전히 부도가 나서 하나도 하지 못했는데, 이제는 금융지원이 되니까 수출이 좀 늘지 않겠느냐 보는데…. 어제 종합상사 사장들과 같이 앉아서 얘기들 해보니까, 자신을 못가지는 것 같아요. 종합상사 사장들이 그러니까, 그게 문제라. 결과적으로 수출이 잘 안 되는 걸로 생각하고 있다고.

앞으로 두고봐야 되는데, 금융지원만 되고 하면, 지금 중소기업들이 한다고 하니까 하면 되고, 또 구조조정도 5대기업을 제외한 59개 기업에 대해서 레이아웃도 나와서 지금 일들 만들고 있으니까, 하여간 계속 정부한테 얘기해서 5대그룹을 제외한 데는 금융을 할 수 있도록 조치를 해주고, 하게 되면 내가 보기에는 수출이 늘 수 있다고 봐요. 그리고 리딩뱅크 두 개가 서고, 거기에 따라서 은행 구조조정을 하고, 큰 회사끼리 업종수 확보를 과감하게 할 수 있도록 만들면서, 구조조정을 과감하게 해야겠죠.

그렇게 하면 내가 보기에는 수출이 한 20% 늘어서, 실업이 좀 줄고, 공장이 좀 가동이 되고 하는 이런 모습을 보여주면, 굉장히 빠른 속도로 회복되지 않겠느냐…. 그것을 하기 위해서는, 그것이 안 되면 잘 하고 못한 것 없이 다 엉망이 되니까, 그게 될 수 있도록, 우선은 우리만 해서 되는 것이 아니고, 우리는 우리대로 하고, 정책적으로 불황을 탈피할 수 있도록, 드라이브가 좀 적절해야 되지 않겠느냐…. 되느냐, 안 되느냐 하는 것은 얼마나 아우성쳐서, 얼마나 어떻게 될지 모르겠지만, 하여간에 발동은 걸어야 되겠다 이거예요.

지금도 마찬가지로 구조조정하는 것도, 어제 아침에 내가 외국에서 돌아와서, 노사정위원회를 했는데, 거기에 가서도 내가 얘기를 했는데, 은행도 그렇다고 다섯 개 한꺼번에 금방 합하라고 하고, 고용승계 안 하고 다 하고 할 것이 아니라, 저렇게 못한다고. 1만 명이나 되는데, 정부가 고용승계 안 하고 쫓아낼 수 있겠냐 이거예요. 만용 중에도 만용이지…. 우리는 불가능하다고 본다고.

그런데다가 경영자총협회…. 이게 사용자협회인데, 거기서 고용승계 안 한다고 성명 내고 하는데, 이것이 다 헛것이다 이거예요. 예를 들어 얘기해서 은행에서 1만 명 끌어내서, 직장 주지 않고 갈 수 있겠어? 결과적으로 시끄럽게 해서, 네고해서, 내가 보기에는 80% 이상 틀림없이 쓸 거라고. 떼봐야 중역이나 부장급들 간부들, 어느 정도 퇴직금 같은 것 많이 주고 정리하리라고 보는데, 그런 식으로 우물쭈물할 것이다 이거지. 그럼 무슨 방법이 있느냐, 내가 보기에는 그것도 하나 정도 미리 해서 어떤 영향이 있는지 알아보고 해서, 그 다음에 하나씩 하나씩 찾아냈으면…. 그것도 한 50% 정도 정리해고할 수 있을지 모르지. 그런데 전혀 없이 하다가 지금 무슨 배짱가지고 하겠냐 이거예요. 도저히 못한다 이거예요.

지금 우리가 구조조정해서 정리해고한다고 하지만, 현실적으로 정리해고할 수 있냐 이거예요. 악의에 차서 난리일 텐데 말이야. 그러니까 못하는 것을, 예를 들어 은행감독원에서 하면 나중에 문제가 되는 것은, 노동부에서나 정부에서 경찰이나 검찰 동원해서 강제로 할 수밖에 없는데, 그것 하는 과정에서 안 되면, 인수은행 시켜서 해주고, 어떻게 정리하겠지 뭐. 두고보라고, 뻔하지 뭐. 그러니까 전체를 보고 하는 것이 아니라, 한 군데서 하는 쪽으로 몰고가면 안 되는 일인데도 불구하고, 되는 일처럼 해서 복잡하게 만드는 것이 아니냐. 그러니까 사전에 면밀히 준비도 하고, 검토도 해서 갈 수 있는 방향으로 가야 되는데, 그러니까 한 번 의사결정해놓으면, 많이도 하지 않고, 결과적으로 팽팽히 싸워서, 문제 일으켜서 해결하는 이런 식으로 가지 않겠느냐…. 그리고 이제는 한 번 잘못하면, 오랫동안 상심을 가져오기 마련이니까, 정신차려서 해야지.

그리고 이번에 내가 보니까, 사장들이 공정위 조사하는데, 본 사람이 있는지 모르겠어. 나는 (주)대우에서 한다고 해서 내려가서 봤는데, 이게 국세청에서 조사하는 것보다 더 심하게 하더라고. 그래서 서류를 다 갖다놓고, 그래서 사장실에 가서 책상까지 뒤진다고 하는데 말이야. 나는 이게 이해가 안 가. 솔직한 얘기로 그것을 아는지 모르는지, 사장들이 말이야, 그 현장을 가서 봐야지, 어떻게 하고 있나 하는 것을. 내가 보기에는 섬뜩하더라고, 섬뜩해. 그러면 그런 것을 대비해서 회사가 얼마나 준비했냐 이거야. 내가 보기에 그런 사람들, 그런 형식으로 와서 하는 그런 감사인데도 불구하고, 아무런 준비가 없으면 팽팽 당하는 거지.

그리고 대답을 하는데, 거기서 문제 생기면 얘기하는데, 밑의 사람 시켜서 얘기하는데, 사장이 달려들어야지. 달려들어서 설득을 해야지, 설득을. 예를 들어 대우증권 주식 2,000억을 몇 개 회사가 나누어서 샀다… 봐준 것이니까. 그러면 사장들이 가서 얘기했으면, 예를 들어 우리 회사인데, 주식은 정부에서 얘기해서 전부 분산했다 이거야. 정부가 하라고 해서 10%도 안 가지고 있는데, 대주주가 5~6% 가지고 있는데, 외국인들이 와서 10~20% 사니, 불안해서 되겠냐 말이야. 각자 주식을 정부가 분산하라고 했지만, 분산을 해서 회사가 다 뺏기게 되어 있으니까, 어떻게 하느냐 말이야. 2,000억 다 가져가도, 제1주주는 돼야지. 돈이 없으니까, 2,000억이지, 아니면 30%, 50%, 40%까지 가야 되는데, 이렇게 했다고 말이야. 그래서 이렇게 했는데 뭐가 나쁘냐고. 이렇게 덤벼들어서, 합리적으로 얘기해야 되는데, 전혀 누가 얘기하지 않는다 이거예요.

그리고 건설에서도 마찬가지야. 건설에서도 당신 사장이 가서 설명했냐 이거야. 잡혔다고 하면, 보고받았으면 가서 얘기해야지 말이야. 똑똑히 알고 있으라고. 우리가 다른 데 골프장 하게 되면, 3년도 돈 못받은 것이 이런 이런 것이 있다고. 한 10건 정도 있다고. 이게 건설의 현실인데, 골프장하면서 돈 좀 늦게 받은 게…. 지금 골프장 한 게 언제냐. 공사한 지가 작년에 했는데, 그것을 잡아가지고 한 540억 정도 봐주었다고 하면, 골프장이라는 것이, 골프 회원권 팔아서 주는 건데 말이야. 왜 거기 가서 설명 안 하느냐 이거야, 해야지. 밑의 놈들 시켜서, 앉아서 큰 것을 잡은 것처럼 생각하느냐 이거야. 내가 리스트 보니까, 하나도 하자 있는 것이 없다 이거야. 사장이 가서 충분히 얘기하면, 다 설득시킬 수 있는 것들이다 이거야.

사장이 여기 다 있지만, 지난 번에 5개 회사에서 사장이 가서, 얘기한 적 있냐 이거야. 한 번 그 사람과 따져서 얘기한 적 있냐 이거야. 하긴 뭘 해? 밑의 사람이 가서 얘기했지. 얘기했는데 안 됐으면, 설득을 잘못했다 이거지. 내 얘기는 충분히 얘기할 수 있는 거다 이거지. 내 얘기는, 다른 데 얘기하지 말고, 우리만 얘기하자 이거야. 우리만 지금도 감사를 받고 있는데, 감사를 받고 있으면, 정말로 피감사로서 준비를 했느냐 이거야. 저것 말이야, 저대로 놔두면, 내가 보면 알지만, 저거 놔두면 앞으로 재판 떨어져서, 재판 비용 나가고, 이제 앞으로 다 당하는 거예요. 내가 보면, 저거 재판받게 되어 있다고요. 내가 보기에는 재판받지 않고는 해결되지 않게 되어가고 있다고요. 분위기가 그러면, 사장들이 그 분위기를 알아서 수감태세, 이것을 무지무지하게 신중히 해야 된다 이거지. 거기부터 시작을 해서 문제가 생기면, 설득을 해서, 우선 갈 때 그것은 안 가지고 가야지 말이야. 나중에 판정한다고 하지만, 판정이 갈 때까지 가가지고 말이야. 하여간, 내가 생각하기에는 공정거래위는 사장 책임 하에…. 누가 할 거예요, 사장이 해야지. 하여간에 감사는 본인들이 직접 가서 받으라 이거예요. 사장들이 직접 가면, 충분히 설득할 수 있을 거라고. 문제가 생겼다고 하면, 뛰어가야지. 뛰어가서, 그 사람이 가지고 가서 보고하기 전에, 하여간에 덤벼들어야지. 덤벼들어서 해야지.

 이번에 공정거래위에서 대표자나 변호사나 대리 위임장 써오라고 했다면서? 알고 있어요. 내가 갈려고 했다고. 내가 갈려고 했는데, 내일 출장이라서 오전이면 갈려고 했는데, 오후 2시 이후라고. 아니면 내가 가서, 내가 한 번 덤벼들어볼려고 했는데, 사람들이 가서 설명할 자료를, 하여간에 충분히 몇 개 안 되는데, 주로 (주)대우하고 건설이라고. 내가 보니까 (주)대우하고, 건설, 그리고 나머지 몇 개 회사가 있는데, 가서 논리성, 역사성을 따져서 전부 준비하라 이거야. 우선은, 내가 생각하기에는 이번에 오라고 해서 가는 사람들은, 자기가 무엇 때문에 가는지는 아니까, 나한테 먼저 와서 설명을 하라 이거야. 나도 한 번 들어보고, 내가 생각하는 것도 얘기를 해 줄테니까. 가서 어떻게 하면 좋은지, 변호사하고 상담을 하라 이거야. 사장들, 변호사하고 상의했나? 변호사 만나서 얘기 잘 듣고 신중하게 좀 하라 이거야. 역사성을 가지고 왜 이렇게 됐는지, 원인부터, 예를 들어 건설 같은 경우는 그런 경우가 수십 개 있을 거라고. 그런 것들을 가지고 가서, 이 회사는 이렇게 되어서 이렇게 되고, 그룹사하고 똑같다, 틀린 것이 없다고 말이야. 건설에 플랜트사하고 똑같다, 분명히 얘기를 해야 된다고.

그리고 내부거래 가지고 문제 삼으면, 합병하면 그만이다 이거예요. 합병하면 내부거래가 아니지 않느냐 이거야. 같은 회사니까 내부거래가 무슨 잘못이냐 이거야. 어려울 때 서로 도와주고, 안에서 왔다갔다 하는데, 왜 그러는지 나는 이해를 못하겠다고. 합병하면 내부거래가 없어지잖아. 그런 것도 내가 생각하기에는 그래요. 한 번 생각해보라고. 예를 들어 얘기하면, 오리온전기, 한국초자, 대우전자…. 이것을 내부거래라고 뭐라고 하면, 다 합해버리면 되지 않느냐 이거지. 다 안에서 본부장 제도로 되지 않느냐 이거지.

하여간에 나는 지금 그렇게 본다고. 우리는 사실 구조조정해서 퇴출한다든가 이런 것…. 뭐, 지난 번에도 공정거래위원회에서 조사했지만, 할 것 하나도 없고, 자기네들 기준에 맞는 것이 없다고. 그러니까 떳떳하게 나가는 것이지 뭐. 걸릴 게 하나도 없다 이거야. 단지 우리나라가 문제가 되는 것이, 예를 들어 5대그룹 같으면 하나가 다섯 개 해야 된다면, 다섯 개 해야 되고, 그런 식으로 하니까 문제가 되는 건데, 하여간에 이번에 공정거래 조사받은 것은 제대로 잘 받아서, 1차 조사받는 사람들은 잘 하고, 2차 조사받는 사람들도, 하여간에 각사 사장이 직접 가서, 큰 문제가 없도록.

그 다음에 아까도 얘기했지만 수출, 이것은 지상과제니까, 내가 전경련에 가 있고 하니까, 우리가 모범이 되어야지, 다른 방법이 없다 이거예요. 우리가 모범이 되어야 해요. 나는 부탁하고 싶은 것은, 나도 모범이 되도록 할테니까, 여러분들도 마찬가지로 다 모범이 돼서 할 수밖에 없지 않나, 나는 그런 생각이예요. 그래서 특히 수출은, 지금 어느 회사든 간에 우리가 가지고 있는 것은 다 수출할 수 있는 회사들이고. 수출 늘릴 수 있다 이거예요. 있다는 전제 하에 만들어내야지, 안 되는 것처럼 자꾸 위축되면 곤란하다 이거지. 그러니까 아까도 얘기했지만, 아까 그런 문제하고, 수출문제하고는 각사가 내주부터 별도로 보고를 해서 해달라 이거야.

그리고 내가 보기에는, 우리는 내가 전경련 회장을 하고 있으면, 손해 나는 일이 앞으로 많을 거예요. 왜 그러냐면 어차피 우리가 모범이 되어야 하니까. 또 일을 하더라도 양보는 많이 해야 되고, 옛날처럼 어거지를 부릴 수도 없고, 하여간에 내가 보기에는, 손해를 많이 볼 텐데, 그것을 우리가 감내하면서도, 잘 될 수 있도록 각사 사장들이 특별히 도와주었으면 좋겠다….

그리고 회사라는 것은, 나는 그렇게 생각해요. 기강인데, 기본이 흔들리면 안 된다 이거야. 기본이 무엇이냐 하는 것은, 각자가 알아서, 그만큼 최소한도로 지켜가야지, 그게 흔들리면 안 된다 이거지. 그렇게 해서 잘 돼가도록 해주고….

나는 생각에, 연말까지 정말 노력하면, 우리는 굉장히 빠른 속도로 회복이 된다고 보고 있어요. 그러니까 되도록 하기 위한 작업을 해서, 숫자가 맞도록 연구소라든가 이런 것을 동원해서, 전체적인 분위기를 올바른 방향으로 끌고 가도록 앞으로 할 거예요. 그래서 수출도 500억 달러도 경상흑자 내는 것부터 시작해서, 리딩뱅크 만들어서 하는 것부터 시작해서, 기업구조조정을 내가 생각하기에는, 과감하게 자기 분야에 합하고 이런 것이 되면서, 그렇게 하면서 경쟁력을 키워서, 이익을 내고. 이익을 내고 하다 보면, 자본시장도 커지고, 금융도 해결이 된다고. 그리고 있는 시설을 가지고, 가동률을 극대화하고, 가동률을 극대화하면, 실업도 줄고. 나는 이론은 잘 모르지만, 실질적으로 이렇게 해서 매듭이 잘 되도록 최선을 다 할 작정이니까. 그런 바탕 위에 여러분들이 적극적으로 서포트하고 협조가 됐으면 좋겠다…. 나는 그런 생각을 합니다.

사장단회의 풍경 2 (1998. 9. 10)

대우 사장단회의의 단골 메뉴는 계열사별 자동차 판매실적 검토였다. 김 회장은 다른 것은 몰라도 자동차 판매실적이 부진한 회사 사장에게는 거의 모욕에 가깝다고 할 만한 질책을 쏟아부었다. 그래선지 대우그룹에 근무하면서 대우 자동차를 한 대도 팔지 못한 사람을 찾긴 어려울 것이다. 1998년 9월 10일 대우센터 25층 회의실에서 열린 사장단회의에서도 자동차 판매 얘기가 주 안건이었다. 자동차 판매실적을 채우지 못한 사장들은 가시방석에 앉은 느낌으로 회의가 끝나길 기다려야 했다.

김욱한(구조조정본부 사장) 뉴스를 말씀 드리고 확대 CEO 협의회를 시작하도록 하겠습니다. 올해 초부터 전경련 회장 대행을 맡아오셨던 회장님께서 오늘 전경련 회장단회의에서 회장으로 추대되셨습니다. 이달 중으로 임시총회를 열어 정식 회장으로 추대될 예정입니다.

김욱한 사장은 이어 '상반기 그룹사 내부감사 실적'과 '참여연대 소수주주권 활성화 동향에 대한 검토'라는 제목의 보고를 했다. 보고가 끝나고 김욱한 사장이 고개를 들고 김 회장을 쳐다봤다.

김 회장 다 끝났어? 자동차는 어떻게 된 거야?
정주호(대우자판 사장) 예, 그 동안 협력사 도와주고 해서, 판매 대수는 전체적으로 45% 줄었습니다만, 점유율은 많이 늘었습니다. 등록 대수로 하면 마켓셰어가 43%에 가 있습니다. 현대는 8월이 지나면서 노사분규가 끝나고 적극적으로 하고 있고, 사장이 바뀌면서 먼저 있던 박 사장이나 정 회장과는 협조가 잘 됐는데, 새로운 사장하고는 얘기가 잘 안 돼서, 우리가 합의했던 몇 가지 조항이 깨지고 있습니다. 다시 만나서 얘기를 할 생각입니다. 기아는 아시는 것처럼 계속 맥을 못쓰고 있고, 삼성은 전체로 그룹사가 팔고 있습니다. 저희가 이달부터는 2만 대 이상을 팔아야 한다는 목표를 잡았는데, 그룹사의 도움을 받지 않으면 어려운 실정입니다.

8월부터 한 달에 5,000대씩 해주십사 하고 말씀을 드렸는데, 다 해준 회사도 있지만 8월에는 2,000대 내외를 해주셨습니다. 9월부터는 5,000대씩 꼭 부탁드리겠습니다. 그걸 해주시면 우리의 목표 달성에 큰 도움이 되겠습니다.

김 회장 김학용 사장(경남기업)은 차가 할당도 얼마 안 됐는데 부족하잖아. 벤더들한테 좀 부탁해서…. 요즘 엉망진창인데…. 조선은 왜 이렇게 됐지? 일곱 대밖에 못팔았는데.

신영균(대우중공업 조선부문 사장) 부지런히 하고 있는데요. 종업원들한테는 이미 다 돌아갔고….

김 회장 종업원들한테는 돌아갔는데…. 벤더들 있잖아?

신영균 불러서 강력하게 얘기하고 있습니다.

김 회장 근데, 열심히 하는데 이렇게까지 안 되면 곤란하잖아. 수출은 잘 되고 있으니까 돌아가긴 돌아가지만, 국내에서 셰어가 흔들리기 시작하면 또 문제인데 말이야. 하여간 금년에는 방법이 없으니까 회사들이 전부 자동차 판매에 협조를 해줘야지. 전자도 마찬가진데….

전주범(대우전자 사장) 열심히 하고 있습니다.

김 회장 열심히 하기는…. 너희들 벤더만 해도 300~400명인데, 정 안 되면 돈 줄 때 차값 빼고 하나씩 주면 될 것 아니야. 그 정도도 협조를 못 받으면 벤더를 관둬야지.

벤더란 대우자동차 납품회사들을 말한다. 납품회사라는 지위는 한없이 작아지게 마련인 것이다. 지금 김 회장은 납품회사를 닦달해서라도 자동차를 팔라고 말하고 있다.

납품회사가 거부하면 아예 납품대금을 줄 때 차값을 빼고 주라는 폭탄선언을 하고 있는 김 회장이다. "장사란 어차피 주고받는 것, 네가 나에게 팔면 내 물건을 너는 사주어야 한다"는 철저한 장사의 논리. 대우그룹에 납품하려면 이 정도는 감내해야 한다는 것이 이미 상식이 되어 있던 시절이기도 했다. 그러나 때로는 너무 심해 적잖은 반발이 있기도 했다.

전주범 7월에는 벤더들한테 300대 정도 팔았습니다.

김 회장 전자는 21대 팔아가지고 되냔 말이야 이거.

전주범 6~7월에는 기를 쓰고 해가지고…. 8월에는 조건도 없어지고 해서 어려움이 있었습니다만, 그렇지 않아도 9월부터는 전사업장에 독려를 다시 하고, 아이디어를 내고, 벤더들 부르고 해서 최대한 하고 있습니다

김 회장 이달은 할당량 맞춰져요? 한번 얘기하면 해줘야지. 이렇게 힘들어가지고 어떻게 요청을 해? 남들은 다 하는데 우리만 못한다고 하면 문제가 있는 것 아니냐 이거지. 증권은 어때? 요즘 돈 좀 벌어?

김창희(대우증권 사장) 그냥 벌지는 못하구요. 8월까지 적자는 면했습니다.

김 회장 적자 나는 이유가 뭐야? 주식도 더 이상 떨어지지 않을 텐데.

김창희 3월 말하고 지금하고 비교를 해가지고, 가지고 있는 보유주식의 평가손을 3월 말에 다 반영을 했는데…. 그 때보다 주가가 더 떨어져가지고.

김 회장 더 떨어졌어?

김창희 그럼요. 매달 평가손을 100% 다 반영하니까, 그게 지금까지 500억 정도 아까지(손실)가 났습니다. 그것 때문에 그렇습니다. 대부분 남아 있는 게 정책적으로 가지고 있는 것이에요. 그런 것 때문에 더 그런 거죠.

김 회장 지점에다가 얘기해가지고 도와줘.

김창희 열심히 했는데요. 아시다시피 사무직에 노조 있는 곳은 대우증권밖에 없지 않습니까? 회사가 경비절감한다고 해서 월급까지도 깎았는데…. 그런 점에서 애로가 있습니다.

김 회장 수 좀 내봐. 내가지고 해야지 어떡해? 하여간 이달에는 다 맞춰줘.

김창희 사장은 김 회장과는 막역한 사이다. 또 대우증권은 대우그룹 계열사 중 유일하게 업계 1위를 굳건히 지키고 있는 독보적인 존재이기도 했다. 김창희 사장에 대한 김 회장의 비교적 부드러운 지적과 충고가 끝났다.

김 회장 장 사장, 건축 뭐 회장하시는 데는 뭐예요? 건설은 어떻게 되는 거예요?
장영수(대우건설 사장) 건설협회하고, 건설단체총회라고…. 지금 실질적으로 제일 어려운 땐데, 정부에서 예전에 주택중도금 2조 1,000억 원을 풀어줬거든요. 그게 닷새 만에 됐는데 각사로 돌아간 걸 보면 삼성, 대우, 현대로 자금이 흘러들어왔거든요. 그런 게 제일 빨리 돌아 들어오거든요. 다시 요청을 해서 3조 원을 받았습니다.

주택중도금을 내면 건설업체로 돌아가서 흘러들어오거든요. 정부에서는 내년에 예산위원회에서 신규공사를 못하겠다, 이렇게 되니까 신축공사 없이 지난해 공사만 마무리하면 없다 이거죠.

고속전철, 신공항 같은 하던 공사만 하고 전체적으로 내년 물량 신규는 안 한다는 게 진념 장관 얘깁니다. 그래서 우리가 국민회의하고 건교부하고 접촉해가지고, 민간건축 죽었으니까 그렇게 해선 안 된다고 했습니다. 대기업도 연말에 와서 궁지에 몰리니까 현대를 필두로 덤핑 공작을 시작했습니다.
김 회장 그거 모아가지고 안 되나?
장영수 현대가 삼성하고 삼화를 때려먹고, 대우 것도 하나 건드린 것 같은데…. 내용을 들여다보면 현대가 덩치에 비해 물량이 너무 없습니다.
김 회장 건설협회가 그런 것 하라고 있는 건데, 뭐 하는 거야?
장영수 8월 달에 담합으로 해서 영업담당이 구속이 되고…. 우리가 정부에다 하는 두 가지 얘기가, 첫째는 우리 업계가 잘못한 것 많죠. 크게 봐서 반은 우리가 잘못했고, 반은 정부가 잘못했다 이거죠. 그런데 이것을 제자리에 돌려놓는 방법이 뭐냐? 제값 달라 이거죠.

우리가 제값 받고 제대로 일하고, 제대로 못하면 퇴출하자고 그러면, 업자도 동등한 권한을 부여받게 되는 거죠. 우리가 계속 그것을 요구했는데 들어주는 거죠. 어렵고 힘들지만 이번을 계기로 제값 받기로 하고 제대로 일하면 부실시공도 줄어들 거고, 가는 방향은 올바로 서지 않겠나….

김 회장 근데 내가 요새 보면 말이죠. 한 2년 된 것 같아요. 부산 그것 하지 말라고, 개발투자 같은 건 조심하라고 말이야. 몇 번 얘기했는데, 요번에 들어보니까 엄청나게 문제가 있고….

어떻게 하지 말라고 했는데 하느냐 이거야. 나는 별 것 없는 줄 알았는데…. 참 이거 큰 일이야. 내가 몇 번을 얘기했잖아, 위험하다고. 앞으로는 하지 말라고…. 몇 번을 얘기했는데 이런 상황을 벌여놓아가지고….

근데 좋은 것은 얘기 안 해도 좋은데, 각사 사장들 말이야, 문제되는 것은 같이 알고 가자고. 감추지 말고. 그래야 미리미리 준비를 하든가 하지. 정신없이 가다가 나중에 문제돼서 오면 그 때는 늦지 않냐 이거죠. 잘 된 것처럼 아무 얘기도 안 하고 우물쭈물하고 가다가 나중에 가서 못했다 하는데…. 정말로 우리 김 사장도 얘기했지만, 각사에서 기획하고 감사하는 기능을 키워가지고, 자체에서 문제를 따져가지고 잘못되는 건 보고해주고 얘길해서, 같이 해결하는 방법을 찾아야지 말이야. 일정기간 지나면 알고 가는 것하고 모르고 가는 것하곤 다르다 이거지.

아무리 바빠도 집으로 찾아오든가, 출근하면서라도 그까짓 것 5분, 10분이면 되지, 뭐가 문제가 되느냐 이거지. 내가 보면 피나는 노력을 안 하는 것 같아요. 외평채가 얼마에요? 10%를 넘었어요. 내년에 돌아오는 게…. 앞으로 15% 갈지 20% 갈지 모르는데…. 당신들 어떻게 알고 가는지 모르겠는데 외환관리를 어떻게 하는지 모르겠어요.

그렇게 간단치가 않아요. 당신들 말이야, 쉽게 생각하면 안 돼. 우리가 피나게 노력을 하고, 줄이고 별별 짓을 다해야 겨우 넘어갈 텐데. 그래도 적자를 얼마나 줄이느냐로 넘어갈 텐데 말이야. 안 하고 있다가 또 연말이 돼서 이것 때문에 어떻게 됐다, 저것 때문에 어떻게 됐다, 핑계댈 텐데…. 연말이 얼마 남았어요? 3개월밖에 더 남았어요? 어떻게 할 거예요? 그 때 보고할 때 무슨 얘기로 어떻게 붙일 거예요?

　좋은 데는 좋아요. 안 와도 좋아요. 어쨌든 연말에 가서 롤오버할 수 있는 사람은…. 문제되는 사람은 미리미리 얘기하세요. 그 때 가서 큰일나지 않도록…. 연말에 가서 문제되는 사람은 정말로 전부 다 갈 테니까 알아서 하세요. 조치를 해야지 말이야. 사람이라는 게 한이 있지.

　김 회장은 지금 두 가지 주제에 대해 말하고 있다. 하나는 건설부문에서 생긴 문제다. 부산 수영 만 공사가 제대로 되지 않아 그룹 전체에 심각한 타격을 주던 때다. 김 회장의 발언으로 드러난 사실은 김 회장이 이 프로젝트에 반대했었다는 것이다. 그러나 이는 사소한 문제에 지나지 않는다.

　지금 김 회장이 강조하는 두번째 주제는 주목해볼 만하다. 김 회장은 계열사 사장들에게 연말 자금난에 대해 말하고 있다. 외평채 금리수준에 관한 이야기나 외환관리에 대한 김 회장의 당부와 지적이 이어진다. "연말이 얼마나 남았냐? 이제 석 달 남았다. 미리미리 대처하라. 그 때 가서 큰 일 나지 않도록 하라"는 김 회장의 걱정과 당부는 그러나 불과 한 달여 만에 유명한 노무라 보고서로 현실화되고 말았다.

　노무라증권은 대우사태의 획을 긋는 한 건의 보고서를 발표하면서 대우그룹을 파국적인 자금난으로 몰아갔다. 지금 김 회장은 바로 그런 사태를 예견하고 있는 셈이다.

　연말 자금문제에 이은 김 회장의 질문은 갑작스레 그룹 인사를 맡고 있던 권 상무에게 돌아간다. 김 회장으로서는 다음 이야기로 옮겨가기 위한 일종의 징검다리로 권 상무 문제를 꺼내고 있다. 회장의 권위를 세우고 회의장 분위기를 다시 한번 긴장시키자는 의도가 있는 그런 어법이다.

김 회장　인사의 권 상무는 내가 벌써 현업으로 가라고 그랬는데, 왜 지금까지도 안 가는 거야? 당신, 말하면 말이 안 들리는 거야? 인사만 계속해서 어떻게 하려고 그래? 상무까지 돼가지고, 어떻게 하려고 그래? 도대체가…. 앞으로 이런 일도 하고 저런 일도 해야지. 인사 간 지가 몇 년이야?

권오택 20년 됐습니다.

김 회장 그래가지고 어떻게 그 지랄할 수 있어? 상무씩이나 돼가지고….

권오택 곧 가겠습니다.

김 회장 당신들도 밑에 있는 사람들 일할 수 있도록 키워가야지 말이야. 불편하다고 사람 병신 만들어가지고 앞으로 어떻게 하려고 하냐 이거지… .

지금 환율은 올랐지만, 원료 값이 떨어져가지고…. 지금 내가 보니까 미국 수출의 20%가 캐나다고, 40%가 남미인데 자원 값이 떨어지고 있다 말이야. 생각을 해보라고. 자원은 캐먹는 건데, (가격이 떨어지면) 손실이 그대로 나는 거라고…. 30%, 40% 떨어진 마당이라고…. 내가 보기엔 앞으로 남미하고 캐나다하고 난리 날 거라고….

IMF에서 모여가지고 중앙은행장하고 재무장관하고 해봐야 뾰족한 수가 있냐 이거야. IMF라고 해봐야 사방에 돈 물려가지고 돈 못나오는 판인데, 출자가 무한정이냐 이거야. 누가 갚아야 돈 나올 거다 이거지. 증자하는 것도 못하고 있는 판인데. IMF에서 돈 꿔쓰는 것도 한계가 있지, 지금 원가가 내려가야 한다고. 환율이 올라가지고 비싼 것처럼 생각하는데, 30%, 40%씩 떨어지는 것 챙겨봤냐 이거야. 챙겨가지고 제대로 써야지….

지금 우리는 김 회장으로부터 놀라운 이야기를 듣고 있다. 김 회장이 장광설을 펴고 있는 이 회의는 지난 1998년 9월에 열린 것이다. 러시아, 브라질 금융위기가 턱에 차오르는 와중이었다. 김 회장은 누구로부터 설명을 듣고 있는 것이 아니라 스스로 러시아, 브라질의 금융 위기를 진단하고 있다.

동아시아 외환위기가 세계적인 경기침체와 원자재 가격의 하락을 부르고, 원자재 가격의 하락이 러시아와 캐나다, 브라질, 호주를 차례로 때리는 상황에서 우리는 다른 나라의 위기를 최대한의 기회로 만들어내야 한다고 열변을 토하고 있다. "원자재 가격이 계속 떨어질 거다. 그러니 원가를 더욱 낮출 수 있다. 환율 걱정만 하지 말고 더욱 적극적인 공격

경영을 펼치라"는 당부다. 그의 이야기를 계속 들어본다.

김 회장 지금 수출물량은 20% 늘었는데, 가격은 똑같아. 재고가격은 20% 내려 놓고 거기에다가 자재값 똑같이 주면 적자 나지 방법이 있냐 이거야. ABC는 다 아는 거지…. 세상이 돌아가는 것을 알면 방법을 찾아야지.

건축단가도 마찬가지고, 인건비가 20%, 30% 다 내려가는데 말이야. 건축단가는 그대로 해가지고 당신들 오더 가지고 있는 양에 실행예산이 그냥 갈 수가 있냐 말이야. 생각을 해봐. 어떻게 그냥 가냐 이거야. 인건비 떨어지고 자재비 떨어지는 만큼은 내려가야 될 것 아니냐 이거야.

윤 회장(대우건설 회장)은 직접 현장 좀 뒤지라고…. 그래서 인건비가 얼마 떨어지면 실행예산이 내려가야 될 거고, 자재비도 작년하고 비교해서 얼마나 싸게 사느냐, 다 따져가지고 얼마나 내려가야 하는지 분석이 나와서 조치를 해야지…. 그대로 실행예산을 가지고 가면 어떻게 하냐 이거지.

이자는 올라가고 코스트도 자꾸 올라가는데, 무슨 수로 회사가 배겨나냐 이거지. 바짝 조여가야지. 자재값이 올라가도 다른 것 따져서 실행예산을 낮추라든가, 무조건 5% 내려서 거기에 맞추라든가 조치를 해야지….

감사도 그래. 가이드라인이나 이런 걸 자꾸 알려줘야지. 업무감사라는 게 그런 건데, 결과적으로 보면. 그런데 이관기 사장 말이야, 자동차 부품값은 내? 많이 팔 때 돈 벌어야지. 옛날에 10만 대 예상한 게 23만 대 하면 오버헤드 코스트도 줄고 자재값도 줄고 했으니까 말이야.

이관기(대우자동차 국민차부문 사장) 맞추고 있습니다. 회장님 말씀도 있고 해서….

김 회장 냉정하게 해야 돼. 그렇지 않으면 바보된다고. 지금 중소기업들이 감가상각 안 하면 어떻게 되겠어? 이 난리판에 말이야. 강 사장 말이야, 다 뒤져가지고 감가상각 안 하고 1년은 가라고…. 밑지면서 후생사업하는 거냐 뭐냐 말이야. 지금 어느 세상인데 지금 그렇게 가느냐 이거지.

계열사 사장들을 공박하는 김 회장의 지시는 이어진다. 졸라매고 또 졸라매라는 지시가 이어졌다. 이제 말을 거의 다 마쳤다는 표정이었던 김 회장이 다시 자리를 고쳐잡는다.

이제 마지막 훈시라는 표정으로 김 회장이 말을 이어간다. 놀랍게도 이번에는 종업원들에 대한 김 회장의 지시사항이다. 사장들은 궁지로 몰아붙이던 폭군 이미지와는 전혀 다른 모습이다. 인간 김우중의 진면목을 엿보게 하는 대목.

김 회장 내가 부탁하는 것은 다름 아니라 종업원들 편안하게 다스리라는 거예요. 내가 보기에는 종업원들도 짜증 나고 임금 깎이고, 굉장히 신경이 날카로울 때야. 이럴 때는 당신들이 덕을 베풀어가지고 잘 해줘야 된다고…. 얼마나 세상이 거칠어졌냐 이거야.

딴 데서 할 수 있는 게 천지인데 인건비 깎아봐야 얼마나 돼? 이럴 때 어떻게든 서로 따뜻하게 해서 말이야. 하여간 종업원들 부인들을 한 번씩 회사에 부르세요. 정말로 미안하다고, 어려워서 그런다고…. 밥 한 끼 주고 잘 좀 부탁한다고, 설명해주라고. 세상 돌아가는 얘기도 해주고. 어려울 때 조금만 참고 그렇게 하면 앞으로 잘 된다고…. 따뜻하게 무조건 전부 하세요, 회사별로. 장 사장도 부인들 불러….

장병주 저희들은 오늘 스카라 극장에서 부인들 불러가지고….

김 회장 부인만이라도 불러봐. 부부가 함께 오면 밥값이 더 많이 나가니까. 정말로 잘 해야 돼요. 우리가 남보다 낫게 한다고. 굉장히 불안해하는 것 같애… 지난 번에 오랜 만에 연수원에 가서 과장들 만나서 어떻게 생각하냐고 물어보니까, 우리 회사 과장이 불안해하고 있더라고. 당신들이 회사를 안 믿는 것 같애. 어떻게 과장들이 안 믿게 됐냐 이거야. 그야말로 딴 데서는 더 난린데도 불구하고 왜 이렇게 됐냐 이거야. 당신들이 제대로 안 해서 그래요. 확신을 갖게 만들어야지, 불안해하면 일이 되겠냔 말이지. 옥포는 괜찮냐?

신영균(대우조선 사장) 근무일수를 늘렸습니다.

김 회장 그건 굉장히 잘 했어. 근무일수 늘리는 게 중요해요. 회사에 붙들어놓으면 종업원들 돈 쓸 일이 없지 않냐 이거야.

신영균 절반 정도는 항상 와서 일을 하거든요. 공장은 관리자들이 토요일이 노는 날이라고 안 나올 수 없는 거고, 항상 다 나오니까. 365일 다 나오다시피 하는데 획일적으로 15%를 깎아버리면 사기 문제나….

김 회장 내 얘기는 뭐냐면…. 시간외근무 하지 마. 붙들어주는 것만으로도 좋을 거라고…. 그리고 김욱한 사장 말이야, 카드 개인빚 조사 한 번 했지?

김욱한 IMF 직후에 했었습니다. 그 때는 좋았는데요. 아마 지금은 많이 변했을 겁니다.

김 회장 한 번 조사들 해가지고 말이야. 이게 내가 보면, 사람이 아침에 일어나서 빚에 쪼들리고, 마누라가 돈 달라고 하면, 바로 옆에 부정하게 돼 있는데 말이야, 무슨 수로 막느냐 이거지. 제도적으로 못 막아요. 그걸 생각해야 돼.

빚진 사람들 이자를 엄청나게 낼 것 아니냐 이거지. 회사에서 부담을 지더라도 빚진 사람들 신고를 받아가지고 은행에서 싼 이자를 하든가 말이지. 회사에서 가불을 일정 한도 내에서, 다 할 수는 없지만 사정을 봐서 그런 사람이 빚에 시달리지 않도록 해야지 말이지. 직원들 시달리기 시작하면 부정이 일어나서 회사 망한다고. 각사 사장들 연구를 해가지고 형편에 맞도록 알아서 조치를 해줘요. 그 돈 얼마나 되겠어? 딴 데서 세이브해주고. 그렇게 해서 그 사람들이 고맙게 생각해서 단 한 푼이라도 세이브하려고 노력하고. 이럴 때 부정이 일어나면 그 동안 키웠던 사람 버리고 난리 아니냐 이거지.

사고 없어요? 요즘 회사 어때요? 좀 따뜻하게 회사를 믿고 불안하지 않도록 유도를 하고, 방법을 세워서…. 하여간 어떤 형식으로든 상담을 해서 빚을 깊게 만들든지, 악순환이 돼가지고 않도록 방법을 찾아보는 게 좋을 거예요.

김 회장의 직원들에 대한 걱정이 한바탕 지나갔다. 돌아보면 IMF 이후 거의 모든 가정들이 크고 작은 부채로 골머리를 싸매던 시절이었다. 빚을 지면 부정을 하게 되어 있다는 김 회장의 걱정은 역시 정곡을 찌른 것이기도 했다. 직원들이 회사에 출근하면 돈 쓸 일도 없고 좋을 것이라는 김 회장의 생각은 고소를 금치 못하게 만드는 대목이다. 직원들은 김 회장의 이런 말들을 어떻게 생각할까. 더구나 요새는 주 5일 근무제를 놓고 토론이 한창인 시절이다. 그러나 노동착취라든가 기업가의 횡포라고 하기에는 김 회장의 진심도 없지는 않다.

워커홀릭인 김 회장은 다른 사람에게도 오직 일을 열심히 할 것을 주문하곤 했다. 오직 일하고 또 일한다는 것은 김 회장의 철학에 가까운 것이었다고 할망정, 이를 두고 노사관계의 시각만으로 보는 것은 무리가 있을 것이다. 직원들에 대해 한동안 장광설을 펴던 그가 갑자기 화제를 소련 문제로 돌렸다.

김 회장 요번에 소련, 그거 돼가지고 문제되는 게 있나?
장병주 저희는 큰 건 없구요. 철강쪽에 선수금 못받은 것…. 약간의 문제가 있는데, 지금 사람이 나가 있고, 특별한 건 없습니다.
김 회장 달려들어서 빨리빨리 해결하라고. 전자쪽에는 별 일 없나?
전주범 2월 말부터 소매를 줄이고 도매로 돌리면서 달러베이스로 하고 있습니다만, AR이 줄다가 현재 1,500만 달러 정도 돼 있습니다. 장사가 2주일째 중단 상태입니다.
김 회장 우크라이나는 어때?
전주범 우크라이나도 좀 불안스럽죠. 직접 영향권 내에 있는데….
김 회장 우즈베키스탄은 환율이 더 문제되기 전에 빼내야 할 텐데. 자동차는 어때?
강병호(대우중공업 사장) 우즈베키스탄은 달러베이스로 안 팔고…. 조금씩 오르고 있습니다만, 전자와 마찬가지로 판매 자체가 안 되고 있습니다.
김 회장 남미는 어때? 안 되면 가서 살펴보라고. 근본적으로 알아서 대책을 세워야지…. 돈 좀 남는 것, 이자로 다 들어가게 된다고. 금융을 잘 해야 돼요. 군산공장 인건비가 매출의 5%인데, 우리가 밖에서 빌려오는 것이 120일에 6%면, 연간으로 따져서 2%가 올라가는 거라고.
　또 물건 팔아서 6개월이니까 3%가 날아간다고. 꼭 5%가 날아가는 거야.

인건비와 금융 코스트가 똑같다고. 인건비 줄여봐야 아무것도 아니야. 금융 잘못하면 다 뺏기게 돼 있다고…. 백전백패야. 어쨌든 잘들 생각해서 해야지, 매출액의 5%라고…. 잘 알아듣겠어? 못 알아들어? (웃음)

김 회장의 이 말에 사장단회의장은 한바탕 웃음이 지나갔다. 자상한 선생님과 착한 학생들이 앉아 있는 풍경이다. 선생님이 학생들을 훈계하고 꾸짖고 하다가, 스스로 우습다는 듯이 계면쩍은 웃음을 짓자 학생들도 따라 웃는다. 어떤 학생들은 선생님의 웃음을 보고 비로소 안심하기도 한다. 김 회장의 금융론 강의는 계속된다.

김 회장 하여간 잘들 생각해서 해야 돼요. 매출액의 5%를 물고서. 금융 잘못하면 다 날아가는 거야. (그런데) 외평채 사면 아마 돈 벌거야.

장병주 정부에서 제한을 하는데요.

김 회장 해외에서 사야지…. 앉아서 돈 버는 건데, 보증수표와 똑같은 거지. 그리고 내가 또 한 가지 부탁할 것은 말이야. 전경련 회장 됐는데 말이야. 법 어겨가지고 문제없도록 잘 좀 하세요. 내가 부탁이라고. 내가 얘기하는데 신문에 ○○○관계 났는데, 우리는 비자금 같은 것 없어요.

윤영석 사장이 말이야, 불려가서는 아마 그 때 국세청에서 부탁을 받은 모양이야. 우리는 영수증을 다 받았는데, ○○○가 영수증 없이 뭐 별도로 돈을 받아가지고 어떻게 했다고 얘길 한 모양이야. 그러니까 유도신문에 걸려가지고…. 받은 사람이 받았다면, 맞지 않겠느냐고 진술서 써가지고 도장 찍고 나왔다고. 나중에 나와 보니까 중앙선거관리위원회 영수증 다 있는 거다 이거지. 우리 몇 사람 불려가서 1주일 동안 고생 직사게 하고….

김 회장의 발언이 점차 위험수위로 가고 있다. 예민한 정치자금에 대해 김 회장은 말하는 중이다. 검찰에 가서는 웬만하면 도장을 찍지 말라는 투다. "우리는 비자금 같은 것 없어요"라고 김 회장은 목소리를 높이고 있다. 과연 대우는 비자금이 없었을까. 그의 말을 들어본다.

김 회장 재판받고 나선 죽어도 못하게 했는데…. 안 준 게 사실이니까…. 당신들도 마찬가지야. 혹시 무슨 일이 있어서 불려가면 말이야, 절대 진술서 써주면 안 돼. 확인하고 해야지, 사실인가 아닌가.

지난 번에도 석 사장 가가지고 말이야. 대우에서는 아무 문제없이 해주겠다고 그러니까, 협상을 해가지고 했는데, 나중에 해주긴 뭘 해줘. 다 잡혀가가지고 재판까지 받게 했는데….

누가 어떻게 불려갈지 모른다고. 꼭 확인을 하고. 없는 걸 없다고 해야지, 어떻게 없는 걸 있다고 그러냐 이거지. 그래서 최근에 다 완결돼가지고. 그것 때문에 우리 직원들이 얼마나 고생했냐 이거야. 하여간 검찰 믿으면 안 돼요. 무슨 약속을 하더라도 사실대로 해야지. 웬만한 사람은 가 가지고 하룻밤 새고 그 다음날 계속해서 하면 귀찮아서라도 내가 감옥 가더라도 진술서 쓴다고. (비자금이) 있다면 할 수 없고. 있으면 사실대로 써야지 뭐. 근본적으로 일 좀 안 되더라도 하질 말라고. 안 하는 게 최선이야, 지금은. 언제 또 무슨 일이 어떻게 닥칠지 모른다고. 회사에서 돈 만들고 하는 거 말이야.

오늘 내가 분명히 얘기하니까 무슨 일이 있더라도 하면 안 돼요. 어느 회사든지. 나도 내 돈 쓰더라도 한 푼 부탁 안 할 테니까. 오늘부터는 그런 일 일체 없도록 해가지고. 영수증이 분명하고 모든 게 법적으로 어긋나지 않고 했을 때는 좋다 이거야. 그럴 때는 당신들 책임대로 하는데. 정말로 내가 부탁이라고.

건설 윤 사장 알았죠? 일 안 되더라도 할 수 없다 이거야. 일체 없애라 이거지. 쉽게만 하지 말고 집에 열 번을 찾아가더라도…. 쉽게 해야 한다고 돈 주고 해결하고 이런 거 일체 하면 안 돼. 다시 한번 부탁하니까 그렇게 알고.

어쨌든 문제 생기면 집을 찾아가든지, 하다 안 되면 나한테 오라고. 내가 찾아갈게. 쉽게 할 생각은 아예 하지 마세요. 언제 어떻게…. 공작으로라도 들어올 수 있어요. 요즘 공정거래위원회 있으면 항상 보고를 해주고, 공동대처를 하는 방향으로 하고…. 이것도 그래, 이런 일 있으면 미리 알려주면 메모를 했다가 얘길 할 텐데… 김 사장이 안 알려준 건지. (이하 생략)

사장단회의 풍경 3 (1998. 10. 14)

김우중식 계산법이 있다. 김 회장은 수치에 밝은 경영인이었다. 미국에서 자동차 10만 대를 어떻게 팔 수 있을까 하는 난해한 문제를, 김 회장은 간단하게 풀어내는 사람이었다. 마케팅 전문가조차 상상하기 어려운 해법들이다. 그가 마케팅 귀재로 불렸던 이유도 여기에 있었다. 돈에 대한 철학도 범상치 않았다. 김 회장은 어음을 쥐고 있는 사장은 가만 두지 않겠다고 으름장을 놓곤 했다. 돈은 묶여 있으면 가치가 없다는 게 김 회장의 철학이었다. 반대로 다른 사람의 돈도 활용하기에 따라서는 얼마든지 자기 돈처럼 쓸 수 있다고 생각했다.

1998년 10월 14일 대우센터 25층 회의실에서 있었던 사장단회의에서 김 회장은 1시간여 동안 사장들에게 간곡한 당부의 말을 했다. 이날 발언에서는 특히 김 회장의 자동차 사업에 대한 열정을 엿볼 수 있다. 1998년 10월이면 대우로서는 생사의 갈림길을 막 넘어서고 있던 때다. 이 시기의 그의 육성을 들어본다. 오늘은 사장들과의 대화형식이 아닌 일방적인 강의형식이다.

이날 강의에서 우리는 이미 숨이 턱까지 차오른 대우그룹 사장단회의 모습을 마주 대하게 된다. 대우 몰락의 전후 사정을 염두에 두고 이날 김 회장의 말을 다시 듣다 보면, 우리는 돌연 처연한 심정이 되지 않을 수 없다. 지나간 비극의 역사를 반추하는 모든 자료들이 그럴 것이기도 했다. 이날 김 회장은 그룹 사장들에게 모든 신규투자를 전면 동결하며 한 푼이라도 긁어모아 최대한의 유동성을 확보하라고 목이 쉬도록 강조하고 있다.

구내식당을 없애고 도시락을 싸서 다닐 것, 휴대전화는 반납할 것, 차량도 손수 운전할 것을 요구하는 김 회장의 목소리에는 다급함이 짙게 깔려 있다. 계열사 사장들이 왜 다가오는 위기를 알지 못하고 한가하게 대처하느냐는 김 회장의 질타에는 발 밑을 파고드는 대우 파멸에 대한 어두운 예감이 깔려 있다. 거의 절규에 가까운 김 회장의 육성을 들어보자. 그는 최근의 미국 출장 이야기부터 꺼내고 있다.

김 회장 자동차 판매를 위해 한 열흘 미국에 다녀왔어요. 알다시피 미국이란 시장이 경쟁이 가장 심하고, 가격도 제일 싸고, 자동차란 자동차는 거의 다 나와 있는 시장입니다. 그렇기 때문에 미국에서 성공하면, 어느 나라에 가더라도 자동차는 완벽하다고 보기 때문에 많은 신경을 써서 진출을 했습니다. 마지막으로 남은 게 일본 시장이 있는데, 앞으로 여기도 하겠습니다만.

지금 미국이 일본에 100만 대 정도 쿼터를 주고 있는데 우리나라가 3개 회사이니, 내부적으로 합의해서 한 회사당 15만~20만 대 할 수 있을 것으로 보고 있습니다. 그렇기 때문에 100만 대 하는 회사와 같이 광고 프로모션을 할 수도 없고…. 또 유럽쪽에는 생산기지가 폴란드, 루마니아, 체코, 우크라이나에 있습니다. 마티즈는 루마니아, 라노스는 폴란드, 누비라는 우크라이나에서 할 수 있어요. 앞으로 쿼터제가 되더라도 현지 네트워크에서 생산해서 공급하면 됩니다. 그러나 미국에는 공장이 없어요.

앞으로 공장을 세운다고 하더라도 멕시코 정도인데, 경쟁력에서 꽤 힘들다고 봐요. 미국은 한국에서 생산해서 공급을 해야 되는데. 앞으로 학생을 주로 공략할 계획입니다. 미국엔 학생 수가 1,400만 명에 달하기 때문에 내가 보기에 15만~20만 대는 학생들에게만 팔아도 충분하다고 봅니다. 우리가 연 5,000명씩 한국에 데려다가 교육시켜서 1만 5,000명의 세일즈맨을 만들어 우리 제품에 대한 확신을 심어주고, 한국 문화에 대해 익히게 한 후, 차를 가져가서 친구들한테 팔도록 유도할 것입니다.

우리 차가 일본 차와 별 차이가 없다는 것을 보여주게 될 것이고, 이렇게 계획을 세워서 시작했습니다. 작년엔 서둘러서 했기 때문에 2,000명밖에 하질 못했는데 금년 말과 내년에 8,000명을 추가할 생각입니다. 1만 5,000명의 인원이 두 달에 1대씩만 팔아도 10만 대는 팔 수 있어요.

그리고 교포들도 살 거고. 우리 교포들 수도 일본보다 더 많아졌어요. 또 폴란드, 루마니아에서 우리가 차를 만들고 있기 때문에 폴란드 국민을 상대로 팔기도 하면 되지요. 학생들은 계속 늘어나기 때문에 충분히 가능성이 있다고 봐요.

두번째, 교포쪽도 교회가 3,500개, 태권도 도장이 3만 5,000개, 그 밖에 미장원, 의사 등등 해서 교포시장을 계속해서 파고들어가고, 그 다음에는 다른 시장에 들어가고 하면, 내가 보기에 10년 후면 미국시장에 우리 차가 잘 알려질 것입니다. 한 해에 대략 350만 명이 대학에 입학하니까 10년 후면 3,500만 명, 거기에다가 현재 1,400만 명이 있기 때문에 대략 5,000만 명이 학교 다니게 되면, 그 때 미국인들은 우리 차에 대해 잘 알게 될 것입니다. 그렇게 해서 10년 후쯤 우리 차에 대한 인식이 바뀌면 성공하는 것이지요.

교포들도 이번에 가서 보니까 10년 전과 비교해서 경제력이 좋아졌습니다. 1.5세, 2세, 3세들이 벌써 좋은 대학 나와서 좋은 직장에 들어가고 있기 때문에, 10년 후에 우리교포 지위도 훨씬 높아질 것입니다. 각계에 진출, 파워그룹을 형성할 수 있을 것으로 봐요. 그래서 이 두 그룹을 기본 마케팅으로 하면 가능성이 있어요.

우리 교민 가정에 국산차 한 대 안 가지고 있으면 부끄러울 정도로 드라이브를 해나갈 작정입니다. 이것은 우리나라 장래를 위해서도 굉장히 중요합니다. 이렇게 어려울 때 우리가 차를 가지고 나가니까 우리 교민들이 그동안 상당히 움츠렸었는데 어깨를 펴게 되고, 우리가 하는 것에 대해 고맙게 생각하고, 한국, 미국 학생들이 한국에 다녀와서 아버지, 어머니에게 얘기하니까, 학교 분위기가 싹 달라질 정도로 한국에 대한 인식이 바뀌었다고 합니다. 국가를 위해서도 좋은 일이기 때문에 한 달에 한 번 정도는 가서 적극적으로 해야 되겠다 이렇게 생각하고 있습니다.

그리고 이제 인턴사원 1,000명을 채용, 70만 원가량 보조해줘 미국을 1년 정도 경험하도록 할 것입니다. 잘 하는 사람은 채용해서 쓰고, 채용 안 하더라도 앞으로 그 사람들이 사회 나가서 자신감을 가지고 살 수 있지 않겠냐 이거예요. 오늘 현재로 보면 생각 이상으로 잘 되고 있고, 가면 갈수록 좋은 결과가 오지 않겠냐…. 대학생 중심으로 하다가 앞으로 봐서 미국에 한 20

개 틈새시장을 대상으로 판매망을 갖춰 자동차가 성공적으로 론칭이 되도록 하려고 합니다.

그리고 자동차도 우리나라가 '포니'라는 차를 값싸게 많이 팔았는데, 한 30만 대 이상 팔았어요. 그런데 한 1년 타고 보니까 수준이 나타나가지고, 문제가 있으니까 한국 차에 대해 인식이 나빠졌다 이거지. 거기다 경험이 없어서 사후 서비스(AS)라든가 고객만족에 문제가 있었어요. 제일 작은 차가 제일 싸게, 제일 못사는 사람에게 가다 보니까 아주 좋지 않았다 이거죠. 그래서 처음부터 우리는 레간자를 60% 정도 계획하고 있는데 지금 팔리는 것을 보면 70%가 레간자에요. 학생들이 작은 차를 사는 게 아니라 오히려 중형차를 사더라 이거죠. 그리고 학생들한테 팔기 위해서 우리는 보험료를 절반으로 해주려고 합니다. 그래서 보험료가 연간 1,000달러 정도 절약되니까, 5년 타면 5,000달러를 절감하는 효과를 볼 수 있습니다. 그리고 원래 학생들에게는 금리가 비싼데 8억 달러 정도 금융을 해서 우리는 비싸게 안 하고, 차를 계약할 때 2~3년 유예기간을 주고 대학 졸업하고 취직해서 돈을 내는 시스템으로 했는데…. 우리는 현금받는 거예요. 그렇게 해서 학생들이 돈 없이 차를 가져갈 수 있으니까 쉽게 살 수 있는 겁니다.

AS는 우리가 40개 정도 하고 딜러까지 포함하면 100개가 될 것입니다. 400개는 전문수리 체인점과 계약을 해서 서비스맨을 한 곳에 한 사람씩 파견할 생각입니다. 거기다 인턴을 한 명씩 붙여서 통역도 하고, 근처 학교 프로모션도 하고, 슈퍼바이저가 조직화하는 식으로…. 엄청난 인원을 투입해서 빠른 시일 내에 세계에서 나와 있는 어떤 자동차 메이커보다 AS가 만족스럽도록 완벽하게 하려고 합니다.

중형차를 사게 되면 관리도 잘 하고 세차도 잘 하고 해서 자연히 이미지가 좋아집니다. 만약 우리가 성공 못하면 한국 차는 더 이상 많이 팔 수가 없을 것입니다. 한국 전체를 위해서도 사명감을 가지고 하려고 합니다. 여러분도 참고를 잘 해서 앞으로 누가 묻더라도 얘기를 할 수 있도록 해주시고, 나는 확신을 가지고 있는데, 다 같이 노력해서, 하여간에 미국 론칭만큼은 반드시 성공할 수 있도록 해야겠습니다.

지금 내가 보니까 차를 잘 만들고 좋은 차를 하면 반드시 성공할 수 있습니다. 마티즈 같은 경우는 거의 8,000시간 가동을 합니다. 10만 대 목표를 했는데 거의 25만 대를 생산하고 있고, 1년 365일 하루도 빠지지 않고 3교대로 돌아갑니다. 8시간씩 토·일요일 노는 날 없이 해서 10만 대 할 것을 25만 대 하니까, 125% 정도 고정비가 줍니다. 100만 원이라고 하면, 30만~40만 원의 코스트가 절감되는 거죠. 그리고 자재도 부품업계가 다 대줍니다. 그리고 25만 대 정도 되니까 품질에서부터 가격까지 아무런 문제없이 가고 있습니다. 그리고 12월 되면 5만 대가 증설돼서 30만 대가 되는데, 인도에서도 생산하고 하면, 50만 대까지 가능하다고 봅니다.

차량 한 대 가지고 50만 대까지 할 수 있다는 것은 열심히 하면 무엇이든지 할 수 있다는 것을 의미합니다. 항상 열심히 하지 않으니까 문제가 생기는 게 아닌가 싶어요. 여러분들도 시간 있으면 창원공장에 가서 어떻게 하나 배워서, 모든 공장이 3교대로 돌아갈 수 있게 해야 될 겁니다. 이렇게 하면 정리해고 하지 않아도 숫자상으로 보면 50% 정도가 더 필요하게 되니까. 엔지니어건 관리자건, 모두 발상의 전환을 해서 과감한 개혁을 통해 잘 해야 합니다.

IMF 체제 상황에서 새 정부가 들어서고 구조조정이 진행되는 어려운 시기에 전경련 회장을 맡게 됐습니다. 웬만하면 사양을 하려고 했는데, 100%의 사람들이 전부 해야 된다고 하고, 또 사람도 없기 때문에 좋든 싫든 맡을 수밖에 없었습니다. 전경련에 가보니까 문제가 많습니다. 그래서 앞으로 5개년 계획을 세우고 내년 정기총회 때 승인만 받으면, 과감하게 개혁을 할 것입니다. 여러분 기대에 어긋나지 않도록 잘 해보려고 합니다. 그러려면 제 시간의 반을 쪼개서 할애를 해야 합니다. 아침, 점심 두 번씩 먹으면서, 바쁜 시간을 보내고 있습니다.

이번 미국 가서도 하루에 7번씩 강의를 했어요. 교포 교수, 목사, 동창회

할 것 없이 하루 7번을 하다 보니까 나중에는 목소리가 안 나오더라구요. 이처럼 열심히 하니까 협조적이더라 이겁니다.

지금 안일하게 갈 시기가 아닙니다. 내가 틈틈이 여러분들 하고 있는 것 듣고 있고, 김욱한 사장(구조조정본부) 통해서 들어보면 미흡한 게 많습니다. 어떻게 하겠다는 자신만의 기본철학이 없어요. YTN 장명국 사장을 만났는데 월급의 70%를 깎았다고 하더라고요. 그리고 아침 7시에 출근한다더군요. 그래서 12월 달이나 내년 1월에는 YTN을 흑자 내겠다고 하더라고요. 월급도 자기는 한 푼도 받지 않고, 희생적으로 모범이 돼가지고 엄청난 개혁을 하고 있다 이거지.

다른 데들도 쉬쉬하지만 내부적으로 엄청난 개혁을 하고 있고, 내일 5대 그룹 회장단회의에서 대기업들이 모범을 보이자고 얘기할 것입니다. 대기업이 그 동안 욕 많이 먹었는데, 이렇게 노력하면 큰 변화를 가져올 수 있을 것입니다. 그래서 앞으로 전경련도 소유자 편이 아니라, 정말 우리나라 경제를 위하는 단체로 바꿔나갈 것입니다.

이번에 미국 가서 보니까 미국은 미국대로 문제가 많다는 점을 느꼈습니다. 미국의 자산가치가 떨어지기 시작하는데, 이것을 막기 위해 총집중해서 엄청난 노력을 하고 있습니다. 그리고 남미가 지금 국제 원자재 가격이 30% 이상 떨어지고 수량이 줄어드니까 모든 자원보유 국가들이 난리입니다. 예를 들어 1,000억 달러의 자원을 수출하는 나라는 우선 가격이 떨어져서 700억 달러로 줄고, 거기다 세계시장 수요가 65% 이상 50%까지 줄어서 수량까지 감소하니까 도저히 견디지 못할 지경에 와 있습니다. 브라질이 제일 문제고, 멕시코도 또 문제에요. 그래서 만약 터지면, 그 만한 돈을 댈 능력이 국제통화기금(IMF), 세계은행(IBRD)도 없다 이거예요.

미국이 안간힘을 쓰는 게 수출의 55% 이상이 남미시장인데, 이쪽이 무너지면 엄청나게 타격을 받는다 이거죠. 미국이 자기 문제가 있으니까 어떻게든 굉장히 애를 쓰겠지만, 내가 보면 부도는 안 나더라도 굉장히 어려워질 거예요.

세계 경제가 힘들어지면 한국도 지금보다 더 어려워지는 상황으로 갈 수 있다 이거예요. 금년도에 내가 보기에 430에서 잘 하면 450억 달러까지 경상수지 흑자를 낼 수 있을 것입니다. 이건 내가 연초에 얘기한 것과 맞아떨어지는 것이죠. 앞으로 금융이 정상화되면 좋은 점도 있겠지만, 국제시장이 아주 나빠지면 견디기 어렵다 이거죠. 다행히 5대 그룹들이 신용이 좋아가지고 지금까지 해왔는데, 앞으로 또 어떤 기준에 의해서 어떻게 될지 모른다 이거지. 이것 안 될 때 저거, 저거 안 될 때 이거 하는 식으로 구체적인 해법(tool)을 가지고 있어야 앞으로 대응해갈 수 있다 이거죠.

제일 현금화하기 쉬운 것이 수출이니까, 어떻게 하면 수출을 더 할 수 있느냐…. 수출만 잘 되면, 가지고 있는 시설 가지고 얼마든지 더 만들 수 있다 이거지. 가동률 높이면 되니까. 지금 이 판에 토·일요일이라고 일 안 한다는 건 직무유기다 이거지. 지금 데리고 있는 직원 수가 얼만데, 잘못되면 어떻게 하겠냐 이거지. 이건 정말 생각을 잘 해야 된다 이거지. 가지고 있는 걸 풀 가동할 수 있도록 수출에 역점을 둬야 합니다.

내가 보기에 당분간은 내수가 늘어나지 않습니다. 심리적으로 불안한데 어떻게 소비를 하느냐 이거죠. 심리상태가 좋아져서 다시 쓰더라도 소비 전체가 줄어들 게 뻔해요. 월급이 20% 정도 깎이고, 시간외수당까지 깎여서 소득 자체가 반으로 줄었습니다. 무슨 돈이 있어서 쓸 수 있냐 이거지. 또 이런 불황에 종업원들을 내보낼 수 있냐 이거예요. 내보내면 전부 알거지되는데, 그런 생각을 못하면 보통 잘못하는 게 아니다 이거지. 회사의 책임이라는 게 그렇게 간단치가 않은 거예요.

우리가 구조조정하는 것도 마찬가지예요. 항공기라든가 철도차량은 사실상의 퇴출로 봐야 됩니다. 앞으로는 전문경영자 시대가 와야 합니다. 나는 다섯 가지 문제가 있다고 봐요. 첫째는 과잉·중복투자, 두번째는 우리끼리의 과당경쟁, 세번째는 기업집중, 네번째는 문어발식으로 너무 업종을 다양화하는 것, 다섯번째는 소유와 경영의 분리. 이게 지금 대기업들이 계속 비난받는 5가지 요인이다 이거지. 그래서 이 요인을 제거하는 쪽으로 사실상 구조조정을 몰고가고 있는 겁니다. 지금 조금 미흡한 게 있는데, 두고보세요. 절대 잘 될 테니까. 전문경영인이 전권을 쥐고 일할 수 있도록 하고, 외국인들 합작으로 데려오고. 지금 우리가 왜 못 파느냐? 기업이 돈을 벌어서 기업가치를 올려가야 퇴출하더라도 제값받고 판다 이거지. 그런 방향으로 가고 있는 거예요. 기본철학이 없는 게 아니에요.

지난 번 방일(訪日) 전에 발표를 해달라고 해서 발표를 했습니다만, 일본이 우리 채권을 제일 많이 가지고 있는데, 일본이 대출연장(롤오버) 안 하고 회수하기 시작하면, 짧은 시간 동안에 엄청난 환란이 일어날 수 있다 이거지. 최소한 롤오버는 시켜줘야 하는데…. 지금 보니까 일본이 아시아 IMF나 개발은행 같은 걸 만들어서 돈을 출자하고, 어려운 나라도 보태주고 해서 기반을 굳히고…. 최종적인 방향은 엔화를 아시아 통화로 하는 작업을 하고 있어요. 그렇기 때문에 빨리 발표해달라고 해서 했지만, 요는 과정보다는 결과가 중요한데, 앞으로 3~4개월 지나서 결과만 잘 나오면 신문에서 오해해서 썼던 것 해결되지 않겠느냐 이겁니다.

그리고 지금 공정위에서 과징금이 또 나온다 이거지. 내가 그렇게 부탁을 했는데, 문제가 되는 것들은 여러분들이 신경을 써서 하면 될 텐데. 잘 대응한 데는 걸리지 않고 허술하게 한 회사들만 다 걸렸다 이거지. 왜 그렇게 허술하게 하냐 이거지. 남들은 다 되는데 자신만 안 된다고 하면, 이게 다 관리부족이다 이거지. 내가 그렇게 얘기했는데도 결과가 이렇게 나오면 문제가 있는 것 아니냐 말이지.

예를 들어 얘기하면 내가 팀을 만들라고 했으면 빨리빨리 분석해서 사장 책임 하에 해줘야지, 아침 6시에 나와서라도. 뭐가 바쁘냐 이거지. 저녁 먹고 8시부터 10시 반까지 하든가 말이야. 이렇게 해서 매일매일 점검하고 가야지, 지금 식으로 되겠느냐 이거지. 나도 12시 전에는 들어간 적이 없고, 매일 7시면 나오는 그런 생활을 하고 있는데, 모두 다 따라와줘야지. 지금 위기는 닥치는데, 그렇게 할 수가 있냐 이거지. 점검하고, 또 점검하고 해야지.

일이 안 되더라도 쓸데없는 비자금 같은 것 만들지 말라고. 그리고 법에 어긋나는 일은 하면 안 된다 이거지. 이것은 절대로 지켜서 해야 돼요. 하도급 관계라든가, 내부거래라든가…. 나는 모르는데 자기들 편한 대로 5억, 10억 원짜리 회사 만들고. 결과적으로 위장계열이다 뭐다 만들어놓고. 왜 만드느냐 이거지. 만들려면 철저하게 만들어서 정말로 독립시켜서 하든지, 그냥 그대로 하든가, 털려면 철저히 털든가…. 우물쭈물 해가지고 문제만 자꾸 만들고. 뭐를 하면, 매듭을 지어서 깨끗하게 해야지. 그것이 얼마나 회사에 이익이 돼냐 이거지. 이것은 사장이 챙겨야지, 누가 챙기냐 이거야. 본인이 바빠서 못하면, 부속실이라도 만들어서 시키든지 하더라도 챙기는 것 만큼은 확실히 챙겨야지. 이 정도도 못하면 자격이 없는 거지. 또 이렇게 얘기하는 것 싫다고 그러면, 언제든지 사표 내세요. 쓸데없는 것 또 나오지 않도록 정리할 게 있으면, 빨리빨리 하라 이거야. 전부 하는 데까지 하라 이거지.

그리고 금년도 220%인가 뭔가(부채비율) 금감위에 낸 것 있어요. 연간으로 해서 부채비율 220% 못 맞추면 무조건 사표를 내세요. 다 하겠다고 제출해놓고 연말에 가서 우물쭈물 넘어가려고 하는데, 이번엔 절대로 안 된다 이거지. 만약 못하겠으면 미리미리 와서 설명을 하라 이거지. 방법을 알려주든가 조치를 해주겠다 이거지.

투자도 할 필요없어요. 지금 있는 것 가지고 해야지, 새롭게 투자하는 것은 내년 말 지나서 하라 이거지. 내년이 어떻게 될지 모르는데…. 신규투자는 220% 안에서 하려면 하든가, 전부 신규투자는 다 없애라 이거지. 해놓고 나 몰라라 하고 뒤로 나자빠지고 말이야. 이게 있을 수 있는 일이에요? 그리고 당신들 말이야, 자기 맘대로 돈 꿔 쓰고…, 말이 되느냐 이거야. 근본적으로 보면 방법이 다 있을 텐데, 여러분들이 이 방법을 쓰지 않아서 그렇다 이거지. 부채정리를 하라 이거지. 하여간에 이번 달 안으로 못하면 얘기하라고. 하겠다고 했으면 해야지, 왜 안 하느냐 이거지.

특히 건설은 지금부터 돈 들어가는 일 하지 마세요. 내년 3월 지나서 다시 얘기하자고. 지금 짙은 안개가 껴서, 내년에 어떻게 될지 모르는데. 단돈 10억, 20억 원이라도 아껴라 이거야. 지금 적자 나면 어떻게 하냐 이거지. 적자가 날 것 같으면 사람을 내놔서 주든가, 무슨 구체적인 안을 내야지, 어떻게 하겠다는 거냐 이거지. 그리고 내년부터는 '연결재무제표' 로 들어간다고. 전부 다 까발려지게 돼 있다고. 지금 이 판에 부정한 게 크게 터졌다고. 그것도 내가 보니까 직원이 할 수 있는 범위를 훨씬 넘었다 이거지. 그런 게 우리 속에 있는 것 자체도 문제가 있다 이거지. 뭐가 문제냐? 책임자들에게 문제가 있다 이거지. 그렇게 해먹겠다고 감히 생각하는 조직을 갖고 있다는 데 문제가 있는 거지. 내가 보기에는 다들 있는데 쉬쉬 하고 보고를 안 해서 그런지 모르지만, 대우가 생긴 이래 첫 케이스라고. 아주 조직적으로 해먹은 거다 이거지. 내가 보기에는 신문에 나지 않을 수가 없어요. 안 그래도 대기업들은 안일하게 해가지고 다 관료화돼가고 있다고 하는데, 이번 케이스를 보면 그 이상이라고. 도저히 있을 수 없는 일이라고. 관계되는 사람은 지위고하를 막론하고 다 고발할 생각이에요. 안에서는 알지도 못하고 밖에서 터져가지고 알려지는 이런 창피한 일이 벌어져서야 쓰겠어요?

상호지급보증도 언제까지 하겠다고 해서 지켜보는데, 무슨 수를 쓰든지 해야 말이야, 시간 있다고 아무 것도 안 하고 있으면 어떻게 하냐 이거지. 이것도 줄일 만큼 다 줄이라 이거지. 너무 인식을 안일하게 하고 있는 것 아니냐….

내가 (주)대우 시켜서 모바일폰 다 없애라 했으면 다 알 거라 이거지. 자기 돈으로 사서 가지고 다니든지 해야지. 또 자기 자동차에 있고, 모바일폰 가지고 다니고, 도대체 장사꾼들이 폼재는 것이냐 말이야. 모바일폰들은 신고를 하세요. 자동차에 있으면 됐지, 삐삐해서 받고 천지가 전환데. 그 면만 보더라도 정신적으로 안 됐다 이거야. 또 이런 판에 사무실 자꾸 늘릴 필요가 뭐가 있느냔 말야. 줄일 수 있으면 단 1평이라도 줄여야지. 어떻게 펑펑 늘리냐 말이야. 거꾸로 간다 이거지. 돈 1만 원, 2만 원이라도 줄일 생각을 해야지.

원자재 값이 20%, 30% 떨어지면 같이 나눠가져야지. 올라가면 돈 더 안 달라고 해? 같이 살아야지…. 원가가 얼마나 되는지도 모르고, 내깔려두고. 견적 보고 줄일 수 있는 건 다 줄여야 하는데, 당신들이 안 한다 이거지. 누굴 시켜서라도 하고 얼마를 줄였냐 챙겨야지. 보면 몰라요? 코스트가 줄었으면 왜 안 뱉어놓느냐 이거지.

우리가 죽으면 같이 죽는 건데…. 내가 얘기하는데, 받을 어음이나 받을 돈이 하나라도 결산서에 나오면, 그 때는 가는 줄 아세요. 다 할인할 수 있으니까 할인해서 돈 만들어서 빚을 줄여야지, 왜 가지고 있냐 이거지. 건설 같으면 팀 만들어가지고 돈만 받으러 다니라 이거야.

집에 가서 드러눕든지 해서 돈 받아내라 이거지. 당신들 옛날에 돈 좀 모자라니까 회사채 20%, 30%해서 가지고 있는 마당에, 돈 하루 더 받으면 한 달에 3%라고…. 일은 그렇게 저질러놓고 수습은 안 하고…. 그리고 나중에 적자 나면 이래서 적자 났다고 얘기하고…. 있을 수 있어요?

정 어음할인이 안 되면 가져오세요. 내가 전화해서라도 처리해줄 테니까. 지금 때가 어느 땐데 그렇게 하고 있냐 이거지.

그리고 관리비 줄이고 비용 줄이라고 했는데…. 내가 사장이라면 나부터 운전수 내놔요. 어떤 땐데 그대로 갈 수 있냐 이거지. 할 수 있는 데까지 최선을 다해서, 사장부터 모범이 돼서 아침부터 저녁까지 해도 할까 말까 하는데. 비서까지 다 나가고. 비서라는 게 오버타임 9시까지 남아서 하는 게 당연하지. 전화를 받는 사람이 있어야지. 어떤 일이 급하게 닥칠지 아냐 이거지.

그리고 좋은 것은 보고하지 않아도 되는데, 나쁜 것은 보고해줘야지. 부산에서 신문에 나쁘게 난 것을 홍보실도 나에게 보여주지 않는다고, 전부 쉬쉬해서 지나가고 말이야. 좋은 것은 당신들 마음대로 하지만 나쁜 것은 꼭 보고를 하고 처리하라 이거지. 왜 보고를 안 하냐 이거지. 전화라도 하면 되지. 나한테 못하면 내 방에 있는 비서에게라도 해줘야지. 내가 판단해서 확인해봐가지고 위험할 가능성이 있다고 생각되면, 그때 그때 처리해줘야지.

자기들이 한다고 해놓고, 올 데 갈 데 없이 만들어놓고, 전화 한 통 하면 될 일 가지고 며칠씩 고생하게 만들어놓고. 이게 있을 수 있는 일이냐 말이야.

또 여유인력이 있으면 월급 반만 주고, 집에 가서 영어공부라도 하라고 그래요. 지금 왜 끌어안고 있냐 이거지. 회사 와서 쓰는 돈 생각해봐요. 점심 한 끼라도 먹고, 스페이스 잡아먹고…. 왜 가지고 있냐 이거지. 나가서 토플을 하든지 600점, 550점까지 받아가지고 돌아오도록 하란 말야. 기본적으로 국내경기 회복이 5년이 걸릴지, 10년이 걸릴지 모르는데, 국내 수요가 없을 때 영어라도 해야 해외라도 보낼 수 있고, 유연성(Flexibility)이 있어야지. 아무리 눈이 있어봐야 말 못하면 뭐하냐 이거지. 인사, 관리, 경리는 영어 안 해도 되는 줄 아는데, 그 사람들도 밖에 나가야지. 6개월이고 1년이고 내보내서 하라 이거지. 내가 몇 번씩 얘기했지 않냐 이거야. 회사에서 시킬 게 뭐가 있어요? 자기가 돈 내서 하면 되지. 내가 그 동안의 관계도 있고 해서 인사만은 후하게 하고, 웬만하면 참아왔는데 그렇게 되니까 우습게 본다 이거야. 하여간 내가 이번에 얘기했으니까 그렇게 하지 않는 곳은 각오들 하세요. 연말에 인사 때는 과감하게 그런 걸 가지고 할 테니까, 그 때 후회하지 마세요. 내가 분명히 얘기하니까.

앞으로 1년 몇 개월 지나면 2000년이잖아요. 생각들 해보세요. 이게 긴 게 아니라고. 1000년을 마무리하는 해니까 마무리 잘 하시고. 이제 새로운 철학을 가지고 해줘야 된다 이거지. 소극적인 계획이 아니고 혁명적인 계획을 세워야 한다고. 하여간에 2000년대는 전문경영인 시대로 모범적으로 끌고갈 생각이니까. 제가 누누이 얘기했지만, 우리 자식들이 경영에 관여하는 일은 절대 없을 거예요. 돈 있으면 회사 위해서 쓰지, 개인 용도로 쓰지 않을 것입니다.

여러분들도 내년 말까지는 회사 일에 전념해야 된다 이거지. 몇 군데 잘 하는 데도 있는데, 그 얘기는 안 할 거예요. 자기 가진 역량 다 발휘해서, 가정에는 양해를 구하고 총력을 다하는 이런 것이 있어줘야지. 잘못하면 내년에 더 어려워질 수 있다고. 계획을 안 했으면 몰라도.

더군다나 이런 비상시기에는 100% 이상 실천이 돼야지. 이런 식으로 갈 수 있겠냐 이거지. 공장 식당만 해도 그래요. 돈이 문제가 아니고 정신력의 문제라 이거지. 이렇게 어려울 때는 도시락을 싸오든지 뭔가 다른 방법을 써야지, 옛날 하던 식으로 계속 갈 수 있냐 이거지. 식당 한 번 운영하는 데 얼마냐 이거야. 그걸 못 하겠다고 하면, 여러분들이 잘못 생각하는 거야. 자기 돈 가지고 먹으려면 식당만 준비해줘라 이거지. 그런 비상한 생각과 노력이 없으면 안 될 거라고.

전체 돈 세이브는 얼마 안 되지만 정신력이 좋아지는 거라고. 할 수 있는 것이 뭐냐를 김용섭 부사장이 담당 중역들 데리고 얘길해서 한번 보자고…. 미리 얘기해놓고, 갔다온 다음에 보자 이거지. 상호지급보증 없애는 것하고 부채비율 줄이는 것은 정말로 빨리 상의해서 처리하고. 신규투자는 모두 연기하고, 꼭 할 게 있으면 보고하고 하라 이거지, 경영은 자금이라고…. 한용호 사장, 내 얘기 알아들어요? 직원들 중에서 수금하는 사람을 따로 뽑으라 이거지. 받을 돈이 남아 있어선 안 돼요. 학교 같은 데도 학교채 발행해서라도 갚아달라고 해야지 말이야. 우리가 보증 서고 말이야. 학교에서 어음 받아요. 할인하자 이거지. 학교뿐만 아니고, 어음 다 받아내라 이거지. 점점 어려워지는데 돈이 묶여 있으면 안 되니까, 어음 받아내라 이거지. 연말에 가서 절대 받을 돈이 남아 있으면 안 돼요.

마지막으로 당부하고 싶은 것은 자동차 판맨데, 얘기 좀 들어보자고…. 그게 그렇게 힘드냐? 최선을 다하고 있는 거야?

김 회장의 공세는 지속됐다. 그는 자동차 판매부진을 질타한 다음 경남기업, 기전, 종합기계, 증권, 투자자문, 오리온전기 사장들의 이름을 차례로 불러가며 계열사들의 실적부진을 비판했다. 이날은 1998년 10월 세계 금융위기가 러시아, 브라질을 강타한 즈음이었고 대우그룹으로서는 덮쳐오는 파고를 넘지 못해 가쁜 숨을 몰아쉬고 있었다.

사장단회의 풍경 4 (1998. 12. 8)

김우중 회장은 예견력이 뛰어난 경영자이기도 하다. 김 회장은 1998년 12월 8일 대우센터 5층 대회의실에서 열린 사장단회의에서 조만간 금리 5% 시대가 열릴 것이라고 전망했다. 금리가 떨어지면 회사 수익이 높아지는 만큼 확신을 갖고 경영에 몰두해줄 것을 당부했다. 당시는 대우 계열사 사장들이 돌아오는 자금을 막지 못해 안절부절못할 때였다.

김 회장은 삼성과의 빅딜에 큰 희망을 걸은 듯 전자 계열 사장단들이 빅딜이 성사될 수 있도록 노력해줄 것을 당부하기도 한다. 기업에게 부채가 부담이 아닌데도 문제인 것처럼 얘기하는 신정부 경제관료에 대한 불만의 소리가 눈길을 끌기도 한다.

김 회장 앞으로 21세기는 어차피 전문경영자 시대로 가고, 하나씩 독립해서 간다는 것은 10년 전부터 얘기해오던 것입니다. 그룹 체제보다는 각사별로 가는 거지요. 그런데 이 계획이 내가 생각한 것보다 3~5년 빨리 왔어요. IMF 때문에 구체화된 것이지요. 원래 없었던 게 생긴 것이 아니고, 다 있던 것이 빨리 온 것으로 보면 됩니다.

　두번째는 전체적 흐름이 약간의 좌(左)에다가 한(恨)을 가진 사람이 하나로 뭉쳐서 하는 얘긴데요. 기업에게 부채가 부담이 아닌데도 부담이 되는 것처럼 얘기를 하는데….

　국민소득 1만 달러 이하인 나라의 제조업 부채비율은 300~400%는 기본입니다. 어느 나라도 그 정도는 된다 이겁니다. 미국도 부채비율이 높았는데 시가로 계산하다 보니까 주식가격이 20배 가까이 올라서 부채비율을 100% 미만으로 낮출 수 있었던 것이죠. 자본시장이 발달하면 싼 자금을 쓸 수 있고 돈이 남아돌고. 이런 현상은 왜 일어났느냐 하면 전체적으로 금융이 경쟁수단이 되면서 발생한 것입니다. 자본을 많이 가진 사람이 다 하는 것인데. 선진국은 이자 1~2%고, EU 국가도 4% 이하다 이거지.

분위기가 바뀌다보니까, 우리도 한 번은 겪어야 된다 이거지. 회사부채가 100% 갔다가 다시 늘어나는 과정을 밟게 될 것입니다. 200~300% 정도는 오히려 나라에 도움이 된다는 쪽으로 바뀔 것입니다. 5~10년 지나면 그렇게 될 것입니다. 당장에는 부채가 불리한 쪽으로 작용하는 것처럼 보이지만 말입니다.

순익이 자본금의 100%라면 용납 안 되는 분위기지요. 많이 남으면 폭리를 취했다고 하는 게 우리 정서입니다. 우리가 수출해가지고 그만큼 이익 남길 수 있냐 이거지. 그것은 불가능합니다. 이익에 대한 사회적 공감대(컨센서스)가 서야 합니다. 확대경영에서 축소경영으로 구체적인 분위기 자체가 돌아가야 할 것입니다. 전체적인 압력을 우리만 받는 것이 아니기 때문에 우리만 안 하고 갈 수 없다 이거야. 그렇다면 남보다 빨리 하는 게 좋아. 그래서 내가 결심한 것은, 지주회사가 우리나라는 안 되기 때문에 결과적으로 합치는 수밖에 없다 이거지. 우리는 여러분 알다시피 부품에서 돈 버는 것은 세금 낼 필요없고, 합치면 그 안에서 다 일어나니까 이익이 총체적으로 묶여서 세금 내면 된다 이거지. 까놓고 얘기해서, 배당하기 위해서 세금 내고, 배당받았다고 해서 이익 잡아가지고 또 세금 내고, 그래서 전체가 같이 가는 것입니다.

내년부터 결합재무제표하게 되는데 딴 사람들은 무슨 생각하고 있는지 모르지만 그건 쉽지 않다 이거지. 재무제표 맞추는 데 엄청난 작업이 필요합니다. 이런 것들이 쓸데없는 작업이지요. 부품회사 합작하면 계열에 넣을 필요없습니다. 자꾸 계열에 넣어서 매출 늘고, 부채 늘고, 회사 수 늘어나고. 정부도 50% 이상 합작회사는 독립회사로 인정한다 이거지. 부채비율 따지고, 대출도 안 되고, 계열에 넣어서 가다 보니까 전부 같이 고생하는 것입니다. 기전 같은 데 독립시켜주면 그룹에 안 들어와도 아무런 문제없습니다.

주식도 마찬가지에요. 예를 들어 기전 공개하면 주식만 소유하고 있으면 될 것 아닙니까? 50% 가질 필요도 없어요. 35% 가지면 되는 거고. 우리 직원들은 합작회사로 가고 어떤 식으로든지 협력관계 가지면 돼. 2005년 정도에 이르러 기술 좋아지면 전문화해서 집중적으로 투자하지 않을 수 없을 것입니다. 가급적이면 빨리 움직여서 가야 합니다. 중공업의 예를 들면, 알스톰 데려와서 하면 된다 이거지. 맥킨지하고 얘기해서 앞으로 3~4년 후에 런던이나 뉴욕 같은 외국에 가서 공개하고, 자금 회수하고…. 건설 중장비도 50 대 50 합작…. 공작기계도 마찬가지로 합작해서 문제를 풀면 돼요. 그 분야 있는 사람이 사장 하고 부채없이 가고, 이익 나고 좋아져요. 부채비율이 200%면, 외국 사람 들어오면 100%가 될 수도 있고. 그러면 이자부담 없어져서 자동적으로 경쟁력 생기고 투명성이 제고되고. 그렇게 해서 하나하나 합작해서 운영하는 형태로 점점 변화해가는 그런 식으로 발전이 돼갈 것입니다.

분사화하는 것도 한 사람 책임자가 50명이면 50명, 100명이면 100명, 1,000명이면 1,000명 분사화해가지고, 또 분사화하는 데 필요하면 출자전환도 알선해주고, 조그만 곳은 창업투자 같은 데 하고 해서 내년에 아주 경제적인 유니트로 만들어 내보내면 됩니다.

주력사업도 마찬가지에요. 주력사업별로 독립하는 수밖에 없어요. 금융부문도 앞으로 은행까지 포함하는 종합금융업으로 독립해야 합니다. 자동차도 마찬가지고. 그 안에 부문별로 사장 나올 수 있다 이거지. 앞으로 연구해서 해야 될 문제겠지만, 부품회사 1개, 생산회사 1개, 판매회사 1개…. 해외까지 다 묶어서 전부 합쳐진다 이거지. 쓸데없이 만들어놓은 건설 자회사 같은 것들은 분사하면 됩니다. 건설도 반 이상은 분사화해서 하청업체하는 식으로, 팀으로 나가서 가볍게 가는 거지. 분사화해가지고 회사에 따라서 사장이 어떻게 끌고가겠다 하면 합의해서 가는 거다 이거지. 그런 식으로 하면 인원에 대해서도 큰 변동이 없을 거야.

두번째는 경쟁해야 되니까, 각자가…. 경남기업도 산업합리화, 언제까지

죠? (김학용 사장이 2005년이라고 답변) 건설하고 합치든가 독립하든가. 문제는 전자부문인데…. 15일까지 합의될지 모르지만 합의되면 외국사람 통해 기업가치 평가해서, 내가 보기에는 평가하는 데 3개월 이상 걸릴 것입니다. 그 동안에 전자부문 합치고….

내가 까놓고 얘기해서 제대로 하려면 반도체 안 가지고 갈 수 없습니다. LG하고 삼성하고 이원화돼 있는데, 가전만 가지고는 어려워요. 그러니까 전자도 엄청난 투자가 필요합니다. 솔직히 자동차 하면서 하기 어렵습니다. 삼성도 전자 하면서 자동차 할 수 있으냐? 없다 이거죠. 길게 봤을 때 갈 수 있겠냐 이거지. 또 정부방향이 2원화, 1원화인데 그런 것도 들어줘야 되고, 또 우리회사 입장에서도 자동차투자 계속해야 하는데…. 미적거리지 않고 빨리 결정한 것입니다.

사실 전자는 오래 전부터 독립되어 있는 거나 다름없어요. 주식도 7%밖에 안 갖고 있습니다. 전자에 있는 임원, 직원들이 저쪽(삼성)에 가게 되면 삼성도 자동차 친구들 와야 하니까…. 협약 맺어서 사람들 대부분은 우리쪽으로 와야지. 협약과정에서 차질없게 할 겁니다. 전자도 다 오는 게 아니고 여직원이나 이런 사람 빼놓고 나면, 간부들 움직이는 숫자가 얼마나 되겠느냐 이거지. 조금도 차질없도록 검토하라고 지시했으니 걱정들 말아요.

전체적인 방향에서 보면 남보다 빨리 모범을 보여야 한다 이거지. 우리보고 몇 개 줄이라고 해서 한 게 아니고, 앞으로 우리가 살아가야 할 방향에서 내 나름대로 생각한 것입니다. 앞으로는 혁명적인 방법으로 안 하면 안 되고, 먼저 하는 게 유리해요. 또 그렇게 하지 않으면 안 되는 상황입니다. 우리가 하려는 방향은 똑같은데 3~5년 차이가 날 뿐입니다. 분사화해서 내가 커지면 철학이나 사고방식 같기 때문에 그 관계를 자본하고 관계없이 어떻게 협력관계 구축해나가느냐 하는 것이 관건입니다. 지금 당장 되는 것이 아니고 내년 1년 동안 해야 할 일이니까…. 새롭게 결정됐으면 그 안에서 잘 해나가는 방법을 연구해야 합니다. 그런 방향에서 주위에 얘기 잘 해주고…. 12월 20일 전후해서 연수원에 들어가든지 해서 자세하게 설명할 기회를 가질 것입니다. 잘못 되는 것 하나도 없으니까, 그 때 한 번 모여서 얘길 나누도록 합시다.

말들은 계열, 계열 하지만 남아 있는 것은 자동차, 상사, 중공업…. 독립개체로 상호출자 포함해서 어차피 그런 방향으로 갈 수밖에 없지 않겠느냐 이거예요. 옛날처럼 기조실이 있어서 하는 게 아니고, 그 동안 독립경영한다고 많이 해봤으니까. 30년이 넘었으니까, 20년 넘는 경영자들 수두룩합니다. 앞으로 독립해서 가더라도 충분히 경영할 수 있어요. 홀로 서는 데 최소 5년, 평균 7~8년 걸리는데, 내가 언제까지 할 수 있을지 모르겠지만 도와줄 거고. 회사생활 30년이면 쉰 살 정도인데 앞으로 10년 회사에 공헌하고 족적을 남길 수 있도록 기회를 줄 것입니다.

그 다음으로 제일 중요한 게 설명을 잘 해야 하는데…. 자신감 상실하고 잘못된 방향으로 가는 것 아닌가 하는 생각들을 없애려면 사장들이 확신이 있어야 해요. 여러분들이 어떻게 받아들이느냐가 중요한데, 오늘의 현실을 직원들에게 잘 설명해서 앞으로 자신감을 가지고 확신이 서도록 해주면 잘 돼갈 것입니다. 우리 자체에서 온 문제가 아니라 전체적인 흐름에서 오는 문제니까 하루 빨리 수용해서 간다는 각도에서 받아들여야 할 것입니다. 회사가 32년 됐는데 남보다 앞서서 해왔고, 빨리 변화해가는 것을 잘 수용해서 그 동안 잘 해왔습니다. 우리들 나이가 많이 들어서 그런데, 과거와 현실보다는 미래를 보면서 최고경영자들이 해주지 않으면 버틸 수 없습니다. 현실에 안주해가지고는 도저히 버틸 수 없습니다. 상황변화에 대한 자신감과 확신이 서지 않으면 후배들에게 물려주는 게 좋을 것입니다.

100% 투명성을 가지고, 책임경영하고…. 경영 패턴도 우물쭈물 해서는 안 됩니다. 영업 잘 하고 판매만 잘 하면 되는 시대는 지났습니다. 사회적 분위기도 받아들여야 합니다. 내부갈등도 일률적으로는 안 되고 잘 융화해서 가야 합니다. 권한에 따른 책임을 가지고, 뿌리가 같으니까 정신적으로

도 같이 가야 합니다. 돈 대주고 그런 것 말고, 도와주면서 같이 가는 정신이 앞으로 계속 이어져야 합니다.

그리고 연말에 해야 될 일이 많은데, 내년부터는 자본잉여금, 이익잉여금의 자본전입에 따른 세금을 20% 물리니까 경영에 도움이 되도록 각사가 연구해서 좋은 방향으로 가도록 해야 되고.

두번째는 상호지급보증 관계인데, 연말까지 정리할 것은 전부 나서서 빨리 정리하도록. 세번째는 공정거래 관계인데, 걸리지 않도록 하고…. 네번째는 결산관계라든가 현안들 잘 정리하고. 수출 잘 해야 할 거고…. 주식값도 괜찮고 기업어음(CP)이 7%대, 우대금리는 8~9%대, 자본시장 활성화되면 금리는 계속 내려가고 그 다음에는 부동산이 될 거라고….

지금 내가 보기에는 정부가 하고 있는 것도 주식값 올리지 못하면 성공 못할 것입니다. 금융기관 부실채권 처리를 위해서도 주식값을 올려야 합니다. 두번째는 정부가 사놓은 부동산값 올리지 않으면 안 됩니다. 주식 오르고 나면 그 다음은 부동산이 될 것입니다. 금융 자유화되면 외국은행들 들어와서 금리 5%대 될 게 뻔해요. 현재 금리를 10% 이상 무는데, 5%대만 되면 회사이익 5% 늘어나, 회사 하는 데 아무 문제없습니다. 그런 식으로 구조가 바뀌어갈 것을 염두에 둬야 합니다.

앞으로 회사를 해나가는 데 너무 겁먹을 필요없습니다. 돈 많이 벌어서 배당 많이 주면 회사가치 올라가고, 그러면 주식값도 올라가고, 부동산값도 올라갑니다. 정부도 그렇게 안 하면 안 됩니다. 세계 전체가 어떻게 되느냐 하는 것과 맞물려가는데, 합리화되면 경쟁력 올라가고 각 회사가 이자부담을 절반으로 줄이면 회사이익 늘고… 앞으로 회사를 운영하는 데 직접금융이 다 돼서 자금 구하기도 쉽고, 복잡하게 비자금 만들 필요없고…. 그런데 투자가 안 돼서 당분간 어려워질 수 있는데 그 고비를 넘기면 기업투자가 늘어나 모든 게 잘 될 것입니다.

앞으로 중요한 게 제품 파는 것입니다. 수출 안 하고는 갈 수 없습니다.

아무리 좋은 제품 만들어도 마케팅이 안 되면 소용없어요. 앞으로 분사화하더라도 사장이 필요하고, 중역 1~2명만 붙어나간다 하더라도 100개 분사한다고 하면 300명 중역이 나가야 합니다. 자신감 가지세요. 그런 것 걱정하는 사람은 현실에 안주하는 사람입니다.

마지막으로 전자에게 미안하게 생각하고, 여러분들이 이해하고 협조해서, 전체적으로 살기 위해 내가 결론을 내린 것이니까…. 전자는 내일이나 모레까지 해가지고 계열회사 사장, 중역들 주말까지 모여서 독립할 수 있는 데를 찾아보기 바랍니다. 예를 들어 해외에서 우리 기술 가지고 할 수 있는 게 많아요. 여러분들이 생각해보라고. 어차피 전자 사람들도 따지고 보면 (주)대우 사람들 아니냐 이거지. 그런데 너무 신경 쓰지 말고. 내년 상반기까지 해서 외국인과 합작할 수 있는 것도 찾아보고.

자동차 · 전자 빅딜이 삼성에게는 도움이 된다고 봅니다. 우리가 나간 데는 후진국이고, 나가서 잘 하고 있기 때문에 자기네가 나간 데보다 강하니까 보완이 된다고. 앞으로 평가하는 과정에서 많은 변화가 있을 것입니다. 이번 주말 안으로 전주범 사장을 중심으로 전자부문 사장들이 모여서 구체적으로 상의하기 바랍니다. 전체를 위한 일이니까 무리없이 서로가 잘 되도록 준비하고 목요일이나 금요일 만나서 안을 내보라고. 하루라도 빨리 하는 게 좋으니까. 질문 없으면 여기서 마치지.

김우중 비사

지은이 | 한국경제신문 특별취재팀
펴낸이 | 김경태
펴낸곳 | 한국경제신문 한경BP

제1판 1쇄 인쇄 | 2005년 6월 25일
제1판 1쇄 발행 | 2005년 6월 30일

주소 | 서울특별시 중구 중림동 441
기획출판팀 | 3604-553~6
영업마케팅팀 | 3604-561~2, 595   FAX | 3604-599
홈페이지 | http://bp.hankyung.com
전자우편 | bp@hankyung.com
등록 | 제 2-315(1967. 5. 15)

ISBN 89-475-2536-7
값 11,000원

파본이나 잘못된 책은 바꿔 드립니다.